hanser**blau**

Über dieses Buch Eine Frau steht drei Elefant*innen in einem deutschen Zoo gegenüber. Die Frau, eine Asyl suchende Tamilin, und die Elefant*innen haben etwas gemeinsam: Sie sollen hier nicht sein. Alle vier wurden verschleppt oder vertrieben und treffen in einem sogenannten Elefantenhaus aufeinander. Von diesem Moment aus begibt sich Sinthujan Varatharajah auf eine persönliche Suche und verknüpft augenöffnend Aspekte globaler Kolonialismen mit unserer heutigen Lebensrealität.

Mit großer Klarheit stellt Sinthujan Varatharajah grundsätzliche Gewissheiten infrage und zeigt auf, wie koloniale Eingriffe in unserem Alltag und unseren Landschaften weiterleben – so omnipräsent, dass wir sie meistens gar nicht mehr wahrnehmen.

சிந்துஜன் வரதராஜா

sinthujan varatharajah

நாம் விடடுச் சென்ற
இடங்களளை நோக்கி

an alle orte,
die hinter uns liegen

hanserblau

3. Auflage 2023

ISBN 978-3-446-27291-0
© 2022 hanserblau
in der Carl Hanser Verlag GmbH & Co. KG, München
Umschlag: Dokho Shin
Vorsatzgestaltung: Stefanie Singer
Satz im Verlag
Druck und Bindung: CPI books GmbH, Leck
Printed in Germany

MIX
Papier | Fördert
gute Waldnutzung
FSC® C083411

பின்னால்
விடப்பட்டவர்களுக்கு

inhalt

prolog 9

1 zur kamera 21

2 zum zoo 120

3 zu elefant*innen 159

4 zur landschaft......................... 201

5 zur luft.................................... 248

*** 305

epilog....................................... 313

nachwort 327

dank... 333

quellen 335

prolog

Wenn ich denke, dann bewege ich. Wenn ich denke, dann erinnere ich. Und gleichzeitig vergesse ich. Ich denke, um zu bewegen, um zu erinnern, um zu vergessen. Ich denke, um mich zu bewegen, weg von diesem Ort, von diesem Leben.

Ich denke, um erinnert zu werden. Ich denke, um vergessen zu werden. Ich denke und denke und denke. Und verliere mich. In Gedanken. Im Gedenken. Auf der Suche. *Ich laufe auf Zehenspitzen.*

Ich bewege mich den Abdrücken meiner Vorfahren mit spitzen Zehen entgegen. Rückwärtsgewandt, mit einem Besen in der Hand, schlichen sie. Ihr Schleichen glich einer eleganten Handbewegung. Sie kehrten, kehrten und kehrten. Und schoben den Sand unter ihren Füßen weg, um die Erde, die sie hielt, von ihrem Gewicht, ihrem Wesen und ihrem Schatten zu befreien. Vorsichtig zeichne ich mit meinen Fingern ihre Fußabdrücke, ihre Spuren und Erinnerungen in den Boden, der sich ihrem Abdruck verweigerte. Ich stehe auf und werfe meinen Schatten auf die Erdoberfläche, die sie nicht berühren sollten, den Sand, der sie nicht berühren wollte – *und berühre ihn*. Meine Fußsohlen rollen ab. Sie senken sich. Mein Rücken streckt sich. Ich stehe aufrecht an dem Ort, an dem ihre Körper und Geschichten allmählich zu Staub wurden.

Ich stehe auf der Landschaft, die sie vergrub.

Mein Körper erstarrt. Mein Gewicht verschiebt sich: weg von meinen Zehen, hin zu meinen Sohlen. Sie drücken tiefer in den Boden unter mir. Sie zerdrücken den Sand und den Leerraum zwischen uns.

Ich bedecke dieses Stück Erde mit meinen Füßen, meinem Körper, meinem Schatten. Ich verdecke seinen Blick zur Sonne, die diesen umkämpften Boden am Leben hält, auf dem ich nun aufrecht stehe. Ich richte meine Augen weg von diesem Boden, der sich entschloss, uns abzustoßen, von ihm wegzustoßen. Ich strafe ihn mit meinem Schatten, mit meiner Berührung. Ich erdrücke ihn mit meinen Füßen und blicke zur Sonne über mir, die uns aus der Entfernung heraus bedrohlich zulächelt. In ihrem Anblick vergesse ich diese Welt, dieses Leben und diesen Boden.

Langsam erwärmen sich meine Sohlen. Die Wärme, die schnell in Hitze umschlägt, wandert vertikal nach oben. Schwindel überkommt mich. Meine Augen schließen sich. Geblendet sehe ich den blutorangenen Umriss, der sich in meinen Lidern abzeichnet. Ich vergesse dabei die Schreie, die hinter mir liegen, unter mir liegen, in mir leben; die Abdrücke, die nicht verbleiben durften und das viele Blut, das floss und noch immer fließt und nur langsam zu trocknen scheint.

Es fließt und fließt und fließt: vorwärts, rückwärts, seitwärts. In alle Richtungen. Es fließt und trocknet, beinahe gleichzeitig. Es trocknet während es fließt. *Millimeter* für *Millimeter*, *Sekunde* für *Sekunde*.

Wir bewegen uns.

Ich denke.
Ich vergesse.

———

Der Boden unter mir bewegt sich.

Ich stehe im vordersten Wagen der U6 und fahre in Richtung *Norden*. Bei der Einfahrt in die Station öffnet sich die automatisierte Waggontür: Friedrichstraße. Ich sehe ein Ausstellungsposter des kürzlich eröffneten Humboldtforums. Ich kneife meine Augen zusammen, um das Geschriebene besser zu erkennen. Doch die Tür schließt sich, bevor ich die Informationen im Detail erfassen kann. Mein Blick bleibt starr, noch immer fixiert auf der Höhe des Werbeposters. Durch die Umrisse des illustrierten Brandenburger Tors, die die Fenster der U-Bahn verzieren, sehe ich die Lichter des Schachts. *Wir bewegen uns, aber mein Körper ist bewegungslos.* Wenige Sekunden später kommt auch der Boden unter mir wieder zum Stehen. Auf dem gegenüberliegenden Gleis lese ich den Namen der Station, in der ich mich nun befinde: Oranienburger Tor. Die Tür, aus der ich blicke, verschließt sich wieder. Aus dem Lautsprecher über mir ertönt eine bilinguale Ansage, die die kommende Station ankündigt: Naturkundemuseum. Sekunden später schauen die leblosen Augen eines toten Tieres in meine Richtung. Ich blicke zurück. Wir betrachten uns. Meine Augen schließen sich. Wir kollidieren. Zeit und Raum vermischen und verschieben sich.

Ich blicke in Fahrtrichtung. Und denke an all das, was außerhalb meines Blickwinkels liegt.

Ich denke.
Ich will vergessen.
———

Stille.

Mein Kopf leert sich.

Es gibt kein Gestern. Keine U6. Keine Plakate. Kein lateinisches Alphabet. Es gibt keine *Vergangenheit*. Es gibt nur Leere und Ruinen.

Ich denke, ich denke, ich denke. Ich denke an keine imperialen Techniken.

Ich denke weder an Bahnhöfe, Seehäfen, Flughäfen, Universitäten, Kaufhäuser, Museen, Zoos, Parks, Botanische Gärten, Archive, Schlösser, Monumente, Statuen oder Prachtmeilen, die über den U-Bahn-Schächten die Erde bedecken. Ich denke nicht an all das, was noch immer vergraben liegt, verschwiegen, verloren oder irgendwo fern ihres Ursprungs präserviert, konserviert und inszeniert wird. Ich denke nicht an das, was hinter uns liegt – ganz gleich ob zeitlich oder geografisch.

Wenn ich an gestern denke, wenn ich an heute denke, wenn ich an morgen denke, wenn ich an Böden, Sande und Erden denke, wenn ich an unterschiedliche Baumaterialien und Bausteine denke, dann denke ich an koloniale Gewalt.

Wenn ich an koloniale Gewalt denke, dann blicke ich nach unten, nicht um erst zwanzig *Meter* tief zu graben, eine Bodenschicht nach der anderen abzutragen, um einen Sinn für das zu erlangen, worauf wir stehen oder worauf wir bauen. Ich blicke nach unten, um an der Erdoberfläche, die geteerten, gepflasterten, steinigen oder sandigen Böden unter meinen Füßen zu betrachten; um die Materialien, die meine Sohlen und Zehen streicheln, mir manchmal das Fortbewegen erleichtern oder erschweren, zu spüren und in ihren politischen Dimensionen zu verstehen.

Ich blicke nach vorne, um die Orte, die durch Pfade, Wege, Straßen, Autobahnen und Schienen künstlich miteinander verbunden und damit in Beziehungen zueinander gesetzt wurden, zu betrachten – die Arten zu begreifen, in denen sie verkehrt werden, in welche Richtung, mit welcher Geschwindigkeit, mit welcher Tragweite und Wertigkeit. Ich blicke nach oben, um anhand der Kondensstreifen am Himmel die Flugrouten nachzuvollziehen, von den Flugzeugen, die über meinem Kopf hinwegziehen und Orte verbinden, die außerhalb meiner Lauf- und Augenweite liegen. Ich betrachte die Streifen, die den endlosen Himmel drangsalieren und in geradlinige Segmente teilen, Zwischenräume schaffen, die uns einschließen und aus denen heraus wir gezwungen werden, diese Welt, unsere Welt, zu betrachten.

Wenn ich an koloniale Gewalt denke, dann denke ich an unsere *Gegenwart*, die nicht von Annahmen einer *Vergangenheit* abgegrenzt lebt.

Ich denke an den Moment, in dem ich lebe, an den Ort, an dem ich mich befinde, und all die Orte, die den Ort, an dem ich mich in diesem Moment befinde, prägten und ihn weiterhin formen. Ich denke an alle Orte, die hinter uns liegen, die wir zeitlich, physisch und vielleicht auch emotional zurücklassen mussten, um dort zu sein – sein zu können –, wo wir heute sind. An die Orte, die ich in diesem Moment, und an diesem Ort, weiter in mir trage, ganz gleich, wie viele Meere und Zeitzonen zwischen uns liegen. Ich denke an die Orte, die durch mich hindurch weiter atmen. Denn auch ein Ort hört nicht an den jeweiligen Ortsgrenzen auf, sondern lebt dort weiter, wo ihre*seine Menschen hin vertrieben und verstreut wurden.

Wenn ich an koloniale Gewalt denke, dann denke ich aber nicht nur an verschiedene Punkte am Himmel oder auf dem Boden und auf einer Karte, sondern auch an Lebewesen, die diesen Himmel, diesen Boden und diese Karten bewohnen.

Ich denke an meine Familie und meine vielen Verwandten, die den Kolonialismus in und auf ihren Körpern tragen, deren Körper man* wie eine Landschaft abtragen kann, von ihrer tiefbraunen Haut bis in die Organe, um Schicht für Schicht, Organ für Organ, tiefer in den Schmerz der sogenannten Geschichte einzutauchen. Ich denke daran, wie der Körper von Karten gezeichnet wurde und selbst als biologische Karte dient, anhand derer man* Spuren des Erlebten, Vererbten und Gelernten nachverfolgen und in soziale, politische und ökonomische Beziehung setzen kann; wie sich Narben, Brüche und Gräben in Körper, Geist und Seele einprägen können; wie sie manchmal sichtbar, manchmal weniger sichtbar durch die *Gegenwart* geschleppt, gezerrt und getragen werden können, wie der Schmerz eines Ortes an einen anderen Ort getragen werden kann und wie der Schmerz eines Menschen in einem anderen Menschen weiterleben kann.

Wenn ich an koloniale Gewalt denke, dann denke ich an Bewegungen.

Ich denke aber nicht nur an die vielen namhaften und namenlosen weißen Seefahrer*innen, die sich von europäischen Hafenstädten aus in die Weiten der Meere begaben, um auf andere Küsten, Naturen und Lebewesen zu stoßen. Ich denke an das Aufeinanderprallen von Welten, an die Orte, von denen aus sie begannen, das Innenland, das Binnenland, das Seelosland mit all ihren Lebensformen zu unterwerfen. Ich denke an die vielen Stöße, die wie Schockwellen und Vibrationen von Europa aus die Umwelt einholen und sie in eine Unordnung zwängten, die von dort aus als Ordnung verstanden wurde. Wenn ich an Bewegungen denke, dann denke ich nicht nur an die vielen blassen Menschen, die die Welt bereisten und im gleichen Schritt, im gleichen Atemzug, all das unterwarfen, worauf sie ihre Augen und ihre Schatten warfen; sondern auch an all die Lebewesen, die nicht als Menschen galten – und nicht als Menschen gelten werden. Ich denke an Yogam Shanthalingam die in ihren Augen kein Mensch war und deren Schritte sich von Geburt an nicht im Gleichklang dieser Logik bewegten.

Ich denke an ihre dunkelbraunen Beine, die an diesem Tag, wie an vielen anderen Tagen auch, womöglich von einem Baumwollsari bedeckt waren. Ich denke daran, wie sie mit diesen dünnen Beinen und diesem schlichten Sari im April *1942* über den roten Boden von Yaazhpanam laufen musste, um Schutz vor den bevorstehenden Luftangriffen des *japanischen* Imperiums zu suchen. Ich denke daran, wie sie mit ihren Händen den Saum ihres Saris gehalten haben muss, um ihre Beine von ihrem Kleid zu befreien und sich damit schneller fortbewegen zu können; wie sich der Stoff dieses Kleides mit jedem ihrer hastigen Schritte in Richtung Sicherheit bewegt haben muss.

Ich denke an die *Meter,* die sie zurücklegte, den Staub, den sie dabei aufwirbelte und an das dröhnende Propellergeräusch, das zur gleichen Zeit von *Singapur* kommend die Meeresdecke streichelte, das Wasser sanft nach unten presste, die Vögel aus der Flugschneise schob und sich immerzu nach *Nordwesten* bewegte, um das Rauschen des Saris und das Keuchen der jungen tamilischen Frau zu übertönen. Ich denke daran, dass an diesem Tag der aus Tokio stammende Befehl, ganz *Asien* zu unterwerfen, mit Ammamas häuslichem Leben in Yaazhpanam aufeinanderprallte – an der nördlichen Spitze der damaligen *britischen Kronkolonie Ceylon*. Ich denke daran, dass zwischen Yaazhpanam und Tokio 6657 *Kilometer* liegen. Ich denke daran, dass zwischen Yaazhpanam und Tokio *Kilometer* liegen. Ich denke daran …

Ich denke daran, dass in dem Moment, in dem die *japanischen* Piloten auf britisch besetztes tamilisches Land zu stoßen drohten, zwei fremde Weltordnungen vom Himmel zu Fallen drohten. Wie sie beinahe Lebewesen zermahlt hätten, die unter diesem grenzüberschreitenden Himmel lebten, den sie zu teilen glaubten.

Ich denke daran, dass die Bedrohung nicht nur vom *Westen*, sondern auch vom *Osten*, vom *Norden* und *Süden* kam. Ich denke daran, dass der *Westen* der einen der *Osten* der anderen ist, der *Osten* der einen der *Westen* der anderen ist, der *Westen* der einen der *Norden* der anderen ist, der *Osten* der *Süden*, der *Westen* der *Süden*, der *Osten* der *Norden*, der *Norden* der *Westen*, der *Süden* der *Osten*, der *Norden* der *Osten*, der *Süden* der *Westen*, der *Norden*, *Westen*, *Süden*, *Osten*, *Süden*, *Westen*, *Osten*, *Norden*, *Süden*, *Süden*, *Süden*, *Süden*, *Süden*, *Süde*, *Süd*, *Sü*, *S*.

Ich denke daran, dass die Perspektive, aus der wir unsere Umwelt betrachten, von den Orten abhängig ist, von denen aus wir diese Landschaft erblicken; dass die Position unseres Körpers, unserer Augen, den Blickwinkel für all das bestimmt, was in unseren Blick fällt und was außerhalb dessen liegt. Ich denke daran, dass die Wahrnehmung sich oft als Gefühl spiegelt und der Blickwinkel darüber entscheidet, was fühlbar ist und was hingegen als abstrakt und immateriell zurückbleibt; dass die Perspektive der *japanischen* Piloten, die über den Ozean kommend in die Weite vor und die Tiefe unter ihnen blickten, eine andere war, als die Perspektive von Yogam Shanthalingam. Ich denke daran, wie sie ängstlich in die Höhe blickte, ihre Ohren dem Himmel entgegendrückte, zu dem sie sonst in Gebeten hoffnungsvoll hinaufblickte, um in genau diesem Himmel Motorengeräusche wahrzunehmen, die sie bis dahin nur von der Erdoberfläche kannte.

Ich denke daran, dass die Art, wie wir eine Karte zu halten und lesen gelernt haben, ob von oben nach unten, von unten nach oben, von links nach rechts und rechts nach links, von Vorderseite zu Rückseite und Rückseite zu Vorderseite, uns jeweils eine andere Vorstellung, eine andere Möglichkeit bietet, die immer auch gleichzeitig die Unmöglichkeit einer anderen bedeutet.

Ich denke daran, dass die Welt, auf der wir leben, nicht nur eine Welt ist, sondern mehrere Welten beinhaltet, dass sich ein Ort im Vergleich zu einem anderen, wie auf einer komplett anderen Welt, einer völlig anderen Karte anfühlen kann. Ich denke daran, wie eine Erzählung von der anderen abweichen kann und auf eine andere Weltgeschichte, auf ein anderes Weltgefühl hindeuten kann. Ich denke daran, dass durch eine einzige Welt, mehrere Welten atmen, streichen und reiben und wie diese Reibung in Motorengeräuschen enden kann. Ich denke daran, dass am Ende jeder Körper sein eigenes *Zentrum* bildet; einen Ausgangspunkt, der zugleich als Anfang und als Ende jener Geschichte betrachtet werden kann.

Die*den Menschen in einer Geschichte zu verorten bedeutet auch, die*den Menschen an einem Ort zu platzieren, sie*ihn auf ein Stück Erde zu setzen. Es bedeutet, die*den Menschen unter einen Himmel zu stellen, der ihr*ihm nicht feindlich gesinnt ist. Yogam Shathalingam stand hier, in Yaazhpanam. Hier stehen wir. Von hier aus betrachten wir das, was um uns herum liegt, was über uns fliegt, was *südlich*, *nördlich*, *östlich* oder *westlich* von uns liegt.

Yogam Shanthalingam blickte vielleicht weiter nach oben.

Womöglich wandte sie ihre Ohren plötzlich vom Himmel ab und in Richtung des Stadtteils ihrer Hauptstadt, der lange Zeit den Europäer*innen vorbehalten war. Die Sirenen der britischen Kolonialmacht, die mit einheimischen Tempelglocken aus den anderen Stadtteilen im Wettstreit läuteten, übertönten die Geräusche, die sie im Himmel auszumachen dachte.

Yogam Shantalingam suchte Schutz vor etwas, das sie nicht fassen konnte. Die Kampfflieger, die sie weder in Form, Konzept noch in Geräuschkulisse kannte, sollten Yaazhpanam jedoch niemals erreichen. Sie sollten Geister bleiben, die sie *Jahrzehnte* später, mit einer kolossalen Verspätung, plötzlich doch einholen und sie auf ihre dunkelbraunen Beine zwingen sollten. Doch im *April 1942* verblieb ihr Himmel über Yaazhpanam noch friedlich. Der Tod vom Himmel schlug auf andere Teile der Insel ein, die fern der *Halbinsel* selbst lagen. Die Glocken der Tempel, der Kirchen, der europäischen Glockentürme der *Halbinsel* läuteten dennoch unter diesem fast ungestört blauen Himmel weiter.

Ich denke an die vielen Tempelglocken, die schon läuten mussten, um die einheimische Bevölkerung wegen fremden Invasor*innen, Angriffen und Bombardierungen zu alarmieren, bevor sie letztlich mundtot gemacht wurden und mit europäischen Glockentürmen oder buddhistischen Stupas ersetzt wurden. Ich denke an die Vibrationen, die den Glocken, Trommeln, Schreien, Rufen und dem Geflüster folgten, die die Luft zum Schwingen und den Boden zum Beben brachten; die Bevölkerungen in Bewegungen versetzten und ganze Landschaften umgruben. Ich denke an das Echo dieser Glocken, das bis in unsere *Gegenwart* nachhallt.

Sie läuten noch immer.

1

zur kamera

Ich sitze mit verschränkten Beinen auf einem hellbraunen Laminatboden und halte ein Bild in den Händen. Ein Foto, das über *Jahrzehnte* in einem verschließbaren Schrank im Dachgeschoss eines Wohnhauses einer mitteldeutschen Neubausiedlung verwahrt lag – umhüllt von einer Schutzfolie, aufbewahrt in einem Fotoalbum. Das Album ist mit einem schwarzen Bild einer Seenlandschaft bedruckt. Diese Landschaft, die in meinen Händen liegt, versetzt mich auf eine Reise. Die feine Linienführung des Drucks erweckt den Anschein, als wäre das Bild ein Versuch, eine vom Ort der Erzählung aus sehr ferne Landschaft einzufangen: *östlich*, so weit *östlich*, dass *Osten* als rein geografische Beschreibung nicht mehr genügt, um dieser Art *Osten*, dieser Art Landschaft und Welt von hier aus sprachlich gerecht zu werden. Obgleich der Ort im *Osten* nicht benannt wird, unspezifisch und somit allgemein bleibt, so hat er einen Namen. Für diese Geschichte soll dieser Name jedoch nicht von Bedeutung sein. Was von Bedeutung ist, ist, dass das Albumcover sein Versprechen nicht halten wird – der Inhalt dem Einband widersprechen wird.

Bevor ich dieses Plastikalbum aus seinem provisorischen Archiv entriss, war es Teil einer Ordnung, die auf den ersten Blick nicht als solche erkennbar war: ein wirrer Stapel an Fotoalben, der wie eine Bohrinsel inmitten eines stürmischen Meeres aus wild durcheinander geworfenen Bildern taumelte. Zusammengefügt bildeten diese Fotos eine fast endlose Seenlandschaft, die aus unzähligen Fetzen von Erinnerungen bestand und hinter der geschlossenen Schranktür verborgen lag.

Nur wenige dieser Fotos wurden liebevoll in die gestapelten Alben eingeklebt. Andere schienen wiederum hastig in die hinteren Seiten der Alben gelegt worden zu sein, beinahe als wäre jemand mitten im Prozess des Katalogisierens unterbrochen worden. Sie bleiben fast vergessen und für den unachtsamen Blick unsichtbar. Andere Bilder befinden sich in der Flut an Erinnerungen sogar noch in ihren Netto-Entwicklungsumschlägen. Sie schwimmen wie gelbe Rettungsbote um die Bohrinsel herum, die allesamt diese wackelige Konstruktion im *Zentrum* umzingeln. Von anderen überlebten nur die Negativfilme, deren Abbildung man* nur im Gegenlicht erahnen konnte. Licht fand jedoch keinen Weg, um in diesen Schrankinnenraum durchzudringen.

Die unterschiedlichen Arten, wie die Fotos im Schrank organisiert lagen, lassen vermuten, dass ihnen vielleicht weniger Wert und Bedeutung beigemessen wurde. Warum sonst waren sie in einen dunklen Schrank verbannt, statt wie andere Bilder eingerahmt auf einem Schreibtisch, auf einer Kommode oder einem Fernseher zu stehen? Und dennoch waren die Erinnerungen an Momente, Orte und Leben, die auf diesen

Bildern festgehalten wurden, anscheinend wichtig genug, um überhaupt festgehalten zu werden. Denn Dokumentation war schon immer, und vor allem vor der Einführung der Digitalfotografie, eine Frage der Ressourcen, ob finanzieller oder zeitlicher Natur. Zu dokumentieren hieß, zu selektieren und zu investieren. Zu dokumentieren hieß nicht nur, einen Raum festzuhalten, sondern auch einen anderen Raum mit diesen Räumen zu füllen.

Die Bilder vor mir liegen zwar präserviert aber größtenteils unkatalogisiert hinter dieser schmalen hölzernen Schranktür. Sie sind Teil eines persönlichen Archivs, das weder über einen Namen, eine Anschrift, noch eine Webseitenadresse verfügt. Ähnliches gilt für die Bilder darin. Nur wenige sind durch Bemerkungen, Jahreszahlen oder andere Informationen gekennzeichnet. Und dennoch tragen sie eine Vielzahl an Bedeutungen und Hinweisen. Ihre Bedeutung ist unabhängig von der Ordnung, den fehlenden Erläuterungen oder der physischen Abwesenheit der Fotografierenden und der Fotografierten im Schrank deutlich erkennbar. Die vermeintliche Willkür und Unzuortbarkeit der Bilder werden einerseits durch die Technik aufgebrochen, die ihre Materialisierung erst ermöglichte, andererseits durch die Handschriften, anhand derer in, auf und hinter den Fotos Markierungen hinterlassen wurden, die erst bei genauerem Hinsehen eine historische Einordnung zulassen. So auch dieses Foto, das mir plötzlich ins Auge fällt, als ich das Album mit der schwarzen Seenlandschaft öffne und zu durchblättern beginne.

Ich entnehme es zaghaft aus seinem Album, aus seiner Ordnung, aus diesem Meer und diesem fernen *Osten*, und halte es nah an meine Augen, um es näher, immer näher zu betrachten. Im Vordergrund sind die Konturen einer Person mit krausem schwarzem Haar zu sehen. Sie steht am linken Rand des Fotos, fast als würde sie aus dem Bild fallen oder als wäre sie bewusst aus dem Bild verdrängt worden. Ihre Anwesenheit ist ein Störfaktor, vielleicht auch Zufall. Womöglich hat sie sich auch selbst in das Bild, in die Szene gestellt, die der Fotograf einzufangen versuchte. Die rechte Wange der Person ragt am Rand in dieses Bild hinein. Abgesehen von ihrer Hautfarbe, ein dunkler Hautton, bleiben alle weiteren Indizien über ihr Gesicht im Dunkeln, darüber wer sie ist, woher sie ist, was sie ist, warum sie dort ist. Sie ist der Kameralinse und dem Fotografen abgewandt und schaut in die gleiche Richtung, in die auch die Kamera blickt, über einen kleinen Graben hinweg, in Richtung dreier anderer Lebewesen, die auf der gegenüberliegenden Seite des Grabens stehen: Elefant*innen. Anders als die Frau, stehen zwei der drei Elefant*innen mittig im Bild. Sie scheinen nicht durch Zufall in das Bild geraten zu sein. Dafür nehmen sie insgesamt zu viel Raum auf der Bildfläche ein. Allein aufgrund ihrer Körpergröße waren sie selbst auf Distanz nur schwer zu übersehen. Ihnen fehlte es zusätzlich – anders als den Betrachtenden auf der anderen Seite des Grabens – an Bewegungsfreiheit. Sie waren nicht nur im Bild gefangen, sondern tatsächlich auch im Raum, der im Bild festgehalten wurde. Der Fotograf hat die Elefant*innen bewusst zum zentralen Objekt des Bilds gemacht. Sie waren der Grund dieser Momentaufnahme einer Begegnung.

Der Raum, der die Elefant*innen auf dem Foto umgibt, ist oval. Seine Wände sind mit orange-braunen Fliesen verziert. Die kuppelförmige Decke, die den Himmel über ihren Köpfen verdeckt, erstrahlt in frischem Weiß. Der Raum wirkt groß. Es gibt weder Gitter noch Zäune, die ihn zerteilen und dem Blick in die Tiefen des Raumes im Wege stehen. Der menschliche Körper, wenn auch nur am linken Bildrand abgebildet, erlaubt es uns trotz seiner Unvollständigkeit, die räumlichen Dimensionen und Differenzen dieses Raumes besser zu verstehen. Denn erst durch einen Körper der uns ähnelt, erlangen wir Erkenntnis, Verständnis und ein Gefühl dafür, wie groß, klein, nah oder weit entfernt etwas von uns und damit für uns ist. Unser Körper, aus dem heraus wir die Welt wahrnehmen, ist der Maßstab, an dem wir die Welt vermessen, sie um uns herum greif- und spürbar machen. Er ist unsere Referenz, unser Standard und unser Rahmen, der zu einem Raumgefühl wird.

Doch die Grenzen des menschlichen Maßstabs, dieser Selbstzentrierung, werden ebenfalls in diesem Bild deutlich. Denn auch wenn dieser Raum aus der Perspektive, den Augen und den Körpern des Menschen groß erscheint, so mutet er gleichzeitig klein, eng und bedrückend an. Die Elefant*innen dominieren das Bild und den Raum um sich herum, allein durch ihre Körper, deren Größen und Volumen. Die Präsenz dieser Lebewesen lässt uns die Proportionen des Raumes anders wahrnehmen. Sie verzerren unser Raumverständnis und erinnern uns an die Größe und Grenzen unseres menschlichen Körpers und unseres Blickes. Eine Welt, die für uns groß und adäquat erscheint, kann gleichzeitig klein und inadäquat für andere sein. Die Körper der Elefant*innen sprengen in diesem Bild den menschlichen Rahmen.

Im hinteren Teil des Fotos ist ein halb geöffnetes Tor zu sehen. Es gewährt einen Blick ins Freie und die Umgebung. Dort stehen Bäume und Sträucher, deren sattes Grün durch die unterschiedlichen Lichtverhältnisse im Innen- und Außenraum nicht korrekt belichtet werden konnte. Sie sind auf dem Bild erblasst. Das schemenhafte Grün des Laubes deutet darauf hin, dass der Raum sich irgendwo inmitten der Natur befand. Die Helligkeit des Laubes wiederum lässt auf warme Temperaturen schließen. Auch Teile der Außenfassade des Gebäudes sind in diesem Bild erkennbar. Ein heller Bogen scheint wie eine Stütze die Wände des Raumes zu halten und ihn zu umschließen. Die Elefant*innen sind an ihren Hinterbeinen angekettet. Somit sind sie in ihrer Bewegungsfreiheit nicht nur durch die Wände, Tore und Gräben, die sie umringen, eingeschränkt, sondern zusätzlich von der Länge der Ketten.

Von den jeweils vier Elefant*innenbeinen sind zwei mit massiven Metallketten befestigt. Die Vorderbeine der Elefant*innen sind dagegen frei. Sie stehen auf einem unebenen Haufen von grüngoldenem Stroh. Es könnte Futter sein, aber auch eine freie Natur darstellen, die den Betonboden unter ihren Beinen zu bedecken versucht. Ob für sie, die Elefanten, sie, die Person auf dem linken Rand des Bilds, für uns, die Betrachtenden, oder für gar niemanden lässt sich anhand des Fotos nicht ablesen.

Gebannt blicke ich auf das Szenario in meinen Händen. Ich betrachte die multiplen Bilder – die Bilder im Bild, die vor mir in diesem einzigen Foto leben. Meine Augen sind beim Anblick der Aufnahme gefangen in dem Raum, der Zeit und in dem Moment des Klicks der Kamera. Sie verlieren sich in den verschiedenen Ebenen des Bilds, des Raumes, des Momentes. Er dehnt sich, weitet sich und saugt mich und alle Betrachtenden mit auf.

Wir stehen im Raum.

Gemeinsam stehen wir hinter der Person am linken Bildrand, hinter der Person, die die Kamera bedient, um diesen Moment festzuhalten. Wir stehen mit ihnen hinter dem Graben, vor dem Gehege und mitten in der Szene. Unsere Augen wechseln zwischen den Lebewesen, die vor uns stehen. Auf dem einen Bild schaut die Person am linken Rand, von der wir nicht wissen, ob sie bewusst oder unbewusst in die Aufnahme geraten ist, gebannt in das Gehege, über den Graben hinweg auf das Bild im Bild. Auf der anderen Seite schauen die drei Elefant*innen aus dem Gehege, durch den fehlenden Zaun heraus. Sie blicken in ein anderes Bild. Irgendwo zwischen dem Graben, zwischen dem Punkt, an dem die vier Lebewesen stehen, zwischen den Bildern, treffen sie sich: ihre Augen, ihre Blicke, ihre Erinnerungen und bilden neue Bilder. *Wir stehen im Zoo.*

Wir sind in unserer *Gegenwart*, in unserer Wirklichkeit.

***

Das Bild in meinen Händen ist nur eines von Hunderten, das in diesem dunklen Schrank, in einem Meer an Bildern verschlossen lag. Es war nur eins von 32 Bildern, das in dem Album mit der *östlichen* Seenlandschaft, liebevoll und entgegen dem Chaos, das es bedrohlich umzingelte, archiviert lag.

Das Album ist eines der wenigen Alben im Schrank, das von der ersten bis zur letzten Seite vollständig beklebt ist. Es beinhaltet eine Vielzahl verschiedener Erinnerungen, die mich vom Ort der Erzählung aus auf eine Nahreise versetzen. Eine Reise, die weder über eine Staatsgrenze noch eine Landesgrenze führt und dennoch das Auge in Bewegung versetzt: Von einem Ritt auf Fuchur, dem fliegenden Drachen aus Michael Endes Roman *Die unendliche Geschichte*, in den ehemaligen Bavaria Film- und Fernsehstudios, über einem Schullandheimaufenthalt in Mainleus, einem nordbayrischen Dorf, bis hin zu einem Besuch auf einem Spielplatz im Tierpark am Röhrensee in Bayreuth. Das Album sammelte Eindrücke aus verschiedenen Orten Bayerns. Dort, wo sich die Wohnung mit den Fotoalben befindet.

Die Aufnahme mit den Elefant*innen folgt den Bildern aus den Bavaria Film- und Fernsehfilmstudios. Der Körpergröße, Kleidungen, Frisuren und Make-up der abgebildeten Personen zufolge, fanden beide Besuche an ein und demselben Tag statt. Die Anordnung der Bilder im Fotoalbum folgt also einer chronologischen Ordnung, die sich in eine Zeiterfahrung fügt. Wann genau diese Bilder aufgenommen wurden, kann nur anhand der Farbe des Laubes und der Art der Kleidung der Menschen vermutet werden. Es sind wohl Erinnerungen an einen *Sommer* in den frühen 1990er-Jahren, einem solch bedeutsamen *Sommer*, dass ihm ein ganzes Album gewidmet wurde.

Ich bleibe in dieser Erinnerung, in dieser Szene, an jenem Ort und in jenem *Sommer* stehen. Plötzlich bewegt sich etwas. Nicht etwa auf dem Bild, das auf glänzendem Papier gedruckt in meinen Händen lag, und auch nicht in dem Raum, den ich in diesem Bild erblicke. Sondern in mir.

Ich weiß nicht, warum mir dieses Bild mit den Elefant*innen mehr ins Auge fällt; warum meine Augen darauf anders reagieren als auf die anderen. Auf den ersten Blick sticht es visuell nicht sonderlich heraus. Es war eins von einer Vielzahl an Stillaufnahmen mit realen und imaginären Tieren – ob mit Pinguinen, Pfauen oder Fuchur. Und dennoch berührt es mich anders als andere Erinnerungen aus dem gleichen Album des gleichen Tages und der gleichen Reise.

Die Aufnahmen dieses Ausflugs in den Zoo folgen einem wiederkehrenden Schema. Denn die Perspektive der Kamera ist immer dieselbe. In allen Bildern entschied sich der Fotograf, die Kamera frontal auf seine Subjekte zu richten. Lebewesen und Landschaften verwandelten sich durch einen simplen Klick in Bildobjekte, die Zeit und Raum überdauern sollten. Während die menschlichen Subjekte fast immer direkt in die Kamera schauten, war das bei den *nicht-menschlichen* Subjekten seltener der Fall. Die Kamera scheint sie weniger zu interessieren – und dennoch waren sie, genau wie die Menschen, im Bild festgehalten. Und wenn sie denn in das Objektiv schauten, war unklar, ob die Kamera selbst im Visier ihres Auges war, der Fotograf, der die Technik bediente, oder gar etwas anderes, das sich vielleicht in der gleichen Richtung des Fotografen befand. Sie waren in unterschiedlichen von Menschen gestalteten Landschaften, und innerhalb eines von Menschen kuratierten Bilds gefangen. Sie befanden sich in einem Gehege, das sie umrahmte und zum Teil einer Kulisse machte, die mit dem menschlichen Auge und dessen Erweiterung – der Kamera – festgehalten wurde. Sie waren im Blick und im Klick gefangen.

Die Menschen, die auf den Fotos vor den Tieren stehen, posierten dagegen im Bewusstsein der Kamera und präzise für den Moment, der festgehalten wurde. Sie spielten mit der Erinnerung. Die Art, wie sie ihre Körper und ihre Gesichter justierten, kam einer Präsentation gleich. Nicht nur ihrer selbst, sondern auch von all dem, was hinter ihnen lag. Sie rahmen das Bild und die Landschaft hinter sich, zu dem ebenso die Tiere gehörten. Sie beherrschen alles, was dieses Bild einfangen sollte. Die räumliche Anordnung ist hierbei von besonderer Bedeutung und Symbolik. Die Menschen standen gewissermaßen vor anderen Welten. Es gibt eine sichtbare Trennlinie zwischen ihnen und den Lebewesen hinter ihnen, die architektonisch untermauert wird. Diese Architektur schuf eine Separation, die nicht nur räumlich war. Die Welt hinter ihnen war eine Welt, die sie hinter sich gelassen hatten. Eine Welt, an die man* sich mit Aufwand zu erinnern versuchte.

Das Bild in meinen Händen unterscheidet sich allerdings von diesem Schema. Die abgelichtete Person schaut nicht in das Kameraobjektiv. Es wird kein Augenkontakt gesucht. Wir blicken gemeinsam mit ihr in eine andere Welt. Die Perspektive verändert unsere Blickrichtung und Raumwahrnehmung. Die Person steht nicht mehr vor der Welt, die sie vermeintlich hinter sich gelassen hat. Sie präsentiert vermeintlichen Betrachter*innen nichts. Sie blickt auf die Welt, die durch einen Graben auf Distanz gehalten wird und gibt durch ihre Randposition den Blick frei auf das *nicht-menschliche* Leben hinter sich. Sie schaut auf diese Welt, die vor ihr aufgebaut und aufbewahrt wurde. In dieser Aufnahme beherrschen nicht Menschen das Bild. Es sind die drei Elefant*innen. Auch wenn sie weiter von der Kamera und den Menschen entfernt stehen. Mit dem Klick fing die Kamera einen Moment oder doch eher sechs Momente der Betrachtung ein – zwischen der Kamera, dem Kameramann, der Frau, und den drei Elefant*innen. Diese Betrachtungen liegen alle gesammelt in einem einzigen Bild in meiner Hand.

Die Bilder, durch die sich meine Finger und Augen minutenlang wühlen, sind Familienbilder. Es sind Bilder einer Familie, die nur wenige Jahre vor diesen Aufnahmen in Deutschland um politisches Asyl ersuchte; die erst wenige Jahre zuvor aus ihrem Habitat und ihrer Geografie gerissen wurde und gezwungen war, manche Erinnerungen dort zu begraben und andere in eine neue Landschaft zu verfrachten. Es sind Bilder von einer Familie, die ihre Archive verlor und ohne materielle Erinnerungen, dokumentlos, in einem neuen und für sie fernen Land ankam. Es sind Bilder einer Familie, die ihre neue Umgebung erkundete, die sich im Freien bewegte, Erinnerungen sammelte und leere Seiten zu füllen suchte. Es sind Bilder meiner Familie, die neue Erinnerungen mit alten immateriellen zu vermischen versuchte.

Die Personen, die sich von Foto zu Foto, Ort zu Ort und Erinnerung zu Erinnerung bewegen, sind meine zwei älteren Geschwister, Amma und ich. Der Einzige, der in dieser Bildserie fehlt, ist Appa. Er ist auf keinem der Fotos abgelichtet. Fast als wäre er nicht existent, als wäre er auf der Flucht verloren gegangen. Doch war er in diesen Momenten nicht verschwunden oder von seiner Familie getrennt worden. Diese Momente lagen in der *Vergangenheit*, in denen er über Monate hinweg, in seinem Versuch, sein Leben zu retten, von seiner Familie separiert war. Nun war er hingegen mit ihr vereint. Nur stand er hinter der Kamera und somit außerhalb der vielen Bilder. Appa war derjenige, der den Blitz auslöste, der die Bilder kuratierte, den Kamerawinkel bestimmte und damit auch die Proportionen der Räume, Gegenstände, Naturen und Lebewesen in Szene setzte. Er war derjenige, der den Moment mit einem simplen Fingerdruck einfing, die Zeit mit dieser Bewegung anzuhalten versuchte, um den Sekundenbruchteil für die Nachwelt zu fixieren. Und obwohl seine Rolle zentral im Prozess des Fotografierens war, blieb von ihm nur eine Ahnung. Ein Schatten.

Das Bild mit den Elefant*innen unterscheidet sich dabei nicht nur in der Blickführung, sondern auch darin, dass auf dem Bild nicht wie sonst, die übliche Mutter-Kinder-Konstellation zu sehen ist, sondern einzig Amma. Es ist das einzige Bild, auf dem wir Kinder nicht abgebildet sind. Gleichzeitig zeigt es einen Moment, an den ich mich trotz meiner Abwesenheit auf dem Foto lebendig erinnere. Ich war physisch nicht im Bild und im Lauf der Kamera gefangen, und dennoch war ich im Bild.

***

Die Technik, mit der Appa dieses Foto aufnahm, wurde im frühen *19. Jahrhundert* in *West*europa entwickelt. Das eigentliche Alter der Kamera ist jedoch weit höher, als ihr formelles Alter vermuten lässt. Hierzu schreibt die politische Theoretikerin Ariella Azoulay in ihrem Buch *Potential History: Unlearning Imperialism*, dass die wahre Geschichte der Kamera schon mit dem Beginn der ersten europäischen imperialen Invasionen im späten 15. Jahrhundert einsetzte. Sie etablierte sich als Teil der imperialen Praxis der Extraktion, der Abtragung von Boden und Leben, die mit der europäischen Invasion der Inseln im *Karibischen Meer* und Abya Yalas, des sogenannten *amerikanischen Kontinents*, begann. Der technische Apparat wird sich nach Azoulay *Jahrhunderte* später genau in jene imperiale Genialogie des Abtragens von materiellen und immateriellen Gegenständen einreihen und sie fortsetzen.

Die Kamera ist damit Teil einer Geschichte, die mehr als eine Geschichte einer Technik darstellt, nämlich eine Geschichte einer menschlichen Beziehung zur Welt und ihren Naturen. In ihrem Buch *Civil Imagination* argumentiert die palästinensisch-jüdische Professorin für Moderne Kultur weiter, dass die Geschichte der Fotografie weniger eine Frage danach ist, wer die Kamera erfunden hat, sondern vielmehr, wie sie die Geschichte einer Begegnung zwischen den Nutzer*innen und der Kamera selbst darstellt. Azoulay plädiert dafür, dass es für uns von größerer Bedeutung und Sinnhaftigkeit sein sollte, ein Verständnis über die Nutzung dieser Technik und die daraus folgenden Konsequenzen zu erlangen, sie in ein größeres historisches, politisches und ökonomisches Verhältnis zu setzen, als der viel häufiger gestellten Frage nachzugehen, wer genau Urheber*in der technischen Vorgehensweise sei. Denn auch die Technik verselbstständigte sich mit der Zeit und schuf ihre eigenen Realitäten und Regeln, die weit außerhalb der Vorstellungen ihrer Erfinder*innen lagen.

Durch die Reflexion von Licht ermöglicht es die Fotografie, Abbilder von Realitäten zu schaffen, die auf Papier entwickelt und in Alben festgehalten werden konnten. Die Fotokamera verhalf damit zu einer neuen ästhetischen Ordnung. Einer visuellen Neuordnung der Welt.

Die Menschen, die Kameras bedienten, verfolgten oftmals den Anspruch, Erfahrungen der Welt und Annahmen einer Wirklichkeit abzubilden. Durch die Abstraktion von materiellen Wirklichkeiten, die der Reflexion des Lichtes von Objekten ins Objektiv folgte, erlaubte die Fototechnik des 19. *Jahrhundert* es, ein neues Verhältnis des Menschen zu ihrer*seiner Umwelt zu schaffen. Sie fasste sie zusammen und reduzierte sie in ein Format, das für den Menschen nicht nur greifbar war, sondern auch besser verständlich. Mithilfe der Kamera konnte plötzlich ein lebendiger Moment festgehalten werden. Die Kamera ermöglichte es somit, eine Erinnerung zu verewigen.

In ihrem Sammelband *On Photography* schreibt die Essayistin Susan Sontag, dass die Fotografie es dem Menschen erlaube, Welten zu sammeln und sie als Zeugnis dieser Projektionen bewahren zu können. Durch Fotos wurde es uns möglich, die Welt anzuhalten, Bewegungen zum Stillstand zu bringen und diese über Zeit und Raum in der Form von flachen Abbildern mit uns zu führen. Doch diese Perspektive und die Art, wie sie sich im Deutschen mit Redewendungen, beispielsweise »ein Bild festzuhalten« oder »einen Moment einzufangen«, ausdrückt, sollte hinterfragt werden. Hat die Kamera tatsächlich die Macht, einen Moment und Ort anzuhalten? Ihn aus dem Gelebten und Bewegten auf das Stillbild zu transferieren? Die Kamera erlaubt es uns zumindest, eine Welt in einer der Hand zu halten, einen Moment als Stillleben und als Ereignis in absoluter Stille zu betrachten. Sie bezeugt eine Sicht auf die Welt, eine Realität – von vielen.

Die Abbilder, die Fotoapparate seit ihrer Erfindung produzieren, spiegeln ein Weltgefühl und Welterlebnis wider. Natürlich ist das nur die Reflexion eines Erlebens, das sich auf die Menschen beschränkt, die diese Kamera bedienen. Und das waren zunächst ausschließlich Europäer*innen.

Das Kameraobjektiv wurde zur Erweiterung ihrer Augen, das damit zur Erweiterung ihres Blicks auf die Welt wurde. Der Soziologe Rolando Vázquez beschreibt diese Blickhistorie als Archäologie des *modernes* Blicks. Anhand dieser könne bis in die *Gegenwart* nachverfolgt werden, wer, wie, wann und warum durch die Kamera schaute. Die Abbilder würden damit nicht nur das zeigen, was vor dem Objektiv stand oder lag, sondern genauso ein Bild zurückwerfen. Dieses Rückbild verleihe uns Erkenntnis darüber, wer sich hinter dem eigentlichen Bild und dem Objektiv der Kamera verberge. Denn auch die Urheber*innen bleiben sicht- und spürbar. Gleiches gilt für das Foto mit den drei Elefant*innen und Amma. Nicht nur sie waren im Abbild gefangen, sondern auch Appa, der die Szene ins Bild gesetzt hatte. Er lebte als Architekt dieser Mise en Scène im Bild weiter.

Vázquez versteht den Einsatz der Kamera als gezielten Versuch des europäischen Menschen, das eigene Menschsein durch die Unterwerfung anderer Lebensformen zu behaupten. Die technische Innovation werde hierbei strategisch genutzt, um sich vom anderen Leben – dem vermeintlich *nichtmenschlichen* Leben – zu distanzieren. Sie hilft, die zentrale Unterscheidung der kolonialen *Moderne* zu unterstreichen, die zwischen *Mensch*, *Untermensch* und *Nichtmensch* differenzierte. Dies geschieht unter anderem durch das Festhalten der Umwelt, das dem Klick auf den Auslöser folgt. Die Europäer*innen stellten nicht nur das zur Schau, was folglich im Bild gefangen war, sondern ebenso sich selbst. Ihre Befähigung die europäischen Erlebnisse der Umwelt zu inszenieren, einzufangen, zu sammeln und in der Welt verbreiten zu können, unterschied sie in ihren Augen von anderen Lebensformen auf dieser Erde. Es soll sie aus der Natur und aus dem Zeitgefüge lösen und, mehr noch, *darüber*stellen. Mit der Kamera war es den europäischen Menschen möglich, andere *nicht-europäische* Menschen, die nicht als solche anerkannt wurden, sowie andere Lebewesen festzuhalten, sie in einer permanenten und imaginären *Vergangenheit* gefangen zu halten und dabei selbst voranzuschreiten, immer weiter weg von dem Punkt, an dem sie noch gestern standen. Die Kamera entwickelte sich auf diese Weise zu einem Kontrollmedium der Europäer*innen, dass ihnen das Tor zu einer europäischen Idee der *Zukunft* öffnete.

Innerhalb von nur wenigen *Jahrzehnten* bahnte sich die Kamera ihren Weg von einem Medium, das zunächst den europäischen Eliten vorbehalten war, zu einem Medium, das den Massen der europäischen Metropolen und Siedler*innenkolonien vertraut wurde. In diesem Sinne weitete sich auch die Anwendung der Technik mit der Zeit aus. Die Fotografie wanderte schnell vom zivilen Anwendungsbereich zunehmend in den militärischen. Die Kamera wurde damit zu einer

Waffe umfunktioniert, die ähnlich wie die Gewehre, Bibeln und Karten der Europäer*innen zu reisen begann und gegen die Interessen von kolonialisierten Menschen verwendet wurde. Der englische Kulturkritiker John Berger macht beispielsweise deutlich, dass die vielen europäischen Völkermorde an indigenen Menschen im *nördlichen* Abya Yala einhergingen mit dem europäischen Wahn zur Dokumentation ihrer Leben und ihres Leids. Auch Ariella Azoulay widmet sich der Verbindung von Dokumenten und Gewalt. Sie spricht davon, dass imperiale und koloniale Gewalt erst durch Dokumente legitimiert wurde und damit der Akt der Dokumentation ein Gewaltakt sei. Diese Dokumente gehörten letztlich zum Teil kolonialer Bürokratieapparate. Nicht nur die Kamera sei also als eine imperiale Waffe anzusehen, sondern ebenso die Dokumente, die sie produzierte. Diese schufen die binäre Unterscheidung zwischen den Fotografierenden und den Fotografierten, zwischen den Archivist*innen und Archivierten, den Kurator*innen und Kuratierten. Gleichzeitig verstärkten sie die Trennlinien zwischen den *documented people* und *undocumented people*, den Lebewesen mit Papieren und den vielen Lebewesen ohne Papiere – den *sans papiers*.

Über die Jahre hinweg zeigte sich der Facettenreichtum der Kamera in den unterschiedlichen Zwecken, für die sie zur Anwendung kam. Europäer*innen nutzen die Kamera ausgiebig in der medizinischen, anthropologischen und ethnografischen Forschung von kolonialisierten Menschen. Sie unterstützte das europäische Bedürfnis, die Welten und Lebewesen außerhalb Europas mithilfe von Dokumenten in Verhältnisse zu setzen und für sich selbst verständlicher zu machen. So war der erste Begegnungspunkt der kolonialisierten Welt mit der Kamera eine von Gewalt geprägte, die sich in den vielen Methoden zur Extraktion, Auslöschung und Unterwerfung der weißen Menschen spürbar machte. Die fotografischen Erzählungen der Kolonialisierten über sich selbst werden sich aus diesem Verhältnis auch *Jahrzehnte* später nicht lösen können.

In Bergers Worten ist die schnelle Verbreitung und vielschichtige Nutzung der Kamera unter den Europäer*innen des *19. Jahrhunderts* ein Beweis dafür, wie zentral ihre Anwendbarkeit für den industriellen Kapitalismus war, der den europäischen Kolonialismus befeuerte. Der Kapitalismus diente als Katalysator für die Neuordnung von Arbeit und Rohstoffen, der Schaffung von neuen Arbeitstechniken, Arbeitsverhältnissen und Arbeitenden sowie der damit verbundenen Neubetrachtung der Welt und all ihrem Leben. In dem Versuch, die Welt von Europa aus anders auszuschöpfen, veränderten sich schlagartig die Verhältnisse zu Zeit, Natur und Leben. Die Welt schrumpfte in ihren Distanzen und in Bildern, ohne sich in Form und Wesen verändert zu haben. Die Kamera muss als Teil dieser kapitalistischen Ausbeutungskette gesehen werden. Mit ihr hielten Europäer*innen das fest, was sie als *fremd* wahrnahmen, das, was sie als *ordnungsbedürftig* empfanden. Damit war die Kolonialfotografie geboren.

In einem 2019 in der *New York Times* erschienenen Essay beschreibt der Autor und Fotograf Teju Cole, dass die Kolonialfotografie unterschiedliche Zwecke erfüllte. Sie kam unter anderem zum Einsatz in der Kolonialverwaltung, der Kolonialforschung, dem Kolonialhandel oder der christlichen Missionarsarbeit in den Kolonien. Die fotografischen

Abbilder der dortigen Verhältnisse verfolgten das ausgesprochene Ziel, die Überlegenheit der Europäer*innen über die *Nicht-Europäer*innen* zu demonstrieren. Anhand dieser visuellen Zeugnisse versuchten diese deren *Nicht-Menschsein* und die damit verbundene Notwendigkeit ihrer Unterwerfung zu kommunizieren. Der bis in die *Gegenwart* genutzte Ausdruck »ein Foto zu schießen«, so Cole, sei eine sprachliche Anerkennung der Verwandtschaft und Beziehung der Fotografie zur Gewalt. Die Kamera wurde *auf* etwas gerichtet oder eher *gegen* etwas, bevor mit der Bewegung eines Zeigefingers ein Knall ausgelöst wurde, der heute nur noch als wenig imposanter Klick überlebt hat. Schon 1977 schrieb Susan Sontag, dass ein Foto zu schießen einer Vergewaltigung gleiche. Nach Sontag würden in Bildern Menschen in Objekte verwandelt, die durch fremde Augen bestimmt und bedrängt würden. Diese Bilder generierten Wissen über ihre Motive, über das die Bildobjekte selbst keine Kontrolle mehr hätten. Sontag macht klar, dass ein Bild es ermögliche, symbolisch Besitz von jemandem und über etwas zu ergreifen. Mit dem Betätigen des Auslösers werde etwas produziert und gleichzeitig etwas genommen. Bei manchen war es die Würde, bei anderen die Seele, bei anderen gar der Körper. Es war ein Angriff auf die Selbstdarstellung, Selbstwahrnehmung und das Selbstbild der Abgebildeten, die auf Betrachtungsobjekte von Fremden reduziert wurden.

Als logische Folge dessen wurde die Kamera schnell zu einem elementaren Bestandteil des *modernen* Kolonialismus. Sie half bei der Systematisierung und Bürokratisierung dieser Gewaltsysteme. Die Technik ermöglichte es europäischen Fotograf*innen, wirklichkeitsnähere Repräsentationen zu produzieren, die Anfang des 20. *Jahrhunderts* – also in einer Zeit, in der fast die gesamte *außereuropäische* Welt erfolgreich kolonialisiert war – zur dominanten Art wurden, vermeintlich *natürliche* Abbilder dieser Umwelt zu kreieren. Durch sie konnten Darstellungen von den vielen Orten und Lebewesen in und aus der Ferne geschaffen werden. Diese konnten wiederum, losgelöst von den Orten und Lebewesen selbst, in der Form von Souvenirpostkarten, Abzügen oder Illustrationen kompakt verbreitet werden und anderswo, unter den Augen und in den Händen anderer weiterleben. Die Abbilder aus den Kolonien erlaubten es den Kolonialgesellschaften, Beziehungen zum *Fremden* und zu den *Fremden* aufzubauen, die ort- und zeitlos, ohne Kontext, bis in die *Gegenwart* weiterexistieren. Die Überbleibsel dieser Projekte begegnen einem heute noch in Fotoalben, an Wänden und auf Postern oder in abgewandelter Form in historischen und gegenwärtigen Kulturproduktionen. Sie hinterließen Karten und Krater, die aus realen oder erdachten Bildmotiven und Erinnerungen bestanden. Damit schufen sie eine Ordnung für die europäischen Menschen über das, was von hier aus als *wild*, *chaotisch* und *bedrohlich* empfunden wurde (und noch immer wird). Sie schufen ein Gefühl für eine Welt, die außerhalb ihrer Gefühle lag.

Diese visuellen Eindrücke verhalfen den Europäer*innen, die eigenen Kolonialprojekte in den europäischen Metropolen besser zu propagieren. Sie halfen, den Mehrwert dieser kostspieligen und wagemutigen Überseebestrebungen – die oft als kaufmännische Bestrebungen begannen, bevor sie zu Staatsunternehmen wurden – den europäischen Massen, die weit weg von den Kolonien lebten, erfolgreich zu kommunizieren. Durch die Fotografie konnte der Kolonialismus zu einer weniger insularen und damit abstrakten Massenerfahrung werden, die mit konkreten Vorstellungen, Erwartungen und Sehnsüchten verbunden wurde. Binnen kurzer Zeit fanden diese auch in den Haushalten und Köpfen der sogenannten *Allgemeinbevölkerung* der Metropolen ein Zuhause. Sie funktionierten wie ein Fenster in eine Welt, die das greifbarer machte, was »aus einer anderen Welt stammte«. Hierfür spielte die Postkarte eine wichtige Rolle, die zur gleichen Zeit als neues Kommunikationsmittel an Popularität gewann und vermeintliche Eindrücke aus den Kolonien in das europäische Zuhause trugen.

Die Kolonialfotografie ersetzte jedoch keineswegs die reiche Imagination der Europäer*innen. Sie war Teil dessen. Sie reproduzierte und verstärkte sie vielmehr durch überspitzte rassistische Bilder, die deren bizarre Vorstellungen über andere und sich selbst formten. Diese Projektionen der Welt durch europäische Augen kamen mit dem Ende des sogenannten Hochkolonialismus nicht zu einem Ende. Sie dauern hingegen bis in die *Gegenwart* an. Vázquez beschreibt es treffend: Die Kolonialfotografie habe Welten geschaffen und löste in dem Prozess dieses Schaffens andere Welten auf, die bis heute, im Jahr 2022, irreparabel zerstört bleiben würden. Diese verzerrten Annahmen über die Welt außerhalb des weißen Menschen konditionierten langfristig nicht nur Europa, sondern erreichten über *Jahrzehnte* hinweg auch die Welt außerhalb Europas. Dort, wo die Fotos ursprünglich aufgenommen wurden und die Menschen sich selbst durch das Bild der Europäer*innen zu sehen begannen.

So auch Appa. Die Kamera, die er an diesem Tag bediente, wurde nicht für ihn entwickelt. Ganz im Gegenteil. Und dennoch wusste er, mehr als 100 Jahre nach ihrer Erfindung und Verbreitung, die Technik geschickt zu bedienen. Er wusste, wie er sie für seine persönlichen Interessen einsetzen musste, um die Bilder von der Welt zu generieren, die seiner eigenen Lebensrealität entsprachen. Appa war jedoch weder die*der erste, noch letzte*r *Nicht-Europäer*in*, die*der die Kamera *Jahrzehnte* nach ihrer Erfindung selbst bediente. Weit vor Appa begannen andere kolonialisierte Menschen die Welt anhand der Kamera für sich, vermeintlich unabhängig von der Europäischen Genealogie, selbst zu ordnen. Den vielen Geschichten der Extraktionen und Unterwerfungen folgten allmählich Geschichten der Aneignung, Replikation und der Brüche. Worin aber unterschieden sich diese?

Ich erinnere mich an keine Zeit vor der Kamera. Sie war faktisch länger Teil meiner Familie, als ich es war. Bei meiner Geburt war sie schon längst zum dritten Auge meines Vaters geworden. Die Kamera war das Organ, durch das er über Jahre hinweg die Welt zu beobachten gelernt hatte. Appa war aber natürlich nicht mit ihr in der Hand oder am Auge geboren. Sie war weder Teil des Inventars seines Zuhauses noch Teil seines weiteren sozialen Umfeldes. In Nelliyadi, dem Ort am nördlichen Zipfel der *Halbinsel*, an dem der junge Mann aufwuchs, waren Fotoapparate bis in die *1970er*-Jahre noch eine seltene Erscheinung. Auch weit über die Grenzen dieser Kleinstadt hinaus, begegnete man* ihnen nur gelegentlich auf den Straßen oder in Privathäusern. Stattdessen wurden Kameras in Fotostudios aufgebaut und präsentiert. Die Studios häuften sich auf den belebten Hauptstraßen der urbanen

Zentren und erfreuten sich rasch einer großen Beliebtheit unter der lokalen Bevölkerung. In den *1970er*-Jahren Eelams, einer Zeit, in der die Hoffnung für eine tamilische Unabhängigkeit die Massen in Bewegung setzte, war die Kamera für Privatpersonen relativ unzugänglich. Und dennoch war sie im Bewusstsein der Menschen präsent. Denn sie hatte bis dahin schon längst die tropischen Landschaften abgelichtet, die die Menschen inklusive Appa, zu befreien versuchten.

Die Geschichte der Kamera in Eelam ist – wie in vielen Teilen der *nicht-europäischen* Welt – eine Geschichte, die nicht vom europäischen Kolonialismus zu trennen ist. Das erste Fotografie-Verfahren, die Daguerreotypie, erreichte Yaazhpanam nur wenige Jahre nach ihrer Erfindung im fernen *Westen*. Es wird davon ausgegangen, dass sie irgendwann zwischen *1840* und den frühen *1850*er-Jahren von europäischen Kolonialsiedler*innen von den Wampanoag Territorien (heutiges *Massachusetts*) aus nach Yaazhpanam (der vorkoloniale Name für *Jaffna*) eingeführt wurde. Die Kolonialist*innen, die als protestantische Missionar*innen nach einer mehrere Monate andauernden Überfahrt diesen für sie noch ferneren Teil der Welt erreichten, hatten sich erstmals *1816* auf der tamilischen *Halbinsel nördlich* vom heutigen sogenannten *Sri Lanka* niedergelassen. Seitdem unterhielten sie dort ein Netzwerk an unterschiedlichen christlichen Institutionen, die zum Zeitpunkt der Ankunft der Daguerreotypie, schon weite Teile der *Halbinsel* zu ihrem Einflussbereich zählten. Die Kamera sollte genau in jenen Institutionen und im Namen dieser Mission in Yaazhpanam zum Einsatz kommen.

An ihrem Ankunftsort befanden sich die weißen Siedler*innen aus der 13 527 *Kilometer* entfernten Kolonie jedoch weit außerhalb ihres eigenen Machtbereichs. Dies war streng genommen nicht ihre eigene Kolonie. Sie stand nicht unter ihrer Flagge. Die Siedler*innen waren auch in keinem sogenannten *terra nullius* gelandet, einem *Niemandsland*, das von Europäer*innen noch nicht besetzt war und damit in ihren Augen zu einem Land wurde, das ihnen zur Expansion, Ausbeutung und Zerstörung frei zur Verfügung stand. Stattdessen waren sie bei ihrer Landung auf einer schon längst von weißen besetzen Insel gestrandet, die unter Zwang einem Kolonialreich angehörte, zu dem die europäischen Kolonialsiedler*innen aus den heutigen sogenannten *USA* bis vor Kurzem noch selbst gehörten. Die Brit*innen waren zum Zeitpunkt der Ankunft dieser Missionar*innen tatsächlich schon die dritte europäische Kolonialmacht, die dieses Stück Land erlebte. Damit waren die Missionar*innen relative Spätankömmlinge an jenem Ort und in jener Chronologie.

Für die lokale menschliche Bevölkerung war die Ankunft der Missionar*innen aus Wampanoag keine ungewohnte Erfahrung. Diese weißen Menschen waren, zumindest auf den ersten Blick, kaum von den anderen weißen Menschen zu unterscheiden, die sie seit dem *16. Jahrhundert* brutal unterwarfen und kolonisierten. Sie waren nur eine Gruppe von weißen unter vielen Europäer*innen, die über die *Jahrhunderte* ungefragt in ihre Welten hereinbrachen und sie aus ihren eigenen Ordnungen warfen. Die vielen Länder, aus denen sie kamen, waren für die lokale Bevölkerung vor Ort so unbedeutend, dass es für sie nicht mal Namen und Assoziationen in den einheimischen Sprachen gab – ähnlich wie es auch keine Worte für Objekte und Erfahrungen gab, die sie nicht berührten. Auch wenn die fremden Herrscher*innen sich in ihren Sprachen, den Nuancen ihres christlichen Glaubens und den Techniken der Unterdrückung unterschieden, so vereinte sie, dass sie für die Lebensweisen und Naturen der dort Lebenden apokalyptisch waren. Mit ihrer Ankunft läuteten sie eine Zäsur für das Leben ein, die unumkehrbar sein würde, ob für die Kolonialisierten oder für die Kolonialisierenden selbst.

Obwohl die Missionar*innen selbst Europäer*innen waren, als sie *1813* auf der Insel ankamen, so waren sie, zumindest rechtlich betrachtet, keine Untertan*innen der englischen Krone mehr. Sie kamen unter ihrer eigenen Flagge, der Flagge der neu ausgerufenen *USA* nach Yaazhpanam, und waren demnach in der tamilischen Provinz, die unter britischer Kolonialverwaltung stand, doppelte *Ausländer*.

Wenige *Jahrzehnte* vor ihrer Landung in Eelam hatten sich die europäischen Kolonialist*innen im *nördlichen* Abya Yala erfolgreich von der englischen Krone losgelöst. Die nun »*unabhängige*« Siedler*innenkolonie hatte ihren Anfang in den Wampanoag-Territorien, die vom Volk der Wampanoag bewohnt waren und als das heutige Massachusetts bekannt sind. Von dort aus begannen sich die Kolonialist*innen in alle Richtungen des *Kontinents* auszubreiten. Die Siedler*innenkolonien, die sich später zu den sogenannten *Vereinigten Staaten von Amerika* zusammenschließen sollten, waren zu dem Zeitpunkt nichts anderes als ein europäischer Satellitenstaat, der auf nicht-europäischem Boden stehen und gedeihen sollte. Doch um diesen neuen europäischen Staat etablieren zu können, musste das Land mit all seinem Leben, das es trug und hervorbrachte, zunächst nachhaltig gerodet werden, um den Mythus des *terra nullius* aufrechtzuerhalten. Das Roden ist hierbei als buchstäblicher Prozess zu verstehen, dem als Erstes die vielen indigenen Namen zum Opfer fielen. Sie wurden mit europäischen Namen besetzt.

Der Name der europäischen Siedler*innenkolonie hatte seinen Ursprung fern des *Kontinents*, der diesen Namen erhalten sollte. Er stammt aus dem heutigen Deutschland, wo Kartografen sich *1507* dafür entschieden, die Landmasse, die sich von der *Antarktis* bis zum *Nordpol* erstreckte – einen *Kontinent*, den sie selbst nie betreten würden –, nach dem italienischen Seefahrer Amerigo Vespucci zu benennen. Amerigo wurde damit – und anfänglich ausschließlich *für sie*, die Europäer*innen – zu »*Amerika*«. Dabei wurden indigene Namen für das Land, das sie bewohnten, wie Tawantinsuyu, Anauhuac, Pindorama und unzählige weitere gewaltsam verdrängt. Der Italiener, nach dem die Deutschen diese für sie fremde Landmasse benannten, wuchs über seinen eigenen menschlichen Körper hinaus und lebte in Form eines ganzen *Kontinents* weiter, der gegenwärtig 42,550,000 *Quadratkilometer* umspannt. Amerigo Vespucci sollte sich auf diese Weise die Körper von anderen einverleiben und seinen eigenen in alle Richtungen weiten. Er sollte die Erde unter sich, die sich von der *Antarktis* bis zum *Nordpol* erstreckte, bedecken.

Mit dem Akt des Benennens ordneten die deutschen Kartografen das Stück Land mit all seinen autonomen Namen, Sprachen und Geschichten einer europäischen Ordnungslogik und Nomenklatur unter. Sie raubten dem *Kontinent* zwangsläufig seine eigenen Logiken, Ordnungen und Geschichten. Das Benennen war eigentlich ein Akt des Umbenennens. Die ursprünglichen Namen wurden getilgt. Und was mit dem Namen begann, endete schließlich mit den Leben.

Die Menschen und Tiere des nicht-europäischen *Kontinents* wurden mit der Ausbreitung des europäischen Menschen und dessen vielen fremden Namen, ähnlich wie die Bäume, Wälder und Naturen dieser Erdmasse, systematisch unterworfen und niedergeschlagen. Sie schrumpften förmlich und verschwanden langsam von den Landschaften, Statistiken und Erzählungen. Der gnadenlosen und systematischen Vernichtung von indigenen Menschen folgte die grausame Entführung, Versklavung und Tötung von Abermillionen *westafrikanischer* und *zentralafrikanischer* Menschen durch Europäer*innen. Sie wurden mit Schiffen über das Meer verschleppt, um auf den neuen Plantagen in den vielen Kolonien Abya Yalas unter Zwang und Folter zu arbeiten. Diese Plantagen hatten die europäischen Siedler*innen auf den Ruinen von tausend Jahre alten Urwäldern hochgezogen. Das Land, das von indigenen Menschen entvölkert wurde, sollte von ihnen schlagartig zur Ware erklärt und zur europäischen Profitmaximierung umgestaltet werden. Gleichzeitig rissen sie die vielen Erinnerungen aus dem Boden, die die Lebenden dort gesammelt hatten.

Der Proklamation der sogenannten *USA* auf indigener Erde gingen endlose Kapitel der Zerstörung und Auslöschung voraus, die tiefe Narben in den Körpern, Böden und selbst dem Himmel hinterließen. In ihrem Versuch, Reichtum anzuhäufen und Lebensraum für sich zu erschließen, erstickten und verbrannten Europäer*innen ganze *Zivilisationen* und komplexe Ökosysteme. Anders als viele indigene Menschen, stellte sich die*der europäische Mensch über die Naturen und überzog diese, ähnlich wie schon in Europa, mit Intensiv- und Monokulturen, mit der sie*er den Boden auszutrocknen und zu ersticken drohte. So stellten sich die weißen Menschen die Welt außerhalb Europas vor – und genauso sollten sie in vielen Teilen der Welt auch zurückbleiben. Mit der Gründung dieses europäischen Satellitenstaats wurden ganze Völker, Kulturen, Lebensweisen, Sprachen, Zeiten und die Naturen beinahe vollständig geschluckt. Sie verschwanden vom Erdboden.

Als die Missionar*innen *1813* von den ehemaligen Wampanoag-Territorien, die nun Teil des *US-Bundesstaats Massachusetts* waren, in See stachen, war die Kolonialisierung des *nördlichen* Teils Abya Yalas längst nicht abgeschlossen. Die Ausbreitung des weißen Menschen hatte noch nicht die *Pazifikküste* erreicht. Das heißt auch, dass die Ausbreitung des Christentums auf dem *Kontinent* noch nicht abgeschlossen war. Denn die Expansion der Europäer*innen war gleichzeitig auch ein Synonym für die Ausbreitung ihres Glaubens, der die Kolonialisierung ideologisch befeuerte, zum großen Teil sogar begründete. Folglich breitete sich mit den Europäer*innen auch das Christentum in Richtung *Süden* und *Westen* des *Subkontinents* aus. Es besetzte und dominierte mit seinen Gläubigen die Weltkarten.

Der Aufbruch einer relativ kleinen Gruppe von protestantischen Missionar*innen aus dieser Kolonie in Richtung anderer Teile der kolonialisierten Welt muss genau in diesem Kontext der europäisch-christlichen Expansion gesehen werden. Während diese auf dem *nördlichen* Teil Abya Yala noch in vollem Gange war, drängte die Gier der Siedler*innen sie zurück aufs Meer, von wo aus sie noch andere Teile der Welt bestrafen wollten. Als die Missionar*innen nach einer selbst verschuldeten Odyssee schließlich auf der britisch regierten Insel *Ceylon* ankamen, benötigten sie als Rechtssubjekte eines vermeintlich fremden Lands eine Genehmigung der britischen Kolonialmacht. Doch auch die Brit*innen konnten auf keine lange Geschichte auf der Insel zurückblicken.

Die britischen Siedler*innen waren gerade 20 Jahre vor Ort, als die sogenannten *US-Amerikaner*innen* in Yaazhpanam ankamen. London hatte die Insel *1796* von der niederländischen Krone übernommen, die, abgesehen vom zentralen Hochland, fast 200 Jahre lang die Küstenabschnitte der Insel okkupiert und kolonialisiert hatte. So auch die tamilische *Halbinsel*. Als jedoch die Niederlande in den napoleonischen Kriegen von Frankreich besiegt und zu einer französischen Tochterrepublik degradiert wurden, schlug diese Machtverschiebung in Europa Wellen, die noch Tausende *Kilometer* entfernt bis in alle niederländischen Kolonien zu spüren waren. Ihre Besitzverhaltnisse, ob in der sogenannten *Karibik*, im *südlichen Afrika*, im *Indischen Ozeanraum* oder im *Pazifikraum*, waren nunmehr ungeklärt. Die Ländereien und ihre Bewohner*innen gerieten damit erneut zwischen die Fronten. Diesmal die der französischen und britischen Kolonialarmeen. So auch das ehemalige *Ceylon-Nederlands*, das *1796* im Zuge dieses europäischen Machtvakuums gewaltvoll in das Britische Imperium einverleibt – und somit, ohne sich auf der Karte bewegt zu haben, in ein drittes europäisches Kolonialregime verschoben wurde. Als zwei Jahre später die anglo-französischen Kriege in den Kolonien der beiden europäischen Länder ausgetragen wurden, so auch auf dem *nördlichen* Teil Abya Yalas, kam es auch zu militärischen Auseinandersetzungen zwischen den beiden Kolonialimperien in ihren tamilischen Kolonien. 1782 fand eine Marineschlacht in der Bucht von Tirukonamalai statt, die Frankreich mehrere Monate lang entgegen britischer Interessen besetzt hatte. Mit dem Frieden von Amiens *1802* wurden die Besitzverhältnisse der Kolonien letztlich geklärt. Während die meisten niederländischen Kolonien in die Hände der Französ*innen fielen, bzw. alternativ von den Niederländer*innen weiterhin gehalten werden durften, gingen *Tobago* sowie *Ceylon* mitsamt all dem Leben, das diese zwei Stücke Land trugen, uneingeschränkt in britisches Besitztum über. Hiermit waren zwei neue britische Kolonien geboren: *Britisch-Trinidad-und-Tobago* sowie *Britisch-Ceylon*. Die Kronkolonie *Ceylon* war allerdings noch nicht vollständig territorial erschlossen.

Das Hochland der Insel blieb noch bis *1815* unabhängig. Erst wenige Monate vor der Ankunft der europäischstämmigen Missionar*innen aus *Nord*-Abya-Yala brachten die Brit*innen auch die letzte widerspenstige Region unter ihre Kontrolle. Daraufhin formten sie das nun vollständig unterworfene Inselterritorium mit seinen ehemals dreigeteilten König*innenreichen erstmalig zu einem Einheitsstaat um. Hierfür zentralisierten sie die Gewalt an einem Ort, der zum Ein- und Ausfuhrtor der britischen Kronkolonie werden sollte: *Colombo*. Die *südwestlich* gelegene Küstenstadt hat ihren Ursprung im *8. Jahrhundert* und wurde ab dem *16. Jahrhundert* von den Portugies*innen zu einer beträchtlichen Küstenstadt entwickelt. Später wurde sie von den Brit*innen zur Hauptstadt der Kronkolonie erklärt, von der aus das Inselreich fremdregiert werden sollte. Von hier aus sollte der Reichtum des Landes zurück in die Kolonialmetropole transportiert werden. Damit wurden die tamilischen Regionen, die allesamt fernab von *Colombo* lagen und schlecht über Land zu erreichen waren, zur *Peripherie* erklärt. Sie waren weniger von zentralem Interesse für das europäische Kolonialregime. So auch Yaazhpanam, das, von *Colombo* aus betrachtet, näher an den *südlichen* Küsten des *Britisch-Raj* lag als an dem *Süden* der Insel.

Als die europäischen Missionar*innen aus dem *Norden* Abya Yalas auf der Insel ankamen, gewährten die britischen Kolonialherr*innen den *US-Amerikaner*innen* ein 40-jähriges Aufenthaltsrecht auf der Insel. Dieses Recht beschränkte sich allerdings ausschließlich auf die als *arid* gekennzeichnete Region Yaazhpanam. Diese wurde aufgrund ihrer klimatischen und geografischen Bedingungen von Europäer*innen als widrig für Menschen, das heißt für sie und ihre Interessen, beurteilt. Anders als die Anwesenheit anderer europäischer Kolonialmächte im *Indischen Ozeanraum*, der die Insel umarmt, wurde die Präsenz der *US-amerikanischen* Missionar*innen in Yaazhpanam von den Brit*innen nicht als unmittelbare Bedrohung wahrgenommen. Im Gegenteil. Die Auslandsmission der englischsprachigen Missionar*innen aus den sogenannten *USA*, die keine formelle materielle Inbesitznahme der Kolonie beanspruchten, kamen den Brit*innen sogar entgegen, denn sie erhofften sich von ihnen eine Entwicklung der *Peripherie* und damit eine Erleichterung ihrer eigenen Plünderung der Kolonie.

Die von *1816* in Yaazhpanam ansässigen weißen waren Teil der ersten Auslandsmissionen des nur wenige Jahre zuvor in *Neuengland* gegründeten *Amerikanischen* Beirats für Auslandsmissionen (American Board of Commissioners for Foreign Missions). Die Mission verfolgte das Ziel, den protestantischen Glauben in die »*entlegensten*« Orte der Welt zu tragen, die bislang den unterschiedlichen Missionarsbewegungen weißer Menschen erfolgreich entkommen waren. Ihr Bestreben glich, zumindest in ihren Augen, viel mehr einer *Zivilisierungsmission* als einer Kolonialisierung. Diese Haltung sollte sie, nach der eigenen Behauptung maßgeblich von ihren Verwandten aus der sogenannten *alten Welt* unterscheiden. Die Maßnahmen dieser Gruppe zählten damit zu den ersten imperialistischen Aktivitäten, die unter dem Namen und der Flagge der jungen europäischen Siedler*innenkolonie *USA* außerhalb des *Nordens* Abya Yalas durchgeführt wurden. Die Entsendung der Kolonialmissionar*innen des *Amerikanischen Beirats für Auslandsmissionen* war einer ihrer ersten Auftritte auf der politischen Weltbühne, die das Selbstbild und Selbstverständnis dieses jungen Staates nachhaltig prägte.

Obwohl die europäischstämmigen Siedler*innen den Anspruch verfolgten, eine andere Politik auszuüben als ihre ehemaligen Kronen, so handelten sie doch in der Tradition und Kultur ihrer europäischen Herkunftsgesellschaften. Das Selbstbild und die Vorstellungen der Welt der europäischstämmigen Siedler*innen gründete sich im gleichen Selbstverständnis wie das ihrer Herkunftsgesellschaften. Ihre Entscheidung, sich wenige Jahre nach ihrer Loslösung von Europa, sprich der »Unabhängigkeitserklärung« der Siedler*innenkolonie *USA* auf neue Schiffe zu begeben, war unmittelbar damit verbunden, dass die Kolonialisierung, die bis dahin fast den gesamten *nördlichen Subkontinent*, vom *Arktischen Ozean* bis zum *Golf von Mexiko*, von der *Atlantikküste* bis zur *Pazifikküste*, erfasst hatte, zumindest territorial abgeschlossen war. Damit wurde eine neue Phase in der *modernen* Kolonialhistorie eingeläutet: der Aufstieg der Siedler*innenkolonie zu einer eigenständigen Imperial- und Überseekolonialmacht. Die *alten weißen Menschen* lebten in der Form *neuer weißer Menschen* weiter. Angetrieben von dem Wunsch, die Welt in ihrer Gesamtheit ihrer eigenen (Un-)Ordnung zu unterwerfen, sie nach ihren Maßen zu formen und zu »entwickeln«, stachen die *europäisch-amerikanischen* Siedler*innen wieder in die Weiten der Meere, um, ausgehend von den Häfen der nunmehrigen Kolonien *Nord*-Abya-Yalas, und an Bord von neuen Schiffen, auf für sie noch neuere Küsten als die Abya Yalas zu stoßen. Hierzu gehörten die Küsten *Hawaiis*, *Siams*, *Singapurs*, *Liberias*, *Südafrikas* und auch die der britischen Kronkolonie *Ceylon*.

Der in Yaazhpanam ansässige Arm der protestantischen Missionsgruppe wurde *American Ceylon Mission* getauft. Sie war maßgeblich an der Missionierung der einheimischen Bevölkerung beteiligt. Ihre Präsenz prägt die Geschichte und Entwicklung der Region bis in die *Gegenwart*. Die Fingerabdrücke der *US*-Missionar*innen sind vor allem noch im Bildungswesen sowie im Medizinwesen der Region zu erkennen. Sie hatten einen entscheidenden Einfluss auf die Alphabetisierung der Menschen, den Bau von englischsprachigen sowie tamilschprachigen Schulen – die natürlich den christlichen Glauben als Zugangsbedingung vorschrieben –, die literarische Übersetzung von englischen Werken in das Tamilische und tamilischen Werken ins Englische, die Armutsbekämpfung sowie die medizinische Versorgung auf der *Halbinsel*. Diese sozialen Aktivitäten waren aber keineswegs altruistisch. Sie waren ideologisch tief vom europäischen Protestantismus geprägt und verfolgten das Ziel, den protestantischen Glauben und die europäisch-christliche Lebensweise unter den Einheimischen durch »Entwicklungshilfe« zu propagieren. In diesem Sinne setzten sich auch die Frauen der *American Mission of Ceylon* besonders für die Bildung von einheimischen Mädchen ein. Hierzu gründeten sie *1824* in Uduvil die erste Mädchenschule Asiens, in der nicht nur die Bildung von Mädchen und jungen Frauen angestrebt wurde, sondern auch ihre Wertvorstellung nachhaltig nach christlich-europäischen Bildern geformt wurde.

Yaazhpanam entwickelte sich damit mit der Zeit und dem Einfluss der *US-Amerikaner*innen* zu einem modernen Bildungshub, der ein neues Produkt in die Welt werfen sollte: die Ressource des englischsprechenden und europäisch ausgebildeten Kolonialisierten. Diese zur Ware gemachten Menschen sollten die Böden und das Klima der Region, die für Europäer*innen sowieso schon als schwierig zu ökonomisieren galten, als Ausbeutungsressource ersetzen. Sie sollten das Land, das anders als die Regionen des *Südens* keine kolonialen Plantagenkulturen zuließ, für die Kolonialist*innen irgendwie profitabel machen. Damit verwandelten die europäischstämmigen Missionar*innen die Region, zu der sie ausschließlich Zugang von den Brit*innen in *Colombo* erhielten, in einen Segen für die Kolonialwirtschaft. Die Missionar*innen sollten die*den *modernen*, assimilierten und gefügigen Kolonialisierten herstellen, die*der danach von den Brit*innen recycelt werden konnte. Die *europäisch-amerikanisch* ausgebildeten englischsprechenden und den dominanten Kasten angehörigen Tamil*innen Yaazhpanams sollten wenig später in anderen britischen Kolonien des gleichen Ozeanraums zum Arbeitseinsatz kommen. Sie sollten dort den infrastrukturellen Ausbau und die Verwaltung der Kolonien für die aus London befugte Fremdherr*innenschaft von *Burma* bis nach *Singapur* erleichtern.

Doch in den Missionsschulen in Yaazhpanam sollte die tamilische Bevölkerung nicht nur in europäischer Weise ausgebildet, sondern auch nach *euro-amerikanischen* Maßen »zivilisiert« werden. Sie sollten dort einheimische kulturelle Praktiken ablegen, die für Europäer*innen als *rückständig* galten. Die Missionar*innen verfolgten das Ziel, eine neue Art Mensch zu schaffen und beim Prozess des Schaffens andere Arten des Lebens zu vernichten. Der *Zivilisierungsgedanke* der Missionar*innen, der unter dem Deckmantel der protestantisch *US-amerikanischen* Bildung Einkehr fand, führte aber auch zu Widerstand unter der lokalen Bevölkerung. Als Reaktion auf die Missionsbestrebungen wuchs zum Beispiel eine einflussreiche Saiva-Reformbewegung, die von den herrschenden konservativen Kasten gesteuert wurde. Diese bediente sich unter anderem den Techniken der *US-Amerikaner*innen* und propagierte ihre Interessen mithilfe moderner Drucktechnik. Dabei eignete sie sich die neuen Publikationsmethoden der Christ*innen an, um damit die eigenen Saiva-Texte zu vervielfältigen. Vor der europäischen Druckerpresse wurden diese lediglich handschriftlich auf Palmenblättern dokumentiert und waren dementsprechend schwieriger zu vertreiben.

Die technischen Innovationen, die in Yaazhpanam im *19. Jahrhundert* vor allem von *Euro-US-Amerikaner*innen* in die Region transportiert wurden, prägen die Kulturen, Landschaften und Lebensweisen der Bevölkerungen nachhaltig. Sie veränderten sie bis in ihre Wurzeln und Kronen. Die Kulturen, Landschaften und Lebewesen, die diese Einkerbung überlebten, die nach den Invasionen übrig blieben, waren nicht mehr dieselben, die sie vor diesem Einschnitt, der tatsächlich aus einer Unmenge an unterschiedlich tiefen, weiten und auch zeitversetzten Einschnitten bestand, einmal waren. Gleichzeitig wurden mit den Brüchen in ihren Geschichten auch neue Kulturen geboren, die Fortschritte und neue Möglichkeiten erlaubten. Diese sind weder an europäisch-christlichen *Zivilisationsmaßstäben* zu messen noch von den Kolonialsiedler*innen beabsichtigt worden.

Für viele der importierten Technologien gilt das Gleiche. Die Beziehung der Kolonialisierten zu den Innovationen der fremden Menschen waren keineswegs statisch. Sie veränderten sich mit der Zeit, und auch sie wurden von ihrer neuen Umgebung geprägt. Die Maschinen der Europäer*innen und *europäischstämmigen US-Amerikaner*innen*, die eingeführt wurden, um die Unterwerfung und Assimilierung technisch zu unterstützen, wanderten oft von den blassen Händen ihrer vielen Importeure in die Hände der Kolonialisierten. Letztere verwendeten sie manchmal originaltreu weiter, oder – wie im Falle der *modernen* Druckerei – zweckentfremdeten sie, um sie ihren eigenen Bedürfnissen anzupassen. So konnten Werkzeuge der Kolonialisierung zu Werkzeugen des antikolonialen Widerstands umgemünzt werden. Sie konnten entgegen den Interessen der Erfinder*innen und Importeuer*innen dieser Techniken angewendet werden. Damit gliederten sie sich in eine Landschaft ein, in die sie künstlich hineingezwängt wurden und in der ihr Gebrauch sich mit der Zeit verselbstständigte. Auch die Kamera, die durch die europäischstämmigen Missionar*innen um das Jahr *1840* in Yaazhpanam eingeführt wurde, erlebte eine ähnliche Wandlung.

Die Missionar*innen verwendeten die Kamera, um das für sie Fremde und um sich an diesem für sie fremden Ort zu dokumentieren. Ihre Art zu fotografieren, entwickelte sich zu einem eigenen Subgenre innerhalb der Kolonialfotografie, der sogenannten Missionarsfotografie. In Yaazhpanam beschäftigte sich diese Art der Fotografie, ähnlich wie auch an anderen kolonialisierten oder noch zu kolonialisierenden Orten, primär mit der Dokumentation der eigenen Missionarsarbeit. Hierzu gehörte ebenso das Festhalten des Alltags in den Missionarsanwesen. Ein gängiges Bildmotiv war dabei die »*Zivilisierung*« der einheimischen Menschen, die auf den Fotos nicht nur europäische Kleidung trugen, sondern sich auch gemäß europäischer Normvorschriften verhalten mussten. Diese *orient*ierten sich vor allem an viktorianischen Geschlechterrollenbildern. Dabei wurden sie in den unterschiedlichen Settings abgelichtet, etwa beim Gottesdienst, der Alphabetisierung oder während der Hausarbeit. Anhand dieser Bilder war es den europäischen Missionarsfotograf*innen möglich, den »Erfolg« ihrer eigenen *Zivilisierungsmission* in den Kolonien festzuhalten und in ein handliches Zeugnis zu gießen. Die visuelle Dokumentation ihrer Arbeit erlaubte es ihnen, ihre »Leistungen« in Form von Briefanhängen zurück an die Außenwelt zu kommunizieren, das heißt an die

Welt außerhalb der kolonialisierten Menschen. Dort wurden diese Bilder zu Propagandawerkzeugen, welche die Effizienz und Notwendigkeit der Missionen innerhalb der Kolonien unterstreichen sollten.

Menschen, die in den Kolonialmetropolen noch immer als *Unmenschen* angesehen wurden, wurden für diese Bilder plötzlich in Kleider gesteckt, die Europa als *modern* und *zivilisiert* betrachtete. Sie standen oder saßen in einer Umgebung – nämlich den Missionarsanwesen –, die zwar in der Ferne lag, aber dennoch in ihrer Anordnung, ob architektonisch, gärtnerisch oder sozial, den Idealen eines christlich-bürgerlichen Europas nacheiferte. Die Bilder, die aus diesem Subgenre der Kolonialfotografie entstanden, zeigten, wie die Kolonialisierten den gleichen Gott anbeteten wie die Kolonialisierenden, das gleiche Alphabet lernten wie sie, die gleichen Vokabeln studierten wie sie, sich in der gleichen Grammatik zurechtzufinden versuchten. Sie zeigten auch, wie sie dieselben Handwerke mit denselben Werkzeugen praktizierten und sozialen Beschäftigungen nachgingen wie sie. Die Bilder zeigten letztlich, wie die Kolonialisierten zu Abbildern des christlich-bürgerlichen Europas geworden waren, deren Leben von morgens bis abends von den Werten Europas und denen der Kirche kontrolliert wurden. Sie visualisierten, wie ihre Köpfe und Herzen von ihren eigentlichen Umgebungen und Geschichten losgelöst wurden, und künstlich in eine komplett fremde Kulturgeografie verfrachtet wurden. Damit wurden sie aus ihrem eigenen Zeitgefüge herausgerissen, aus ihrer autonomen Weltordnung hinausgeschleudert, die nicht nur die Beziehung zu dem Selbst bestimmte, sondern auch zur Umwelt. Ihr Verhältnis zur Welt wurde zerstört, um eine neue und für sie fremde Zeit einzuläuten: die der europäischen *Moderne*.

Und dennoch waren die Kolonialisierenden auch nach ihrer Konversion und Assimilation an Europa und den weißen Menschen keineswegs gleichgestellt mit ihnen. Die vielen Bilder der Missionarsfotografie spiegeln das Verhältnis der Lernenden zu den Lehrenden und andersrum wieder, ob an der Sitzordnung oder der Rollenverteilung im Bildungs- und Kirchwesen. Die assimilierten Kolonialisierten waren zwar aufgrund ihrer geschaffenen kulturellen Nähe für Europäer*innen greifbarer, trotzdem verblieben sie aufgrund ihrer nicht-europäischen körperlichen Merkmale für weiße Menschen *unvollkommen*. Sie stiegen damit nur von den sogenannten *Unmenschen*, den *Nicht-Menschen*, zu den *Demimenschen* auf. Den *Bedingtmenschen*. Ihr Menschsein gewann für Europa damit zwar an Konturen, diese Linien blieben jedoch stark verhandelbar. Parallel dazu hielt das gleiche Europa noch immer daran fest, der lokalen Bevölkerung, die sich der Assimilation und Konversion verweigerte, das Menschsein abzuerkennen.

Für die Europäer*innen bezeugten diese Fotos der Kolonialisierten in europäischen Dekors nicht zuletzt den Altruismus hinter ihrer Missionarsarbeit. Die Bilder waren sinnstiftend für das europäische *Zivilisierungsvorhaben*. Allerdings gerieten von Yaazhpanam aus ebenfalls Bilder in die Welt, die weiße Missionare zeigten, die sich wiederum in vermeintlicher traditioneller Kleidung der tamilischen Bevölkerung ablichten ließen. Diese Bekleidung hatte jedoch weniger etwas mit der Art zu tun, wie sich indigene Bevölkerungen kleideten, sondern war vielmehr ein Ausdruck *orientalistischer* Interpretationen dessen. Der Versuch, sich den einheimischen Traditionen auf ihre eigene Art zu nähern, statt sie als *unzivilisert* zu verklären, unterschied manche europäische Missionar*innen von anderen weißen Eindringling*innen. Die Intention hinter den und die Arten der Verkleidungen der Missionare mögen zwar äußerst fragwürdig sein, doch ist der Akt des Bekleidens in derartigen machtpolitischen Kontexten bezeichnend für das Verhältnis des weißen Menschen zu den Kolonialisierten. Das Dokumentieren einer solchen Kleidungstransgression mithilfe der Fotokamera unterstreicht diese Dynamik. Es ist ein Merkmal, dass die Missionarsfotografie von anderen Arten der Kolonialfotografie unterscheidet. In den Worten der britischen Historikerinnen Samantha Johnson und Rosemary Seton ermöglichte die Präsenz von Missionar*innen zwei Dinge gleichzeitig: »die koloniale und anthropologische Erfahrung von indigenen Gesellschaften« zu spiegeln und diese gleichzeitig herauszufordern. Das Genre der Missionarsfotografie schuf dabei Archive, die die frühen invasiven Fremdblicke weißer Menschen auf die tamilische Bevölkerung festhielten und materialisierten. Sie verband die *Halbinsel* damit über die Meere hinweg mit *Madagaskar, Papua-Neuguinea, Guyana, Trinidad* und darüber hinaus mit anderen Gebieten, die Ziele ihrer Missionarsarbeit waren und deren Verbildlichungen sich in den gleichen Kolonialarchiven wiederfinden lassen.

Wann genau die Kamera zum ersten Mal in den Händen einer tamilischen Person landete, ist nicht bekannt. Es wird davon ausgegangen, dass wohlhabende Tamilen aus den herrschenden Kasten, die über Jahre hinweg das Institut der

American Ceylon Mission besuchten, die Ersten waren, die das Bedienen einer Kamera erlernten. Einem Mann namens Martyn, bei dem unklar ist, ob er Tamile war, wird angerechnet, den europäischen Missionar*innen, die die Kamera aus *Nord*-Abya-Yala zwar importierten, aber nicht zu nutzen wussten, die Technik erst experimentell beigebracht zu haben. Der Tamile Swaminathar Kanagaratnam Lawton, selbst Student am Institut, habe einige Jahre nach Martyn das Fotografieren anhand einer Kamera erlernt, die er im Müll der *American Ceylon Mission* gefunden habe. *1876* eröffnete er schließlich sein eigenes Fotostudio in *Jaffna Town*, das damit womöglich zum ersten Fotostudio auf der gesamten Insel wurde, das von einem Kolonialisierten betrieben wurde. Auf diese Weise konkurrierte er mit europäischen Fotografen, die sich schon Jahre zuvor in den *südlichen* urbanen Zentren der Inselkolonie mit ihren Fotostudios einen Namen gemacht hatten. Auch Lawton eröffnete nach seinem ersten Studio auf der tamilischen *Halbinsel* ein zweites Studio im *Süden* in *Colombo*, der kolonialen Hauptstadt. Der tamilische Graduierte der *American Ceylon Mission*, wurde damit zu einem Pionier der Fotografiegeschichte der Insel, dessen Arbeit und Forschung weit über die Grenzen der Insel hinaus internationales Aufsehen erregte.

Die ersten Fotostudios auf der Insel wurden ausschließlich von Kolonialisten betrieben und spezialisierten sich auf die Porträtfotografie von Kolonialisierenden und Kolonialisierten. Hierfür stellten sie aufwendige Kulissen her, in denen opulent und kreativ koloniale Fantasien inszeniert wurden. Die so künstlich geschaffenen kolonialanthropologischen und -ethnografischen Motive leben in Form von Postkarten weiter und sind als Vermächtnis der Beziehung von Europäer*innen zu einer Welt außerhalb Europas zu verstehen. Sie begannen als Souvenirpostkarten die Welt zu bereisen und damit langfristig die Blicke aus der Ferne auf die kolonialisierten Gebiete zu formen und zu beherrschen. Diese Kolonialpostkarten, Abbilder einer fremden Vorstellung einer *für sie* fremden Welt, reisten in umgekehrter Richtung die gleichen Strecken – von den Kolonialmetropolen in Richtung *Nicht-Europas* –, die schon die Kolonialist*innen hinter sich legten, als sie sich auf die langen Fahrten in die Kolonien begaben. Sie legten damit auch die gleichen Strecken zurück wie die Technik, die diese Postkarten aus den Kolonien erst ermöglichte.

Für die Kolonialisierten war die Kameratechnik eine von vielen Einschnitten, die sich seit der Ankunft der weißen Menschen durch ihre Landschaft und vom Boden bis zu ihren Haaren ragten, zogen. Beim Prozess des Fotografierens richtet der Fotograf das relativ große Kameraobjektiv, das leicht an die Öffnung einer Schusswaffe erinnert, in Richtung derer, die davor stehen. Die abzulichtenden Personen wurden dabei meist vor einer Leinwand fixiert. Sie mussten, ähnlich wie bei einer Hinrichtung, ihre Körper über mehrere Sekunden vor diesem Objektiv stillhalten. Sie durften sich nicht bewegen, um die Schärfe des Schusses zu gewährleisten, um es dem Kameraobjektiv zu erlauben, genug einfallendes Licht für die Abbildung durchzulassen. Die Kolonialisierten warteten vor der Mündung der Kamera darauf, dass etwas geschah. Vielleicht warteten sie darauf, dass etwas von diesem Gerät ausging, in ihre Richtung fliegen würde, sie treffen würde und sich durch ihre Körper bohren würde, um auf der Leinwand hinter ihnen mit Teilen ihres Körpers ein neues Bild zu kreieren. In dem Akt des Wartens, dem Nicht-bewegen-Dürfen, auf etwas, worüber sie weder Kenntnis noch ein Anrecht darauf besaßen, spiegelt sich die Willkür wider, die sinnbildlich für die Beziehungen von Kolonialisierenden zu Kolonialisierten ist. Den Bildsubjekten, die ohne weitere Erklärung vor die Kamera gezwungen oder gelockt wurden, blieb zwangsläufig nichts anderes übrig, als der fremden weißen Person zu vertrauen, die sie häufig nicht kannten und die sie beim Fotografieren nicht mehr sehen konnten, da sie ihren Kopf und Körper hinter dem schweren Objektiv und unter einer schwarzen Decke versteckte. Die*der Fotografierende stand ihnen somit nur noch gesichtslos in der Form eines Gespensts gegenüber. Sie mussten der Person blind Vertrauen schenken mit dieser Waffe. Die meisten Bildsubjekte, die Europäer*innen einfingen, waren aber nicht blind. Sie blickten direkt in das Rohr der Waffe, durch dessen Lauf der weiße Fotograf sie ins Visier nahm, um im Angesicht dieses Blickkontaktes den Auslöser zu drücken. Dabei entstand eine Wunde, die nicht an den Körpern der kolonialen Bildsubjekte klaffte, sondern sich in die teuren aus Europa importierten Silberplatten fraß.

Die Technik war denen, die sie bedienten genauso fremd. Die Ängste der Menschen an deren Körpern sie diese erprobten, sind noch in den Zeugnissen dieser Übergriffe zu erkennen. Beim genauen Anblick entdeckt man* häufig Anzeichen des Terrors, der sich in den Augen und in den Körpern der Menschen spiegelt. Sie verblassen weder mit einer Verschiebung der Zeit, der Geografie, der Machtverhältnisse, dem Klima noch dem Alter des Bildmaterials. Ihre Blicke überlebten die *Jahrzehnte*, die vielen Brüche der Geschichte und Karten, um uns bis in die *Gegenwart* zu verfolgen. Sie erinnern uns trotz der weit verbreiteten Annahme, dass diese Bilder *nur* historische Zeitaufnahmen seien, daran, dass auf den Körpern der Kolonialisierten Spuren hinterlassen wurden. Die Kolonialfotografie zeigt jedoch nicht nur das, was offensichtlich ist, nämlich eine aufwendige sowie perverse Inszenierung von Leben, dem eine eigene Handlungsmacht abgesprochen wurde. Sie zeigt auch all das, was sich hinter diesem menschlichen Theater versteckt, wer die Regie für diese Aufnahmen aus welchen Gründen führte. Sie erzählen weniger etwas darüber, was das *nicht-europäische* Leben ausmachte und was die *nicht-europäischen* Kulturen waren, sondern vielmehr, wie sich der weiße Mensch selbst in der Welt sah. Sie erzählen uns bis in die *Gegenwart*, wer der europäische Mensch ist und was die europäische Kultur in ihrem Fundament ist. Damit bleibt nicht nur das kolonialisierte Leben, das für sie als fremd erschien, in den Bildern gefangen, sondern auch die europäischen Menschen, die diese Bilder benötigten, um ihr eigenes Weltbild und Weltverständnis zu formen.

Auch wenn die Lebewesen, ob Menschen oder Tiere, beim Ablichten keinen offensichtlichen körperlichen Schaden davontrugen, so wurde ihnen dennoch mit und in diesem Akt etwas unwiderruflich genommen. Auch wenn es nicht unbedingt ihr Leben war, so wurde ihr Anrecht auf ihr eigenes Abbild und damit ein Teil ihrer selbst genommen. Sie waren nach dem Ablichten gewissermaßen nicht mehr dieselben Menschen, die sie vor dem Auslösen der Kamera waren. Sie lebten als Karikaturen weiter, die losgelöst von ihren Körpern und den Orten, an denen sie beheimatet waren, ein Eigenleben entwickelten, über das sie keine Kontrolle mehr hatten. Sie wurden zu Bildern, die zu reisen begannen und sich anderswo, in anderen Menschen, festzusetzen begannen. Für viele Unterworfenen wurden technische Eingriffe wie die der Kamera als Einschnitte in ihr Würdegefühl empfunden. Das Fotografieren wurde für viele Betroffene eine tief traumatische Erfahrung, die lange über den eigentlichen Moment der Aufnahme hinauswirkte. Wie die Bilder wanderte auch das Trauma und lebt in den Nachfahr*innen weiter, die bis in die *Gegenwart* diesen dehumanisierenden Abbildungen ihrer Vorfahr*innen und Kulturen in europäischen Museen, Archiven, Universitäten, Büchern, Filmen und der Kunst begegnen. Anders als die Kanonen oder Gewehre der Europäer*innen, die aus der Distanz heraus die Körper der Unterworfenen zerfleischten und sie damit in die Knie zwangen, so fraß sich die Kamera aus nächster Nähe in ihre Seele und hinterließ leere Hüllen, die ihrer Wesen beraubt wurden.

Es ist fraglich, ob die Kolonialisierten, die in den verschiedenen Genres der Kolonialfotografie abgebildet wurden, jemals selbst diese Bilder von sich sahen, in die sie von den weißen Menschen hineingezwungen wurden. Diese Abertausenden von Aufnahmen waren schließlich nicht für ihre Augen bestimmt. Tatsächlich waren sie für die Blicke anderer gemacht, für Menschen, die ihnen das Menschsein absprachen, denen sie selbst meistens weder in persona begegnen, noch deren Abbilder sie sehen würden – in deren Blicken sie aber dennoch, auch in Tausenden von *Kilometern* Distanz und lange über den Augenblick der Aufnahme hinaus, gefangen blieben. Die Aufnahmen waren nicht Zeugnisse ihrer Existenz, sondern Zeugnisse ihrer Unterwerfung. Diese Unterwerfung musste nicht in der direkten Abbildung offensichtlich ausgeübter Gewalt, wie zum Beispiel in Fotos von Enthauptungen,

Amputationen, Folterungen, Versklavungen oder Massakern zum Ausdruck kommen, und trotzdem ließ sich die Gewalt erahnen, die diesen Bildern unterlag. Sie konnte auch in scheinbar friedlich anmutenden Bildern zum Ausdruck kommen wie die der Missionarsfotografie in Yaazhpanam. Und dennoch blieb auch sie der Logik der Übermacht der »weißen Rasse« treu.

Als Lawton die Kameratechnik der Daguerreotypie im Müll der *American Ceylon Mission* fand, waren in Europa und den *USA* längst neuere Generationen der Kamera auf dem Markt erhältlich. Diese waren weniger sensibel als ihre Vorgängergeneration und dementsprechend leichter in ihrer Handhabung. Ein Nachteil der Daguerreotypie bestand nämlich darin, dass der Entwicklungsprozess der Bilder, die aufwendig auf Silberplatten oder alternativ auf versilberten Platten fixiert werden mussten, den Umgang erschwerte und es unmöglich machte, Kopien der entwickelten Fotos herzustellen. Sie blieben Unikate. Daneben kosteten die Materialien viel: Die Silberplatten waren in den Kolonien nur schwer erhältlich und extrem teuer. Neuere Generationen der Kamera erleichterten dagegen den Entwicklungsprozess und senkten dabei auch automatisch die Produktionskosten. Sie erlaubten die Entwicklung von Fotos auf Papier, was wiederum die Reproduktion von Kopien der Originale erst ermöglichte. Diese technischen Fortschritte ebneten den Weg für die Massentauglichkeit der Fotografie sowie den Massenkonsum ihrer Bilder. Sie erlaubten es, den Motiven der unterschiedlichen Genres der Kolonialfotografien ein Nachleben in den weit entfernten Kolonialmetropolen zu schenken. So konnten die Blicke der Kolonialist*innen auf die Welt außerhalb Europas auf lange Zeit und über mehrere Generationen hinaus materialisiert werden.

Ähnlich wie die Daguerreotypie viele kolonialisierte Regionen der Welt nur wenige Jahre nach ihrer Erfindung aus dem fernen Europa erreichte, so bewegten sich auch Folgegenerationen dieser Technik schnell in Richtung der kolonialisierten Welt. Mit der Weiterentwicklung der Technik verlor die Daguerreotypie allmählich an Wert und Reiz, so auch in den vielen außereuropäischen Kolonien. Die Überholung der Technik erklärt wahrscheinlich, warum eine teure und offensichtlich noch funktionale Kamera nur wenige Jahre nach ihrem Import auf die Insel im Müll der *US-amerikanischen* Missionsanlage in Yaazhpanam landete. Vielleicht lag es aber auch an der schwierigen Beschaffung von Silberplatten und ihrer komplizierten Handhabung unter den klimatischen Bedingungen der tropischen Halbinsel, für die die Kamera nie entwickelt wurde. Diese machte die Daguerreotypie in Eelam für weiße Menschen womöglich unattraktiv. Fest steht jedoch, dass die Kamera so in Hände gelangte, für die sie nicht konzipiert war.

Hierdurch konnte ein neues Genre der Fotografie entstehen – die Fotografie der Kolonialisierten. Mit dieser neuen Form der Aufnahme, in der das Objektiv nicht mehr nur als Waffe des weißen Menschen gegen die Welt gerichtet wurde, veränderten sich Blickrichtungen, Motive sowie die Besitzverhältnisse der Bilder. Plötzlich konnten Abbilder von nichtweißen Menschen und deren Welten entstehen, die nicht etwa nur den Interessen und der Propaganda der weißen Kolonialgesellschaften dienten. Es konnten Bilder entstehen, die in der Art der Fixierung und Inszenierung eines gelebten Moments, nicht mehr das Ziel verfolgten, die Überlegenheit und den *Zivilisationsanspruch* Europas über die vielen anderen zu beweisen. Stattdessen konnten Aufnahmen für das Stützen der eigenen Erinnerungen aus eigenem Interesse entstehen. Es konnten Bilder entstehen, die nicht für das weiße Auge gedacht waren, sondern auch außerhalb dieser Augen ein Anrecht hatten, existieren zu dürfen. Damit entwickelten sich langsam autochthone Fotokulturen und -archive, die das Potenzial hatten, das Verhältnis zu den Europäer*innen und ihren vielen Kolonialmetropolen mittels ihrer eigenen technischen Errungenschaften herauszufordern. Sie konnten eine andere Lesart und Verständnis der Welt einfordern, die in Form des Fotos Zeit und Raum überdauern konnte. Die Bilder der Kolonialisierten mussten nicht erst über die Meere reisen, um ihr Zielpublikum zu erreichen. Ihr Sinn bestand darin, lokal und außerhalb Europas relevant zu sein. Der Ort der Produktion war somit auch Ort der Rezeption. Hierdurch änderten sich sowohl die Richtungen der Zirkulation der Dokumente, die Perspektiven der Betrachtung als auch die Aufbewahrungsorte und -techniken. Zugleich bedeutet diese Entwicklung, dass diese neue Art der Bilder selten die Kolonialmetropolen selbst erreichten, wo sie die gewaltvolle und narzisstische Sicht der europäischen Menschen auf die Welt infrage hätten stellen können. Ihr Potenzial lag damit in einer Zeitkapsel, die erst nach und nach für ein globales *westliches* Publikum sichtbar werden sollte.

Der Transfer der Kamera in die Hände der *nicht-europäischen* Menschen drohte ein europäisches Ordnungsverhältnis auf den Kopf zu stellen. Die Entstehungen von Fotografien der

Kolonialisierten, ganz unabhängig von Qualität, Technik und Form der Bilder, kam einem revolutionären Akt gleich. Doch auch mit der Aneignung der Kamera durch indigene Menschen war der Zugang zur Fototechnik nicht automatisch für alle Menschen gewährleistet.

Ähnlich wie innerhalb der Kolonialgesellschaften, wo die Kamera erst mehrere *Jahrzehnte* später die sogenannte *Allgemeinbevölkerung* erreichen sollte, war die Möglichkeit, von der Kamera eigenmächtig Gebrauch zu machen – das heißt aus dem eigenem Willen heraus vor und/oder hinter der Kamera zu stehen – in den Kolonien nicht jedem Menschen gleichermaßen zugänglich. Dort war diese Beziehung ebenso stark an Kapitalverhältnisse gekoppelt. Und diese bestimmten letztlich die Unterscheidung in Menschen, die eine Kamera besaßen, die keine Kamera besaßen, die selbstbestimmt fotografiert wurden, die niemals fotografiert wurden, und diejenigen, die nicht selbstbestimmt fotografiert wurden. Diese sozialen Trennlinien waren entscheidend dafür, von wem welche Art der Dokumentationen, Geschichten und Erinnerungen übrig blieben, wie diese Erinnerungen den Verlauf der Zeiten überdauerten und wo, wie und von wem sie aus- und dargestellt wurden.

In den Kolonien wurde dieses Ungleichgewicht noch mehr befeuert dadurch, dass Kameras – egal ob die erste oder darauf folgende Generationen – weder in noch für die Kolonien produziert wurden. Ihre Anschaffung und Pflege erschwerte sich dadurch. Je weiter die Kolonien von den Kolonialmetropolen entfernt lagen, desto exklusiver gestaltete sich der Zugang zu dieser Technik. Die vermeintliche Demokratisierung der Kamera lief folglich in den Kolonien anders ab als in den Kolonialmetropolen. In den Kolonialmetropolen ging die Verbreitung um einiges zügiger voran als in ihren Kolonien, die am Ende der Ausbeutungskette standen und erst zeitversetzt von den technischen Errungenschaften profitieren konnten, die auf ihren Rücken und Gräbern errichtet wurden.

In Eelam waren es über lange Zeit die mobilen Kasten und Klassen, die exklusiven Zugang zur Fotografie hatten und sich damit aus dem weißen Blick emanzipieren konnten – zumindest in gewissem Maße. Beispiele hierfür sind Lawton und Martyn, die beide aus privilegierten Kasten mit sozialem, ökonomischem und politischem Kapital stammten und so verfrühten Zugang zur Fototechnik erhielten. Auch wenn ihre Aneignung der Kamera einen Bruch in der europäischen Erzählung der Welt darstellte, kam die Art der Fotografie, die aus dieser Aneignung folgte, selten einem Bruch mit den bekannten Narrativen der Kolonialfotografie gleich. Die kolonialisierten Eliten übernahmen hingegen oft Vorgaben und Schablonen der Kolonialist*innen, um eine Darstellung ihrer selbst zu gestalten und sich selbst in ihren Fotografien zu nähern. Damit folgten sie dem Drang der europäischen *Moderne* und ahmten einen »Zivilisationsgedanken« nach, der ihrer körperlichen und kulturellen Existenz nicht nur feindlich, sondern genozidal gegenüberstand. Gleichzeitig demonstrierten sie in ihren Fotos von sich eine Überlegenheit über die in der Zeit »zurückgebliebenen« Teile der »eigenen« lokalen Gesellschaften, die im Schatten der Kameras und Bilder verblieben. Dieser ungleiche Zugang zur Kamera unter den Kolonialisierten führte weiter dazu, dass die Geschichten der *nicht-weißen* Menschen, die sich aus ihren fotografischen

Zeugnissen herauslesen lassen, einen beschränkten Blick auf die lokale Bevölkerung zulassen. Sie zeigen nur die Geschichten jener, die sich diese Art der Selbstpräsentation und Dokumentation leisten konnten. Sie erzählen Geschichten, die genauso unvollständig sind wie die all jener, die ebenso in Europa unfotografiert und damit hinter den Standbildern zurückblieben.

Mit der Zunahme der Kameras, Studios und Fotos in den Kolonien entwickelte sich die Fotografie und der Besitz von Bilddokumenten schnell zu einem neuen Statussymbol. Sie wurden Teil einer neuen ästhetischen Ordnung, zu der nach und nach auch andere Kolonialimporte zählten, wie europäische Möbel, Kleidung, Baustile, Baumaterialien, andere technische Innovationen oder sogar Wörter, die sich in den Alltag der einheimischen Bevölkerung schlichen. Alte soziale, klassistische und kastengerechte Trennlinien wurden mit neuen Werkzeugen markiert. Heute noch kann an der Anzahl und dem Alter der im Besitz befindlichen Fotos einer Familie etwas über ihren sozialen und ökonomischen Stand gesagt werden. Es lässt sich erkennen, wie wohlhabend oder wie arm eine Familie oder Person zu einer bestimmten Zeit gewesen sein mag. Gleiches gilt ebenso für die kolonialisierende Welt, in der die Kamera bis zu ihrer Demokratisierung ein Gebrauchsgegenstand der sozial und ökonomisch mobilen Klassen verblieb.

Mit den *Jahrzehnten* gewöhnten sich die kolonialisierten Menschen an den Gebrauch der Kamera. Nach und nach wurde die Fotografie zum festen Teil der Kulturlandschaft vieler kolonialisierten Gesellschaften der Welt. Anders als bei den Kolonialisierenden speiste sich die Fotografie der Kolonialisierten nicht aus Abbildern ihnen fremder Welten und Menschen. Sie richteten selten das Objektiv gegen die Fremden, die ihre Gesellschaften und Umwelten ausbeuteten. Sie stellten für gewöhnlich nicht das für sie Unvorstellbare dar, sondern das für Europäer*innen Unvorstellbare: *moderne* Kolonialisierte. Und damit Kolonialisierte, die nicht nur von den weißen Siedler*innen dokumentiert und studiert wurden, sondern die sich selbst betrachten und dokumentieren. Die mit jedem Abbild nicht nur an Form zunehmen, sondern auch in den Imaginationen von und über sich selbst. Die Porträtfotografie avancierte zu einem beliebten Genre. Fotostudios begannen die Straßen der urbanen Zentren der Kolonien zu schmücken und die wohlhabenden Bevölkerungsteile hineinzulocken. Zahlungskräftige Familien konnten es sich sogar leisten, das Personal und Equipment des Fotostudios zu ihnen nach Hause zu bitten. Damit wurde die Kamera in die gängige Kastenpraxis des Hausbesuchs integriert, die Sinnbild für die lokalen Macht- und Abhängigkeitsverhältnisse war und von den dominanten Kasten vorgelebt wurde.

Als Appa *1951* in Yaazhpanam zur Welt kam, war die mittlerweile vier *Jahrhunderte* überschattende europäische Fremdherr*innenschaft über den Landstrich, der sein erstes Zuhause war, seit fast sechsunddreißig Monaten beendet. Dort wehte seitdem ein neuer Wind. Ein Wind, der womöglich weniger salzig schmeckte. Dieser drang nämlich nicht mehr wie zuvor von fern her über die Meere und Küsten hinweg weiter in Richtung Landesinnere. Er kam stattdessen seit *1948* von der *südwestlichen* Küste der Hauptinsel her durch den Dschungel des Vanni und über die Lagunen und den von ihm eingekesselten *Elefantenpass* in Nelliyadi an. Seit 1098 Tagen schleppte er den Staub aus dem fernen *Süden* in den hohen *Norden*. Der neue tropische Inselstaat ersetzte die alten Kolonialflaggen mit neuen Farben, Mustern und Stoffen, die die Sicht in den Himmel neu zu färben begannen. Ihre mehrfarbigen Schatten drängten schnell bis an den Rand des neuen Staatsgebietes. Diese Flagge wehte auch über dem kleinen Kopf Varatharajahs, der an der Obergrenze eines vermeintlich unabhängigen Lands geboren wurde.

Mit dem Wechsel der Machthabenden in *Colombo* wurde das Ende der europäischen Herr*innenschaftszeit gefeiert. Doch auch der singhalesische Staat *Ceylon* – der der britischen Kronkolonie *Ceylon* folgte und später in *Ilankai/Sri Lanka* umbenannt wurde – hatte ein Interesse daran, nicht mit den Grundsätzen dieser kolonialen Ordnung zu brechen. Er versuchte stattdessen sich dieses Erbe unkritisch zu eigen zu machen. Zum Zeitpunkt, als die Brit*innen die Insel verließen, war ihre Ordnung bereits so tief in die kolonialisierten Körper und den Boden gesichert, dass es ohnehin unrealistisch erschien, dass ein bloßer Machtwechsel all das ungeschehen machen könnte, was schon längst geschehen war. In dem Moment, als die Welt der Kolonialisierten endlich *frei* vor ihnen lag, war sie nicht mehr dieselbe, die sie vor dem Einfall der Europäer*innen gewesen war. Weder ein neuer Name, eine neue Verfassung, eine neue Währung, eine neue Flagge noch eine neue Nationalsprache konnte das rückgängig machen. Der vermeintlich emanzipierte Staat, der nun auf eigenen Beinen stand, der mit erhobenem melaninreichen Kopf aus dem Ozean heraus in die Weite der kartierten Welt blickte, stützte sich am Ende auf keinen eigenständigen Boden. Er war die Erfindung von Männern, die wieder in London, Den Haag und Lissabon saßen und die ihn nun keines Blickes würdigten. Der Staat, den sie zurückließen, war auch nach ihrer Abfahrt und dem Ende der Unabhängigkeitszeremonien in seinem Wesen und seiner Gestalt in einer europäischen Idee und Zeit gefangen. Die Uhr konnte nicht mehr zurückgestellt werden, die Körper nicht mehr entkoppelt werden. Um dieser Tragik der Erzählung zu entkommen, sahen sich die neuen Machthabenden der Insel gezwungen, sich selbst neu zu erfinden und dem neu etablierten Staat mit unterschiedlichsten Methoden eine Rechtmäßigkeit und organische Präsenz in der gegenwärtigen Weltordnung zu verleihen. Sie fingen an, neue nationalstaatliche Mythen zu begründen und diese krampfhaft bis an die neuen Staatsgrenzen zu vermitteln.

Hunderte *Kilometer* von dem Ort entfernt, von dem das letzte britische Schiff ablegte, kam Varatharajah zur Welt. Zur Zeit seiner Geburt war von den vielen weißen Menschen kaum noch etwas zu sehen. Sie hatten die Welt seiner Eltern, Großeltern, Urgroßeltern, Ururgroßeltern und viele weitere Generationen seiner Familie dominiert, deren Namen nie vermerkt wurden, die weder in einen Stammbaum geordnet noch gefasst wurden. Selbst die Missionar*innen aus den neu bezeichneten *USA*, die seit *1816* in Yaazhpanam eine Basis unterhielten und zeitweise präsenter waren als die Brit*innen, waren zur Zeit seiner Geburt in diese zerstörte Welt längst verschwunden. Doch auch ihre Spuren und Geschichten überlebten ihre individuellen Körper. Ihre Fingerabdrücke hafteten auch lange nach ihrer Abfahrt weiter auf den Papieren, Silberplatten und in den Augen der vielen von ihnen fotografierten Lebewesen; von denen sie etwas nahmen, ohne etwas Sinnvolles zurückzugeben. Ihre Spuren verblieben aber vor allem auf der eigentlichen Technik, nämlich den Kamerageräten, haften. Die Apparate, die sie freiwillig und unfreiwillig zurückgelassen hatten, überließen sie damit einem neuen Verlauf und verhalfen ihnen zu einer neuen Geschichte. So konnte die Kamera auf diesen Teilen der Welt unabhängig von ihren weißen Erfinder*innen und Importeur*innen weiterleben. Auch sie konnte ein vermeintlich unabhängiges Leben anstreben.

In den *1950er*-Jahren, in denen Appa heranwuchs, entfaltete sich der Geist der Unabhängigkeit innerhalb der entkolonialisierten Gesellschaften. Auch die Fotografie dieser Epoche, die den politischen Umbrüchen unmittelbar folgte, florierte zu diesem Zeitpunkt und brachte zunehmend neue Bilder hervor. Die Fotostudios auf der neuen sozialistischen Inselrepublik wurden weiterhin vor allem von den wohlhabenden Klassen und Kasten besucht. Diese Schichten, die häufig in den Zentren der Städte lebten, wo sich auch nach dem Abzug der Brit*innen die politische, ökonomische und kulturelle Macht konzentrierte, nutzten die von den Europäer*innen dort zurückgelassene Technik, um eine neue Zeit anzukündigen: eine Zeit nach den Europäer*innen. *Ihre* Zeit. Mit jedem Foto versuchten sie sich von der alten Geschichtsschreibung abzusetzen und neue Geschichten zu schreiben. Mit jedem Klick versuchten sie Erzählungen autonom von Europäer*innen für sich in ihrer und von ihrer Welt zu kreieren.

Die Fotografie der Entkolonialisierung war eine Fotografie der Emanzipation. Sie entdeckten, duplizierten, multiplizierten, entwickelten, entdeckten und passten die Methoden und Techniken an ihre spezifischen außereuropäischen Realitäten und Bedürfnisse an, sodass am Ende eine fremde Technik zu einer einheimischen werden konnte. Sie begann sich nicht nur in *nicht-europäischen* Geografien einen Platz zu verschaffen, sondern auch in *nicht-europäischen* Sprachen. Während in europäischen Sprachen häufig Ausdrucksvariationen für den Akt des Fotografieren existieren, das heißt unterschiedliche Aspekte des Fotografierens in europäischen Sprachen Raum fanden, drückt sich der technische Prozess beispielsweise auf Tamil nur durch einen Ausdruck aus: படம் எடுக்க – ein Bild zu nehmen. Diese Wendung bringt zur Sprache, dass jene Geschichte in dieser *nicht-europäischen* Sprache einzig aus einer Perspektive erzählt wird. Der Fokus liegt auf dem unwiderruflichen Nehmen von etwas, was unbeschrieben und materiell schwer fassbar bleibt. Die Sprache erlaubt keine Differenzierung. Wie sich die Praxis des Fotografierens in die tamilische Sprachlandschaft einzuordnen begann, lässt sich auch darin beobachten, dass das Verhalten der Schlange dem Akt des Fotografierens sprachlich angenähert wurde. So spricht man* bis heute davon, dass beim Anvisieren eines potenziellen Feindes – பாம்பு படம் எடுக்கும் – die Schlange ein Bild aufnimmt. Es ist der Moment, bei dem Menschen geraten wird, sich vor der Schlange in Acht zu nehmen und möglichst viel Distanz zum Tier zu halten. Auch wenn die Fotografie der Entkolonialisierung intendierte, sich zu emanzipieren, so veränderte sie diese transaktionale Beziehung nicht nachhaltig. Sie nahm den Subjekten ihrer Bilder ebenfalls etwas, was schwer in Worte zu fassen war. Diese neue

Dynamik verlief jedoch nicht mehr entlang des traditionellen Gefälles zwischen Kolonialist*innen und Kolonialisierten, sondern verschob sich mit der Zeit.

Die *nicht-europäischen* Bildeindrücke sammelten sich in privaten und institutionellen Archiven. Dort begannen sie ein Eigenleben zu führen, über das die ehemaligen Kolonialmetropolen keine Kontrolle und in das sie auch keinen Einblick mehr hatten. Die Fotos, die nicht mehr reisen mussten, um bewundert zu werden, fingen nicht nur Räume ein, sondern nahmen auch mehr und mehr Raum dort ein, wo sie eingefangen wurden. Mit der Zeit entstanden dadurch erweiterte Bildlandschaften, die sich in ihren Motiven und Motivationen mit der Zeit mehr und mehr von denen der weißen Menschen zu unterscheiden begannen. Sie spiegelten die langsamen Veränderungen der Blickrichtungen: das Erblicken der eigenen Umwelt und des eigenen Körpers. Nach und nach lösten sich die ehemals kolonialisierten Menschen von dem *jahrhundertealten* kolonialen Blick. Sie reflektierten, wie sie sich als Menschen in den ehemaligen Kolonien neu bewegen und betrachten konnten. Wie sie sich neu zu imaginieren lernten. Die Emanzipationsfotografie der Entkolonialisierung verlieh den politischen, sozialen und ökonomischen Umbrüchen einen prägnanten ästhetischen Ausdruck. Diese Umbrüche werden heute häufig als reiner politischer Aufbruch pauschalisiert zusammengeworfen. Tatsächlich wurden diese *Jahrzehnte* vielerorts als unruhig, gewaltvoll und politisch wechselhaft erlebt. Dieser ästhetische Ausdruck kann auf den Fotos der vielen Unabhängigkeitszeremonien sowie den Fotos von Privatpersonen aus den Fotostudios nachverfolgt werden. Die Fotos rissen alte Ordnungen nieder, um neue zu etablieren. Sie verzerrten die Beziehung zwischen Subjekten und Objekten, verschoben die Beziehung zwischen Betrachtenden und Betrachteten und forderten die Sehgewohnheiten heraus.

Dieser zunehmende Bilderreichtum, der die Welt außerhalb Europas einholte, füllte nicht nur ihre Archive, sondern auch die Gefühle und Erinnerungen der ehemals kolonialisierten Menschen. Er begann Spuren in ihren Erinnerungen zu hinterlassen und zu Bezugspunkten für sie in Zeit und Raum zu werden. Die Technik der weißen Menschen bewegte sie zunehmend in eine Welt, in der ein Abbild von einem Moment zu besitzen gleichbedeutend wurde mit dem Vermögen und dem Gefühl, überhaupt eine Erinnerung zu haben.

Die Existenz eines Bildzeugnisses, das einen als besonders empfundenen Moment festhielt und damit materialisierte, ihn in eine handliche und vermeintlich zeitlose Form presste, gewann immer mehr an Bedeutung. Der Graben zwischen denjenigen, die Bilder hatten, und denjenigen, die in der Bildlosigkeit verblieben; zwischen denjenigen, die Geschichten vorzuweisen, und denjenigen, die als geschichtslos zurückfielen – dieser Graben, der vormals innerhalb Europäer*innen und zwischen den europäischen Kolonialisierenden und den Kolonialisierten herrschte, verlagerte sich mit der Entstehung von *nicht-europäischen* Fotokulturen ebenso innerhalb der Gesellschaften der Kolonialisierten und ehemals Kolonialisierten. Ihr Erinnerungsvermögen wurde an den Besitz von Fotos gekoppelt. Diese Erinnerungsstützen dienten darüber hinaus als Beweise, die das Wort nicht nur überdauern, sondern bis zu einem gewissen Grad auch überflüssig machen sollten.

»Ein Bild sagt mehr als tausend Worte« ist ein Spruch, der sich Anfang des 20. *Jahrhunderts* als Werbeslogan in den *USA* und Großbritannien schnell verbreitete. Er brachte genau diesen Richtungswechsel vom gesprochenen Wort zum Bild, von den oralen Geschichten zu den verbildlichten Geschichten, von der Fülle der Luft zur Fülle des Papiers, zum Ausdruck. Ein wirksamer Mentalitätswandel kehrte damit ein. Die Beziehung vom Wort zum Bild wurde konkurrenzbehaftet, wobei das Bild zunehmend an Gewicht gewann. Dies führte zu einer Veränderung im Verhältnis zu den eigenen Geschichten und zur eigenen Realität, die außerhalb dieser Bilder stattfanden. Diese Entwicklung verzerrte Beziehungen, zu dem was hinter Personen lag, und dem, was vor ihnen stand. Während es manche Erinnerungen zu stabilisieren wusste, nahm es gleichzeitig den vielen Geschichten, Erzählungen und Erfahrungen den Nährboden, die schon lange vor der Erfindung der Kamera existierten oder sich seit ihrer Erfindung weiterhin abseits ihrer Sucher abspielten. Es bestrafte Geschichten, die vormals keiner Dokumentation bedurften. Sie rückten in den Hintergrund. Diese Entwicklung wertete das Organische ab und zentrierte dafür die Technik aus der Ferne. Sie schob die Menschen in den (ehemaligen) Kolonien in eine Welt und in ein Verständnis, in der nur das, was den Moment materiell überleben konnte, was den Körper überdauern sollte, als real existent und damit bedeutsam anerkannt wurde. Eine materielle Erinnerung an und von etwas zu besitzen ermöglichte es den Abgebildeten, sich der eigenen Existenz selbst zu vergewissern. Nur wer einen bildlichen Nachweis besitzt, kann eine anerkannte und lebensberechtigte Person sein.

Im Versuch, Erinnerungen zu fassen und zu konservieren, konstruierten sie Abbilder für etwas, das im Moment der Aufnahme außerhalb ihrer materiellen Realität lag, nämlich für eine Vorstellung von der Zukunft. Mit der Zeit sammelten die Menschen so eine Vielzahl an Abbildern ihrer selbst an, die voller Wünsche fürs Morgen waren. Hierfür schufen sie unter anderem neue Kulissen, die anders als während der europäischen Kolonialperioden, Utopien ihrer Umwelt und *Gegenwart* darstellten. Die entstandenen Bilder wurden gerahmt an die Wände der Vorderzimmer ihrer Häuser gehängt, wo sie Teil eines *modernen* und ästhetischen Selbstausdrucks wurden, der, ähnlich wie auch westlich inspirierte Möbel oder Techniken, den Augen anderer nicht entgehen sollten. Alternativ wurden sie in Alben gesammelt, die zu besonderen Anlässen besonderen Menschen gezeigt wurden. Die neuen Fotos erfüllten jedoch nicht nur ästhetische und emotionale Zwecke, sondern auch staatsstützende. Sie füllten schnell die Seiten der frisch gedruckten neuen Dokumente, etwa Pässe, Identitätskarten, Führerscheine oder Bankpapier-Unterlagen, die die aus der Kolonialisierung kommenden neuen Staaten ausstellten. Sie taten dies, um die alte Ordnung mit neuen Namen, Symbolen und Farben zu kaschieren, um sich in dieser »neuen« Welt zu emanzipieren.

Die vielen Bilder die entstanden, forderten die Gewohnheiten und Richtungen der Augen der Menschen heraus. Während manche Menschen neu und anders abgelichtet, für die *Ewigkeit* auf Papier gebannt wurden, war das nach der sogenannten *Entkolonialisierung* für die Mehrheit der Bewohner*innen dieser Länder dennoch nicht der Fall. So auch für Appa.

Appa lebte weitgehend im Schatten von Kameras. Es gab für ihn und seine Familie, die nicht der mobilen Gesellschaftsschicht angehörten, tatsächlich selten Gelegenheiten, mit einer Kamera in Berührung zu kommen. Die wenigen Male, an denen der junge Tamile vor einem Kameraobjektiv stand, waren allesamt nicht selbst gewählt. Wenn er von ihrem Schuss getroffen wurde, dann durfte er das Gerät nie selbst berühren. Die Abbilder, die aus diesen Begegnungen entstanden, verblieben nicht in seinen Händen. Sie gehörten dem fast gleichaltrigen Staat und seinen vielen Institutionen, um bürokratische Zwecke zu erfüllen, die sie von Europa erlernt hatten. Von Appas ersten Lebensjahren gibt es daher keine Fotografien, die von ihm und seiner Familie an einen anderen Ort oder eine andere Zeit und in einen Raum getragen werden konnten. Die Chronologie seiner Bilder ist gestört.

Es gibt keine Vorher-nachher-Bilder von dem heranwachsenden Menschen, die die Veränderungen seines Körpers bezeugen könnten; die den Körper in seinen verschiedenen Stadien und Formen begleiten und dokumentieren könnten, anhand derer man* bemessen könnte, wie viel Platz sein Körper auf diesem Planeten zu welcher Zeit einnahm. Die wenigen und seltenen Bilder, die von Appa existierten, verblieben an Orten, zu denen er keinen Zugang hatte. Für seine Nachfahr*innen gilt deshalb ein Foto als sein erstes, das aber weder sein erstes war noch ihn in einem jungen Alter festhielt. Viele Jahre, gar *Jahrzehnte* seiner Existenz werden uns bildlich entgangen bleiben. Somit gab es für Appa eine Zeitrechnung, die die Zeit vor und nach der Kamera markiert; die die Zeit vor und nach seiner ersten Berührung des Objektivs mit seinen eigenen Händen markiert. Sie beginnt im Jahre 1977. Sechsundzwanzig Jahre nach seiner Geburt, und neunundzwanzig Jahre nach der Geburt des Staates, erwarb Appa seine erste Kamera.

1977 ist ein Jahr der Emanzipation. Nicht nur für Appa, der aus dem Schatten der Kamera und den teuren Fotostudios herausbricht, sondern auch für das tamilische Volk, das sich im gleichen Jahr formal für die Unabhängigkeit von *Sri Lanka* entschied.

Mit diesem kollektiven Aufbegehren versuchte sich das drawidische Volk von einer kolonialen Ordnung und Logik zu befreien, die sie zur Minderheit in einem ihnen feindselig gesinnten indo-arischen Staat machte. Einem Staat, der, auch wenn er ihre Heimatregionen beanspruchte, einer anderen Bevölkerung gehörte. Der zentralistische Staat, der der Entkolonialisierung folgte, bewegte sich in eine ihnen entgegengesetzte Richtung und Zukunft. Diese war nicht nur entkoppelt von den Träumen, Wünschen und Existenzbedingungen des tamilischen Volks, sie gründete sich auf ihre Toten. Die Entscheidung, eine zweite Unabhängigkeit anzustreben – eine Unabhängigkeit, die sich nicht mehr gegen europäische Kolonialist*innen richtete, sondern gegen einheimische, die eine ähnliche Hautfarbe trugen wie sie selbst und nicht aus der Ferne der Ozeane angereist waren –, verlagerte sie in eine Periode außerhalb der dominanten Zeitordnung. Während anderswo der *Postkolonialismus* ausgerufen und theoretisiert wurde, stellte das tamilische Volk zunehmend fest, dass die Abfahrt der Brit*innen für sie keineswegs das Ende des Kolonialismus bedeutet hatte; dass die sogenannte *Entkolonialisierung* für sie eine neue Form der Kolonialisierung mit sich brachte. Mit dem Entschluss der Sezession erhoffte sich das neuerlich unterdrückte Volk, sich aus der Gewalt der singhalesischen Mehrheit zu befreien, unter dem die minorisierte Bevölkerung langsam, aber stetig zu ersticken drohte. Sie versuchte verzweifelt einer Zukunft zu entkommen, die sie in einen Sarkophag zwang, den die europäischen Kolonialist*innen ihr als Vermächtnis hinterlassen hatten und in dem sie bei lebendigem Leib begraben werden sollte.

Der Entscheidung, die im *Juli 1977* von der Mehrheit des tamilischen Volks getroffen wurde, gingen drei *Jahrzehnte* der wiederholten Unterdrückungen, Diskriminierungen und etliche antitamilische Pogrome voraus. Die Menschen versuchten sich aus dieser Sackgasse zu befreien. Die verübte Gewalt und der Widerstand dagegen fand ein Nachleben in schwarzweißen sowie sepiafarbenen Bildern, die Teile dieser Gräueltaten über den Ort, Zeitpunkt und betroffene Körper hinaus bezeugten. Auch sie wurden zu Säulen einer alternativen Geschichtsschreibung die der des jungen Staates gegenüber. Der populären Entscheidung des tamilischen Volks folgten prompt erneute Pogrome, die die minorisierte Gruppe nur noch im Entschluss bestärkte, dass dieser Staat keine Lösung für sie war. Ganz im Gegenteil: Er bedeutete ihr Todesurteil.

Appa befand sich inmitten dieser Chronologie der Entscheidungen. Im gleichen Jahr, in dem er mit blauer Tinte auf der Kuppe seines Zeigefingers seinen Fingerabdruck auf ein Stück Papier wälzte, um für die tamilische Unabhängigkeit zu stimmen, betätigte er mit dem selben Finger den Auslöser seiner ersten Kamera. Anders als im Falle von Martyns oder Lawton war es jedoch kein Gerät aus europäischer oder *amerikanischer* Produktion. Varatharajahs erste Kamera war ein Gerät der *1918* in Osaka gegründeten und im Ausland unter dem Namen Panasonic bekannten *japanischen* Elektronikfirma. Die Firma war Teil von Matsushita, die wie viele *japanischen* Unternehmen der Epoche Teil eines Zaibatsu war.

Zaibatsu funktionierten als Familienunternehmen, die vor allem nach der Öffnung des *Japanischen* Reichs *1868* gegenüber dem *Westen* zu gedeihen begannen. Sie *orient*ierten sich dabei an weißen Familienunternehmen wie den Rockefellers oder Vanderbilts und begannen nach deren Muster *moderne* Wirtschaftsimperien auf dem Inselreich aufzuziehen, die privaten und staatlichen Interessen dienten. Sie realisierten die Staatsideologie, die die *Modernisierung* des Landes nach *westlichem* Vorbild zum Ziel hatte, um einer drohenden Kolonialisierung durch Europäer*innen entgegenzuwirken. Diese hatten Japan als eines der wenigen noch nicht von Europäer*innen kolonialisierten und/oder imperialistisch ausgebeuteten Länder im Visier. Durch den von den verschiedenen Zaibatsus vorangetriebenen technologischen Fortschritt erhoffte sich das Inselreich – das selbst auf der Kolonialisierung, Vertreibung, Zerstörung und Unterdrückung der indigenen Bewohner*innen der unzähligen verschiedenen Inseln baute –, im Gleichschritt mit den weißen Menschen gehen zu können. Dieser angepasste Gang sollte dem *nicht-weißen* Volk helfen, sie aus dem omnipräsenten Schatten des weißen Menschen zu befreien, der sie zu unterdrücken begann. Dieses Vorgehen sollte den eigenen Platz auf der umstrittenen *westlichen* Weltkarte verteidigen, auf der die *Japaner*innen* aus ihrem eigenen Selbstverständnis herausgehoben und an das östliche Ende gesetzt wurden.

Dem *Westen* technologisch nachzueifern, war der *japanische* Versuch, dem Schicksal zu entkommen, dem weite Teile der kolonialisierten Welt schon zum Opfer fielen. Es war ihr Versuch, nicht Teil der Kolonialisierten zu werden und sich selbst zu retten, indem sie sich den weißen Menschen anschlossen und zum Teil der Kolonialisierenden wurden. Denn was das *japanische* Reich verstanden hatte, war, dass man* den Waffen der weißen Menschen nur entkommen kann, wenn man* sich diese zu eigen macht; wenn man* sich ihren Gräueltaten an den *nicht-weißen* Menschen anschließt und ihnen auf diese Weise die eigene Menschlichkeit und Überlegenheit über andere *nicht-weiße* Bevölkerungen beweist. Die Imitation europäischer Instrumente, Techniken, Methoden, Ideologien war für die *Japaner*innen* die Lösung dieses Dilemmas. Sie wurden zum Spiegelbild von dem, gegen das sie sich *Jahrzehnte* lang selbst gewehrt hatten. Die beschriebenen Zaibatsus waren Teil dessen. Auch sie profitierten von dem aus diesem Gedanken heraus expandierenden *japanischen* Übersee-Kolonialreich. Sie bedienten sich dabei nicht nur an den Naturen der Kolonien, sondern auch an den Menschen, die allesamt zu Rohstoffen umfunktioniert wurden. Matsushita war neben Hitachi, Sumitomo, Mitsubishi, Mitsui, Yasuda, Toshiba, Nintendo, Sharp eine von vielen Zaibatsus, die an der kolonialen Expansion teilnahmen und sich an ihr bereicherten.

Als *1903* die ersten japanischen Kameras von Konicas Vorgängerfirma Konishi Honten entwickelt wurden, hatte Japan wenige Jahre zuvor die *Republik Formosa* (heute *Taiwan*) eingenommen und mit deren Kolonialisierung begonnen. Während die ehemalige *Republik Formosa* zur ersten von vielen Übersee-Kolonien des *Japanischen* Reichs werden sollte, wurde mit der Entwicklung der ersten »*Made in Japan*«-Kamera ein historisches Monopol gebrochen, das bislang von Europäer*innen und ihren Siedlernachfahr*innen gehalten wurde. Die erste Kamera, die von *nicht-weißen* Menschen konzipiert und hergestellt wurde, trug den wörtlichen Namen チェリー手提暗函 (»Kirsch Handkamera«). Anders als die meisten Kameras ihrer Zeit war sie eine Kamera, die für die Massen produziert wurde, und wurde entsprechend günstig angeboten. Sie ermöglichte es dort, Jahre nach einem Verbot der Kamera durch die Herrscher*innen des Landes, eine populäre Form der Fotografie zu schaffen, die sich den Augen der Europäer*innen entzog. Honten beziehungsweise Konica folgten mehrere andere *japanische* Firmen, die sich der Fototechnik widmeten, darunter Nikon, Minolta, Olympus oder Fujifilm sowie Matsushita/Panasonic. *Jahrzehnte* später, nach dem Zerfall des Kolonialreichs und der darauf folgenden Besatzung durch die *USA*, eroberten die *japanischen* Technologiekonzerne den Weltmarkt und begannen ihn zu dominieren. Sie überholten die weißen in ihrer eigenen Erfindung und ließen sie weit hinter sich. Damit hatte sich deren Albtraum bewahrheitet: eine Welt, in der ihre Überlegenheit zur Disposition steht.

Die Panasonic-Kamera, die Appa *1977* berühren sollte, ist vor diesem Hintergrund in seine Hände gelangt. Er erhielt sie jedoch weder in Osaka noch in Yaazhpanam, wo der Einfluss der *japanischen* Technik schnell Fuß fasste. Stattdessen begegnete Appa ihr unweit des Zoos, in dem er circa fünfzehn Jahre später auch die Aufnahme von Amma und den drei Elefant*innen schießen sollte. Varatharajah erwarb die Kamera in einem Münchner Elektronikfachgeschäft. Er befand sich dort, 7611 *Kilometer* von Yaazhpanam entfernt, während eines kurzweiligen Besuchs in der für ihn fernen und *exotischen* süddeutschen Stadt. Dieser Besuch sollte zu seiner ersten und letzten Europareise mit einem Touristenvisum werden. Es sollte sein erster und letzter Besuch als *documented person* werden. Appa befand sich hier in einem Land und einer Stadt, die so weit entfernt von dem Ort waren, an dem er aufgewachsen war, dass es keinen Namen in seiner Sprache für sie gab. Anders als die reisenden Europäer*innen war er in keiner Position, ihnen einen ihm zugänglicheren Namen zu geben, um das Fremde letztlich für seine Zunge schmackhafter zu machen.

Appa, der von einem Ort kam, an den nun Europäer*innen in einer abgeschwächten und dennoch ähnlichen Form der Kolonialisierung reisten – nämlich dem Tourismus –, war plötzlich selbst ein Tourist. In der bayerischen Landeshauptstadt angekommen, entschied er sich, das längst etablierte Bild eines Touristen zu vervollständigen, indem er dort seine erste Kamera erwarb. Sie kostete zu der Zeit 200 *DM*, also ungefähr 1953 *LKR*. Appa investierte seine ersparten Rupien in das *japanische* Gerät, das in der Bundesrepublik trotz Währungsdifferenzen weniger kostete als auf der Insel im *Indischen Ozean*. Mit dem Kauf erfüllte er sich einen lang ersehnten Wunsch: Zum ersten Mal konnte er selbst Kreateur von Bildern werden, die seine Familie bislang ausgelassen hatten; die ihm von seinem eigenen Leben, Umfeld und Körper fehlten. Er konnte mit dem Kauf die vielen Lücken der bildlichen Erinnerungen schließen, die seine Existenz prägten. Mit der Kamera konnte er, der aus der *Peripherie* der Inselgeografie stammte, er, der vom Rande der Gesellschaft kam, sich selbst zentrieren und eine neue Geschichte schreiben. Für ihn und die Menschen in seinem unmittelbaren sozialen Umfeld fing damit eine neue Zeit an. Eine Zeit, in der ihre Erinnerungen nicht nur in Wörtern, Gedanken, Gefühlen und Prägungen am Körper weiterlebten, sondern auch als materielle Abbilder.

Appa wartete nicht, bis er wieder in Yaazhpanam war, um die *japanische* Kamera dort, in der europäischen Fremde, zum Einsatz zu bringen. Er bediente sie an dem Ort, an dem er die Kamera gekauft hatte – seiner eigenen Fremde. Er nahm sich vor, die Stadt mit den Straßen, die er nicht kannte, die Region, mit dem vielen Schnee, den er nicht kannte, die Landschaft mit den Bergen, die er nicht kannte, sowie dem fehlenden Meer, was er so nicht kannte, in Bildern festzuhalten – in der Hoffnung all das, was sich vor seinen Augen offenbarte und sich dennoch so fern seiner Realität anfühlte, greifbarer und verständlicher zu machen. Mit dem, wie er im Tamilischen sagen würde, »Nehmen dieser Bilder«, versuchte er, die Konturen der Welt in seinen dunkelbraunen Händen zu ertasten und festzuhalten. Mit einer Fingerbewegung versuchte er, der Landschaft etwas zu nehmen, was auf andere Weise längst unwiderruflich genommen und nicht mehr herzustellen war.

Mit diesem Nehmen versuchte er, einen Graben zu füllen, der fern jener Landschaft lag und nicht mehr zu füllen war. Appa stellte sich vor, dass er sich werde besser erinnern können mithilfe dieser Abbilder dessen, was sich vor ihm präsentierte. Sie erlaubten ihm einen Blick in einen anderen Raum, in einen anderen Garten, eine andere Welt. Er erhoffte sich durch die Bilder, all das besser verarbeiten zu können, was er mit seinen

Füßen und Händen berührt hatte, was er mit dem Körper, der nicht auf diese Art zu reisen hatte, gespürt hatte – was er mit dem Schatten, der nichts an diesem Ort streifen sollte, berührte. Er vergewisserte sich mit jedem Versuch dieser vielen Orte, dieser vielen Punkte auf den Karten. Er fing sie ein, um diese fremde Welten in eine Ordnung und Chronologie zu bringen, die er bestimmte. Es waren Welten, die parallel zu seinen bekannten Welten existierten, Welten mit Schnee, Bergen und *kontinentale* Landmassen. Mit jeder Aufnahme versicherte er sich, dass seine Erinnerungen keine Trugschlüsse werden würden, die Bilder in seinem Kopf keine Lügen waren, die Landschaften vor seinen Augen keine reinen Märchen waren.

Appas Verwandlung zum Dokumentaristen und Archivar von materiellen Erinnerungen begann in München, wo er mit einer *japanischen* Kamera das alpine Europa bereiste und seine mit Triacetat beschichteten Filme belichtete. Diese entführte er – entgegen der üblichen Richtung. Er trug diese romantisch anmutenden, fremden sowie *exotischen* Landschaften in der Form von unentwickelten Filmen in seinem Koffer zurück an Bord eines Swiss-Air-Fluges über Zürich nach *Colombo*, um sie danach an Bord der *Yarl Devi* in Richtung Yaazhpanam zu nehmen. Dort angekommen ließ er sie in den bekannten Gnanams Studio in *Jaffna Town* auf Fotopapier übertragen und erweckte sie in einer neuen Umwelt zu neuem Leben. Sie wurden auf diese Weise in eine neue Ordnung überführt, zunächst in Briefumschlägen, bevor sie in Fotoalben geklebt wurden.

Mit dem Kauf der Panasonic-Kamera und ihrer Einfuhr aus *West Germany*, war Appa einer von wenigen Privatpersonen auf der tamilischen *Halbinsel*, die zu jener Zeit eine Kamera besaßen. Er war einer von sehr wenigen Menschen aus verarmten und unterdrückten Kasten, die sich so dem unausgesprochenen Monopol der dominanten Kasten auf diese Technik widersetzen konnten.

Varatharajah dokumentierte damit nicht nur besondere Familienzusammenkünfte, wie Geburtstage, Pubertätszeremonien, Hochzeiten und andere Ereignisse, sondern auch alltägliche Begegnungen mit seiner Familie. Diese erscheinen den Kleidungen und Kompositionen nach ordinärer, als es für die Zeit üblich war. Er hielt Momente fest, die dort, wo keine Kameras produziert wurden, als weniger dokumentier- und damit auch erinnerungswürdig galten. Diese Momente blieben oft Erinnerungen, die den Körper nicht verlassen sollten und mit den Körpern zu Staub werden sollten; die in den Worten und Gedanken lebten, die jedoch längst nicht mehr mit den wortkargen Abbildern der Welt, die die Kameras herstellten, nicht mehr konkurrieren konnten.

Mit Appas Kauf der Kamera konnten Menschen, die zuvor außerhalb des Blicks der Kameras lebten, von ihr in bestimmten Momenten und Situationen eingefangen werden. Damals verwandelte er sich zu einem beliebten Dokumentaristen seines Umfeldes, der das übernahm, was Fotostudios anboten, sich aber kaum jemand auf diese Art in seinem Umfeld hätte leisten können. Er richtete das Objektiv auf Menschen, die zwar mit dem Angesicht der Kamera vertraut waren, aber ähnlich wie er keine Bilder von sich zu ihrem Besitz zählten.

Ihre Bildarmut lag nicht etwa darin begründet, dass sie kein Interesse an der Fototechnik hatten. Sie konnten sich diesen Luxus auf diese Art schlichtweg nicht leisten. Die Kamera, vor deren Objektiven ihre Vorfahr*innen sich ein *Jahrhundert* zuvor versteckten oder unfreiwillig über mehrere Minuten hinweg von weißen Kolonialist*innen fixiert werden mussten, hatte sich innerhalb von mehr als hundert Jahren zu einer Technik entwickelt, der sie weniger mit Angst und Misstrauen begegneten, sondern von der sie sogar zu träumen begannen und vor der sie freiwillig zu stehen bereit waren.

Dadurch, dass ein Klick mit der Zeit weniger Geld kostete, wurde die Kamera zwangsläufig aus ihrer Nutzungsstrenge befreit. In oft streng gesetzte Szenen, in denen die Lebenden zur Inszenierung des Lebens gebeten wurden, reihten sich zunehmend alltägliche und ungeplante Momente des Lebens ein, die neue Ästhetiken und damit auch bildliche Erinnerungen erlaubten. Die Welt, die Appa einzufangen begann, war seine Welt, die von Engen und Weiten, von Geraden und Kurven überzogen war. Die Kamera folgte ihm entlang der auf Karten gekennzeichneten Linien. Mit ihr wanderte er Pfade entlang, auf denen seine Beine ihn trugen, fuhr mit ihr auf Straßen, auf denen er verkehrte, und bewegte sich mit ihr auf Gleisen in Gegenden der kleinen und für ihn dennoch so großen Insel, die Appa für immer fremd bleiben sollte. Er nahm sie mit an Orte, an denen selten bis nie eine Kamera gesichtet wurde. Die Freiheiten die er genoss, *orient*ieren sich an Linien, die vor seiner Geburt gesetzt wurden und sein Leben, selbst in der vermeintlichen Emanzipation, in Richtung und Radius einschränken sollten. Und dennoch: Mit jedem Schritt erweiterten sie die Horizontale, auf der er lief, und den

Schatten, den er darauf hinterließ. Tatsächlich bildete sich mit jedem Bild ein neuer Boden unter seinen Füssen, und nicht nur seinen, sondern denen vieler Menschen wie ihm, die neue Erinnerungslandschaften kreieren sollten.

Mit jedem Abbild von sich selbst wuchs ihr Selbstverständnis an diesem Ort, in dieser Gesellschaft, in diesem Leben auf dieser Erde. Mit jedem Klick manifestierten sich ihre Erinnerungen an sich selbst und wurden allmählich zur Gewohnheit, bis auch sie mit den Erwartungen aufwuchsen, Abbilder von sich zu betrachten und zu besitzen. Am intensivsten würde Appa seine Kamera aber vier Jahre nach deren Kauf im fernwestlichen München nutzen.

Vier Jahre lang hatte Varatharajah die japanische Kamera zum Teil seiner tropischen Landschaft gemacht. Sie stand auf einer hölzernen Kommode in Nelliyadi, als in der Nacht vom *31. Mai 1981* erneut ein antitamilischer Pogrom in der Provinzhauptstadt entfacht wurde. Die Pogrome sollten zum einen dem tamilischen Volk eine Lektion über seine Anrechte in dem singhalesischen Staat erteilen und es auf seinen Platz verweisen. Zum anderen hatten sie die Funktion, das singhalesische Volk zu einen. Sie wurden zu einem Fundament des zuletzt von den Brit*innen zurückgelassenen Staats. Die Pogrome gegen Tamil*innen waren bis *1981* Teil der politischen Tagesordnung, die sich in so regelmäßigen Abständen abspielten, dass sie nur selten besonderer Namen bedurften. Man* begann sie stattdessen anhand der gregorianischen Kalendermonate und Jahreszahlen zu ordnen. Das Pogrom, das vom *31. Mai 1981 und mehrere Tage andauerte*, schrieb sich jedoch tiefer in die tamilischen Körper und Erinnerungen als vorherige rassistische Ausschreitungen. Bei diesem Pogrom zerstörten singhalesische Polizisten, Militärs, Regierungsbeamte, Politiker und viele weitere Männer aus dem *Süden* weite Teile der autonomen politischen und wirtschaftlichen Infrastruktur der tamilischen Region im *Norden*. Auch das Hauptquartier der tamilischen Parteienkoalition *Tamil United Liberation Front* (TULF) fiel diesem Pogrom zum Opfer. Die TULF war *1977* erstmals bei den Parlamentswahlen des Landes angetreten und hatte dabei alle Sitze in den tamilischen Regionen für ihr Mandat zur Unabhängigkeit und Schaffung eines Tamil Eelams gewonnen. Die neue Zeit, die die TULF noch *1977* für das unterdrückte Volk prophezeit hatte, sollte eine Zeit werden, in der die tamilische Bevölkerung weder Gewalt in der Nacht noch am Tage zu fürchten brauchte.

Von den vielen Institutionen, die dem mehrtätigen antitamilischen Pogrom von *1981* zum Opfer fielen, war die Zerstörung der größten tamilischen Nationalbibliothek das tiefgreifendste und traumatischste Erlebnis für die lokale Bevölkerung. Die Jaffna Public Library, die noch während der britischen Kolonialperiode *1933* gegründet und deren Hauptgebäude *1959*, also 11 Jahre nach der Unabhängigkeit von den Brit*innen, eingeweiht wurde, war zum Zeitpunkt ihrer Zerstörung eine der größten Bibliotheken, die der europäischen *Kontinentalidee* für *Asien* entsprungen war.

Der Bücherreichtum Yaazhpanams, vor allem der Reichtum am gedruckten (nicht geschriebenen) Wort, war eng verbunden mit dem Einfluss der weißen Missionar*innen auf die lokale Druckkultur. Ähnlich wie die Einfuhr der Kamera half der Import der Druckerpresse bei der Verbreitung der zunächst eigenen europäisch-christlichen Propaganda, bevor die Druckerpresse von Kolonialisierten Mitte des *19. Jahrhunderts* angeeignet und für ihre Zwecke und Geschichten umfunktioniert wurde. Die Zerstörung der Archive der tamilischen Bevölkerung in der Nacht vom *31. Mai zum 1. Juni 1981* war ein Versuch des neuen Staats, die Menschen nicht nur ihrer geschriebenen Geschichte zu berauben, sondern sie in ihrem historischen Sicherheitsgefühl zu bestürzen. Sie sollten aus ihrem Selbstverständnis gelöst werden, indem man* sie in der neuen Geschichtsschreibung des »postkolonialen« singhalesischen Staats in eine Ortlosigkeit und Geschichtslosigkeit verbannte. Hierzu wurden ihre Bücher, Schriften, Zeitschriften und Zeitungen innerhalb nur weniger Minuten von Staatsbeamten in Asche verwandelt. Während Appa die Zunahme der Zeichen der sich gerade abspielenden Katastrophe aus der Distanz beobachtete, blickte unweit der brennenden Bibliothek eine andere Familie auf die gleiche Katastrophe.

Yogam Shanthalingam, die *1942* während der drohenden *japanischen* Luftbombardierung der Insel das Laufen im Sari lernen musste, konnte sich in der Nacht des Pogroms von *1981* nicht mehr frei bewegen. Nicht nur waren ihre dunkelbraunen Beine gealtert, sie war in jener Nacht auch in ihrem Bewegungsradius eingeschränkt. Die Ausgangssperre, die der Staat kurz nach Ausbruch der Pogrome verhängt hatte, setzte die Menschen in ihren Häusern fest. Mit dieser Anordnung wurden ihre Häuser zu Gefängnissen und zu potenziellen Fallen.

Die Praxis der Ausgangssperre, die in vielen Kolonien zur Anwendung kam, stammte aus der Hochperiode des britischen Kolonialismus des *19. Jahrhunderts*. Sie war Teil des bürokratischen Repertoires, das von *Nordirland (1922)* über *Britisch-Malaya (1948)* bis zu *Britisch-Kenia (1952)* durchgesetzt wurde, um verschiedene unterworfene Bevölkerungen in den Kolonien besser kontrollieren zu können. Wie der Publizist, Autor und Architekt Leopold Lambert in seinem Buch *Etats d'urgence* beschreibt, wurde diese Technik später unter anderem von der Kolonialmacht Frankreich übernommen, die sie als Waffe gegen *Algerier*innen (1950er–1960er)*, Kanak*innen *(1980er)* und andere von Frankreich kolonialisierte Bevölkerungen verwendete. Diese Verordnungen schufen räumliche Ordnungsverhältnisse, die durch Notstandsgesetze aktiviert und wieder ausgesetzt werden konnten. Sie raubten Menschen den Boden unter ihren Füßen und warfen sie in eine temporäre *Orient*ierungslosigkeit. Der Zweck dieser Verordnungen war es schon damals, die freie Bewegung von bestimmten Bevölkerungen zu kriminalisieren, die als gefährlich gedeutet wurden. Die Unterbindung der Bewegungsfreiheit der Kolonialisierten diente dem Ziel ihr Widerstandspotenzial zu minimieren und damit den kolonialen Status quo zu stärken. Auch der Nachfolgestaat *Ceylon*, der sich *1972* in *Sri Lanka* umbenannte, übernahm diese Technik der kolonialen Bevölkerungskontrolle und setzte sie vor allem ein gegen die in ihren Augen nun widerspenstige tamilische Bevölkerung. Am *31. Mai 1981* wurde die Minderheit mit der Zerstörung ihrer Bibliothek nicht nur zeitlich in der Geschichte zurückgeworfen, das heißt in der Zeit zurückgesetzt, sondern auch mit der Ausgangssperre an einem Ort festgesetzt. Hiermit sollte das tamilische Volk, das das neue koloniale Verhältnis erkannte, nicht etwa vor dem gewaltsamen Wüten der Staatsmacht geschützt werden, indem alle in ihren Häusern von den brennenden Straßen ferngehalten würden. Der Staat wollte vielmehr einen Aufstand der unterdrückten Bevölkerung gegen den neuen kolonialen Status unterbinden. Das Verbot, das eigene Haus zu verlassen, war eine Notstandsmaßnahme, die der Pazifizierung der Zivilbevölkerung dienen sollte. Es war eine gängige Praxis in Eelam geworden. Mit einem simplen Befehl aus dem fernen *Süden*, der auf Gleisen, Straßen, durch Telegramm- oder Telefonleitungen kam, konnte das Leben der Bevölkerung zum Stillstand gebracht werden.

Von ihrem Zuhause aus sah die fünfundneunzigjährige Yogam Shanthalingam, wie die lodernden Flammen der Bibliothek hoch in den Himmel ragten. Sie türmten sich wie Säulen in die Nacht, die durch die abgedunkelten Straßenzüge der Stadt verstärkt wahrgenommen wurden. Die Tamilin beobachtete, wie das Feuer gierig in den Himmel über ihr griff und in die Hölle zu stürzen versuchte, die sich um sie herum, gerade ausbreitete. Das grelle Aufleuchten des erst zweiundzwanzig Jahre alten im *indo-sarazenischen* Stil entworfenen Gebäudes der Bibliothek war noch aus vierundzwanzig *Kilometern* Entfernung zu sehen. Dort befand sich Appa, der in den gleichen glutroten Himmel blickte und sich fragte, was in der Provinzhauptstadt gerade geschah. Das Tiefschwarz der Nacht, das sich mit dem Ausbruch der Pogrome über die Region legte, verschwamm zu einem Blauorange. Das Feuer in der Bibliothek wanderte von Raum zu Raum, Stockwerk zu Stockwerk, Regal zu Regal, Buch zu Buch und entriss jedem einzelnen die Sprache, das Vokabular, die Grammatik und Satzzeichen. Die vielen Wörter, die die nahezu 100 000

Bücher, Zeitungen und Palmmanuskripte sorgsam hielten, fielen dem Brandanschlag zum Opfer. Das Feuer verwandelte ihre Geschichten zu Asche und Staub, die nun über die Köpfe derjenigen fiel, die hinter ihren Häusermauern versuchten, dieses Spektakel zu verstehen.

Es regnete Vergessen.

Unter den Opfern des Brandanschlags waren nicht nur die Archive und Geschichten der einheimischen Bevölkerungen, sondern ebenfalls die Zeugnisse vieler Kolonialist*innen, die ihre Spuren an dem Ort hinterlassen hatten. Die Bücher des Protestantischen Archivs der Bibliothek wurden zerstört, die die vielen Arbeiten und Geschichten der American Ceylon Mission und anderer baptistischer Bewegungen auf der *Halbinsel* erzählten und dokumentierten. Erzählungen und Erinnerungen, die nun nicht mehr waren; die plötzlich ihre Haftungen verloren hatten.

Eine Kluft tat sich auf, die sich mit jeder Schrift, die zerschmolz und in den Boden überging, immer weiter ausdehnte. Mit einem Schlag, einem Wurf und Zünden wurde den Menschen das Wort und die Sprache geraubt. Genau wie ihre Bilder.

Obwohl Fotostudios in der Nähe der Bibliothek lagen, gab es vom Brand selbst keine Bilder. Die Ausgangssperre unterband das Fotografieren und Dokumentieren. Die Kamera durfte sich ebenso wenig ins Freie, in Richtung der Brandstifter bewegen. Dies entsprach der staatlichen Logik, Bilddokumente dieser und ähnlicher Staatsverbrechen unmöglich zu machen und damit Beweise ihre Gräueltaten zu verhindern. Bis heute gibt es keine bildlichen Zeugnisse der Tat. Es blieb nichts von der Nacht übrig als die Erinnerungen und Worte der Menschen, die das Verbrechen aus der Distanz mit ansahen. Es blieb nichts außer den Ruinen der ausgebrannten Jaffna Public Library, die über *Jahrzehnte* hinweg wie ein Mahnmal und eine Warnung des Staates daran erinnerten, dass auch Sprache und Kultur ein Problem darstellen können, wenn sie Raum für sich einfordern.

Yogam Shanthalingam konnte beim Anblick dieses Verbrechens womöglich zwischen Wut und Trauer nicht unterscheiden. Vielleicht verstand sie in diesem Moment, dass es keinen Ausweg mehr aus diesem Gefängnis gab, in das sie hineingestoßen wurde, ohne sich von der *Halbinsel* fortbewegt zu haben. Vielleicht erahnte sie, dass die Ausgangssperre nicht nur jene Nacht betreffen sollte, sondern auch den Tag und das Leben, das darauf folgte.

Neben der mit Schmerz erfüllten Frau stand eine jüngere Frau, die mit ähnlich erröteten Augen in Richtung der Flammentürme blickte. Shanthynee, ihre jüngste Tochter, war gerade mal zweiundzwanzig Jahre alt, als sie den blauorangenen Nachthimmel sah. Die junge Frau, die genauso alt war wie das Bibliotheksgebäude, verstand nur schwer, warum die Staatsmacht von allen erdenklichen Bauten der Stadt genau das von ihr so geliebte Gebäude zerstörte. Sie war zwar schon in jungen Jahren mit ihrer Mutter und Klassenkamerad*innen auf Proteste gegen die Diskriminierung ihres Volks auf die Straße gegangen. Doch dass es tamilische Zeitungshäuser, politische Institutionen und Geschäfte traf, ergab für sie mehr Sinn als die Vernichtung der Bibliothek. Wie kann eine Bibliothek zum Feind eines Staats werden?

Mit verstörtem Blick schaute sie in Richtung des für sie brennenden Tempels. Seit ihrem siebten Lebensjahr war sie Mitglied des als heilig empfundenen Orts, dem von der lokalen Bevölkerung so viel Respekt entgegengebracht wurde, dass selbst das Schuhetragen darin verboten war. Als jüngstes Kind, deren Geschwister fast alle schon volljährig waren, entwickelte sie sich zu einer achtsamen Beobachterin von Erwachsenen. So verbrachte sie unzählige Nachmittage in der im Erdgeschoss angelegten Kinderabteilung des grellweißen Gebäudes und beobachtete von dort aus voller Neugier das Treiben der älteren Männer nebenan. Sie sah ihnen zu, wie sie in der nachmittagsschwülen Luft, die durch die vielen Fenster hereintrat, sorgsam durch die tamilischsprachigen Zeitungen blätterten. Über ihren Köpfen drehten sich die Deckenventilatoren rhythmisch im Kreis, um die kahlen Köpfe der Männer, die vielleicht ähnlich alt, wenn nicht älter als ihr Vater waren, abzukühlen versuchen. Sie folgte ihren routinierten Bewegungen. In unbeobachteten Momenten schlich sie zu den Zeitungsauslagen und drückte ihren rechten Zeigefinger gegen ihre feuchten Lippen, um leichter die Ränder des aneinanderhaftenden Zeitungspapiers zu trennen. Die Männer, die ihre Großväter hätten sein können, lächelten ihr zu. Die Bibliothek war für die junge Shanthynee ein Ort, an dem sie nach der Schule lernte, Aufsätze schrieb oder auf ihre Schwestern wartete, die die Schule und das Nachhilfezentrum nebenan besuchten. Es war ein Ort, der das *Zentrum* ihres jungen Stadtgefühls einnahm und ihren *Orient*ierungssinn im Ort und in der Zeit prägte.

Mit Entsetzten sah sie zu, wie sich ihre *Gegenwart* innerhalb weniger Sekunden in eine unwiederbringliche *Vergangenheit* verwandelte; wie die Orte sich ihr entzogen, sie hinter sich ließen, ohne dass sie sich auch nur einen *Meter* bewegten; wie eine Geschichte zu Asche wurde.

Shanthynee war gerade zu Besuch aus dem fernen *Colombo*, als das antitamilische Pogrom von *1981* die Luft erfüllte. Seit zwei Jahren lebte sie in der Hauptstadt im *Süden* der Insel, wo ihr Vater sie gegen ihren Willen bei ihrer ältesten Schwester untergebracht hatte. Der alte Shanthalingam versuchte damit seine jüngste Tochter davon abzuhalten, das Tabu im gesellschaftlich konservativen Yaazhpanam zu brechen, einen Mann aus einer unterdrückten Kaste zu heiraten. Sie hatte Jahre zuvor einen solchen Mann dort kennen- und lieben gelernt. Als Shanthynee Tage vor dem Pogrom in ihre Heimatstadt zurückkehrte, war nicht nur die Rede von politischen Problemen, sondern auch von einer bevorstehenden Hochzeit für die junge Frau. Sie sollte einen Mann heiraten, den ihr Vater für sie ausgewählt hatte. Jemanden, der aus sogenannten berührbaren Verhältnissen stammte. Es war der dritte Tag der Pogrome.

Es stieg noch Rauch aus den Ruinen der Bibliothek auf, als Shanthynee sich barfuß aus ihrem Elternhaus im *Zentrum* der Stadt schlich. Die Ausgangssperre war nur für wenige Stunden aufgehoben, als sie auf den Hintersitz eines Motorrads stieg, das mit laufendem Motor vor dem Tor ihres Hauses wartete. Sie trug einen Jeansrock und eine dunkelblaue Singapurbluse, setzte sich auf das Fahrzeug und fuhr mit dem Fahrer in Richtung der nahe gelegenen *Hospital Road* los. Die junge Frau hielt sich zurückhaltend an den Hüften des jungen Mannes fest, der sie in ein anderes Leben fahren sollte. Während anderswo noch Angriffe gegen die tamilische Bevölkerung stattfanden und die Notstandsverordnung in Yaazhpanam noch in Kraft war, bahnten sie sich ihren Weg zu einem Notariaten. Shantyhnee hatte sich für eine andere Geschichte entschieden.

Varatharajah hatte die Kamera zu Hause gelassen, als er Shanthynee nur in der Anwesenheit von zwei seiner Freunde heiratete. Der Moment ihrer rechtlichen Vermählung wurde, anders als es auch dort mittlerweile üblich war, nicht auf Bildern festgehalten. Es gibt, ähnlich wie von der Verbrennung der Bibliothek weniger als achtundvierzig *Stunden* zuvor, kein fotografisches Zeugnis von diesem Moment. Er spielte sich außerhalb der Augen der Kameras ab. Kurz nach dem hektischen Unterschreiben der Staatsdokumente folgte eine kurze rituelle Zeremonie im Gebetsraum einer Freundin. Hierfür hatten sie sich umgezogen, um den Traditionen gemäß in einem Hochzeitssari und einem *National* vor den Gottheiten zu stehen. Keine Stunde später bestiegen sie wieder in westlicher Kleidung einen Bus in Richtung *Süden* des Landes. Als Shanthynees Vater von der Hochzeit und Flucht seiner Tochter erfuhr, hatte die staatliche Ausgangssperre wieder zu greifen begonnen. Wutentbrannt saß er mit einem Gewehr in seiner Hand in seinem Haus fest.

Die Waffe in seiner Hand galt nicht dem Staat, der die Bibliothek verbrannt hatte, der sie alle festsetzte, während er seine Gräueltaten an Land und Leuten beging. Sie galt stattdessen der Tochter, die sein Haus in Brand gesetzt hatte.

***

Das erste Bild, das die Panasonic-Kamera von dem frisch vermählten Paar schoss, entstand am zweiten Tag nach ihrer Heirat. Vier Tage nach der Verbrennung der Bibliothek.

Appa und Amma vier Tage nach der Verbrennung der Jaffna Public Library in Neerkolombu, *1981*

Sie stehen barfuß auf einer sandigen Straße in der Nähe eines Hauses, das dem Baustil nach dem einer wohlhabenderen Familie entspricht und welches inmitten eines Palmenhains gebaut wurde. Ihre beiden dunklen Beine sind von rotem und dunkelblauem Stoff bedeckt. Shanthynee trägt ein hellgraues Hemd mit kariertem Muster, Varatharajah dagegen ein stechend weißes. Ihre Körper sind eng aneinandergeschmiegt, fast als wollten sie zu einem Körper verschmelzen. Varatharajah, der auf der linken Seite des Bilds steht, hat seinen linken Arm liebevoll um Shanthynees Rücken gelegt und greift mit seiner rechten Hand ihr Handgelenk. Beide lächeln in die Kamera, sie etwas schüchterner als er.

Dem ersten Foto, das von einem unbekannten Passanten in Neerkolombu geschossen wurde, folgten viele weitere, die ihr gemeinsames Leben dokumentieren. Heute befinden sich diese im provisorischen Bildarchiv der *nord*bayrischen Wohnung. Im Zeitraum von nur drei Jahren begleitete Appas Kamera das junge Paar auf zahlreiche Ausflüge: an die vielen Strände, die das Land über eine Länge von 1785 *Kilometern* vollständig umrahmen, oder zu berühmten Saiva Kovils, die auch nach der großflächigen Zerstörung von mehr als fünfhundert tamilischen Tempeln während der portugiesischen Besatzung im *16. Jahrhundert* wieder die Landschaft zierten. Diese wurden häufig ortsversetzt wiederaufgebaut, da auf die ursprünglichen Tempelruinen katholische Kirchen gesetzt worden waren.

Die Kamera begleitete Shanthynee und Varatharajah auch in regionale Hotels, die teils noch Relikte aus der britischen Kolonialperiode waren und nach der Unabhängigkeit zum wirtschaftlich ertragreichsten Industriezweig des tropischen Inselstaates hochgezogen wurden. Während Übernachtungen in den Hotels meist europäischen Tourist*innen vorbehalten waren – die trotz der Unruhen im Land noch immer in Scharen auf die tropische Insel reisten –, wurden die Hotelrestaurants, wie die des Palm Beach Hotels in Achchuveli oder dem Brown Beach Hotels in Neerkolombu, vor allem von der jungen einheimischen Bevölkerung frequentiert. So auch von dem frisch verheirateten Ehepaar, das in den ersten Jahren seiner Ehe das nachzuholen versuchte, was ihm über viele Jahre hinweg verwehrt worden war. Die Besuche in diesen Hotels waren für viele einheimische Menschen ein Ausdruck von europäischer *Modernität*. Über das Ende des europäischen Kolonialismus hinaus wurde diese *Modernität* mit europäischen Etablissements, Techniken, Moden, Ästhetiken und Architekturen in Verbindung gebracht.

Appa schoss aber genauso Bilder von Amma in alltäglicheren Situationen und Landschaften auf der Insel, wie zum Beispiel den vielen Palmenhainen oder Lagunen der *Halbinsel*, die als sehenswürdig erkoren wurden. Orte, deren Namen vielleicht im Ausland keine Referenz, aber zumindest lokal von ästhetischer Bedeutung waren. Die Kamera reiste mit den beiden jungen Menschen auf dem Motorrad, im Auto, im Bus sowie im Zug an die unterschiedlichsten Punkte der Insel. Sie bestiegen dabei auch die *Yarl Devi*, den im Volksmund als *Göttin/Königin von Yazhpaanam* bekannten Expresszug, der von den Brit*innen als *Northern Line* eingeführt wurde.

Der Zug verband seit *1905* über den *Elefantenpass* die tamilische *Halbinsel* mit der Hauptstadt im *Süden*. Die Anthropologin Sharika Thiranagama schrieb hierzu, dass die *Yarl Devi* eine von drei wichtigen nationalen Zuglinien der Inselkolonie war, die half, das zentralistische Staatsmodell der Brit*innen für die Insel tiefer in deren Landschaften einzuschreiben. Die ehemalige *Northern Line* war Teil des kolonialen infrastrukturellen »Entwicklungsprogramms«, das alle europäischen Kolonien der Welt betraf. Auf der Insel sollten sie neben der Extraktion von Rohstoffen *1815* die Konsolidierung des vormals ethnomonarchisch dreigeteilten Inselterritoriums durch die Brit*innen weiter zementieren.

Sieben Jahre nach ihrem Abzug – zwischen den jeweiligen Geburtsjahren von Appa und Amma – wurde die Verbindung von der unabhängigen singhalesischen Regierung in *Yarl Devi* umbenannt. Auch die anderen beiden nationalen Expresslinien bekamen neue Namen: *Ruhunu Kumari* und

Die *1905* unter den Brit*innen eröffnete Zugverbindung von *Colombo* nach Yaazhpanam wurde *1956* als Teil der Entkolonialisierung in *Yarl Devi* unbenannt: *die Göttin/Königin von Yaazhpaanam*

Udarata Menike, die *Südliche Prinzessin* und das *Hochland-Mädchen* (Singhalesisch). Thiranagama beschreibt diese Umbenennungen als einen Akt der Aneignung und Einverleibung der kolonialen Technik. Die Züge bekamen damit einheimische Namen und wurden somit, zumindest symbolisch, von ihrer Entstehungsgeschichte getrennt und Teil einer neuen *post-europäischen* Geschichtsschreibung. Die Anthropologin schreibt, dass die Namen die Technik anthropomorphisierten, die Züge damit in den Augen der Bevölkerungen zu Personen wurden. Sie bekamen gewissermaßen menschliche Eigenschaften zugeschrieben. Neben der Effemination wurden auch ethnische Zuschreibungen vorgenommen, die vor allem in der Bewerbung der Zugverbindungen zum Ausdruck kamen. Sie wurden plakativ als Frauen dargestellt. Während die beiden Verbindungen, die die Hauptstadt mit singhalesischen Orten verbanden, zu Singhalesinnen wurden, so war die *Yarl Devi*, der Zug, den meine Eltern nutzten, längst vor ihrem Erwachsenwerden zu einer Tamilin geworden.

Ihre Reisen auf der *Yarl Devi* und anderen *modernen* Fortbewegungsmitteln dokumentierte das junge Paar auf Filmrollen. Mit jedem Bild schrieben sie eine neue Geschichte, die lange darauf gewartet hatte, geschrieben zu werden; eine Form zu erlangen und durch diese Schatten zu werfen. Es war eine Geschichte, die den dominanten Erzählungen widersprach und sich damit einen eigenen Platz in neuen Abteilungen neuer Bibliotheken schaffte.

Ceylon Government Railway (CGR) »Belles« Werbeillustration.
Die drei nationalen Expresslinien verkörpert als ethnisch
unterscheidbare Frauen, Datum unbekannt

Die Bilder, die Varatharajah von Shanthynee produzierte, verfolgten eine immer wiederkehrende Logik und Ästhetik. Es waren fast ausschließlich Frontalaufnahmen. Die Umgebung diente als Hintergrund, teilweise durch den menschlichen Körper verdeckt und dennoch so deutlich erkennbar, dass auszumachen war, wo und wann das Bild aufgenommen wurde. Der Ort gewann durch das Schießen dieses Fotos an Bedeutung. Auf anderen Bildern versuchte Varatharajah Shanthynee in die Landschaft einzubetten, als würde er dem Versuch nacheifern, sie als Teil dieser Natur darzustellen. Ihr dunkelbrauner Körper wurde zu einem Teil der Erde, ihre Umrisse und Übergänge wurden durch das sepiafarbene Bild vom Menschen zur Natur und der Natur zum Menschen aufgeweicht. Appa selbst war selten auf den Bildern abgebildet. Er machte es sich zu seinem Hobby, Amma in tropischen

Landschaften in Szene zu setzen. Liebevoll nahm er ein Bild nach dem anderen auf und setzte damit die Bildserie fort, die für Shanthynee mit dem Verlassen des Elternhauses und der darauf folgenden Enterbung zu einem abrupten Ende gekommen war. Sie verlor den Zugriff auf die Bilder, die von ihrem Leben vor ihrer Hochzeit existierten.

Fünfzehn Monate nach ihrer Heirat und zeitgleich mit dem letzten antitamilischen Pogrom kam ihr erstes gemeinsames Kind zur Welt. Mit dieser Geburt nahm die Anzahl der Familienbilder schlagartig zu. Anders als sie, sollte ihr Sohn Teil einer anderen Geschichte werden. Er wuchs nicht außerhalb der Kamera auf.

Die vielen Bilder, die Varatharajah mit der Panasonic-Kamera von seiner kleinen Familie aufnahm, füllten schnell die noch immer teuren *japanischen* Filme, die jedoch zunehmend einfacher in Yaazhpanam erhältlich waren. Er nahm sie für gewöhnlich zu dem berühmten Gnanam Studio in *Jaffna Town* und gab sie dort zum Entwickeln ab. Wenige Tage darauf holte er die auf Papier ausbelichteten Bilder wieder ab, die vorsichtig in einem Briefumschlag den Besitzer wechselten. Er nahm sie mit nach Nelliyadi, wo Shanthynee sie schon mit großer Vorfreude erwartete. Der Enthusiasmus über die neuen Fotos währte lange. Kein Bild entging einer genauen Analyse und der Kritik der Betrachter*innen. Später ordnete die damals noch junge Frau jedes einzelne Bild sorgfältig in zwei Fotoalben. Sie ergänzte die Bilder um Beschriftungen, die Angaben zu den verschiedenen Orten und Daten umfassen, sowie andere eher beiläufige Bemerkungen, die sie für relevant und erinnerungswürdig hielt. Die Alben lagerte sie in einer stählernen Box, die gemeinsam mit einem Schmuckkasten versteckt in einem Schrank in einer hinteren Ecke des Schlafzimmers stand. Daneben befanden sich in der Box Versicherungsdokumente, die Hausurkunde und andere in einem modernen, das heißt bürokratisierten Staat, lebensnotwendigen Papiere. Welche Farbe die beiden Alben hatten, vergaß sie mit der Zeit. Die Bilder wird sie jedoch nie vergessen.

***

Der Traum einer gemeinsamen Zukunft währte nur zwei Jahre. Neun *Monate* nach der Geburt ihres ersten Kindes und fünfundzwanzig *Monate* nach der Verbrennung der Bibliothek und zeitgleich mit der Heirat von Shanthynee und Varatharajah breitete sich am Abend des *23. Juli 1983* langsam ein Feuermeer in der Hauptstadt im *Süden* aus. Es begann mit singhalesischen Mobs, die mit Wähler*innenlisten, Waffen und Fackeln bewaffnet durch die Straßen der Metropole zogen und zur Jagd auf Tamil*innen aufriefen. Die minoritisierte Bevölkerung wurde damit für vogelfrei erklärt. Die Prozession, die angeführt von buddhistischen Mönchen von Gasse zu Boulevard, Bezirk zu Distrikt wanderte, läutete eine einwöchige und staatlich geplante Hetzjagd auf die tamilische Bevölkerung der Insel ein. Am Ende dieser Treibjagd waren mehr als 3000 von ihnen bestialisch ermordet worden. Wie Vögel, die eiskalt vom Himmel geschossen wurden, lagen ihre gepeinigten und zerstörten Körper auf Straßen, Gleisen, in Kanälen, Gräben, Feldern, Plantagen, Gebüschen, Wäldern und Gebäuderuinen. Den Blicken ihrer toten Augen zufolge, den Stellungen, Biegungen und Brüchen ihrer Gelenke sowie ihrer blutgetränkten Kleidungsstücke – nun nichts anderes als Leichentücher – nach, waren sie vom Tod inmitten ihres Alltags überrascht worden. Sie gerieten innerhalb weniger Stunden erst in die Fänge der Menschen, um anschließend den Gelüsten von Tieren zum Opfer zu fallen, die sich über die leblosen Körper, die das Land und sein Volk hergab, herzumachen begannen. Von den unzähligen Tamil*innen, die daneben bei lebendigem Leibe verbrannt wurden, blieb jedoch nichts außer einem verkohlten Abdruck zurück, ein Schatten auf dem geteerten oder zementierten Boden, der nur noch wie Straßendreck weggekehrt oder weggewaschen werden konnte. Bevor sich ihre Körper in Staub verwandelten, mussten sie dem blutrünstigen singhalesischen Volk ins Auge blicken. Sie mussten in der Dunkelheit der Nacht und der Helligkeit des Tages den Albtraum durchleben, als Tamil*in auf dieser Insel geboren worden zu sein. Das Morden hörte nicht mehr auf.

Der Völkermord veränderte das Selbstverständnis der verfolgten und schutzsuchenden Menschen. Später würde man sich an ihn als கறுப்பு யூலை (karuppu yūlai) erinnern, den *Schwarzen Juli*, dessen Name sich auf die schwarzen Rauchwolken bezog, die weite Teile der Hauptstadt während dieser Zeit bedeckten. Sie waren damit nicht mehr nur ein unterdrücktes Volk, dessen Rechte jedes Jahr von Neuem von diesem sogenannten *postkolonialen* Staat untergraben wurden, sondern ein in seiner physischen Existenz bedrohtes Volk. Ein Volk, das mit dem gezielten und staatlich sanktionierten Hinrichten konfrontiert war. Ein Volk, das dem Völkermord ins Auge blickte. Obwohl antitamilische Pogrome seit dem Abzug der Brit*innen die tamilische Bevölkerung wie ein immer wiederkehrender Monsun ereilten, war doch dieser Monsun, der am 23. *Juli 1983* von *Colombo* ausgehend in alle Teile der Insel wehte, von bislang unbekanntem Ausmaß. Diese Intensität bekam nicht nur die betroffene Bevölkerung zu spüren. Das Täter*innenvolk, das tatkräftig am Morden teilhatte, wurde sich auch zum ersten Mal seines eigenen Gewaltpotenzials bewusst. Für die Opfer bedeutete dieser Einschnitt einen enormen Angriff auf ihr Sicherheitsgefühl. Nicht nur dieses wurde zerstört, sondern auch ihr Zeitverständnis kippte. Es spaltete sich in die Zeit vor dem கறுப்பு யூலை und die Zeit nach dem கறுப்பு யூலை. Im Wissen um den Albtraum, der dem tamilischen Volk noch blühen würde, wurde Erstere zu einer Zeit, die trotz der ausgeübten Gewalt und Ungerechtigkeiten beinahe unbedrohlich und erstrebenswert erschien.

Während Tausende Tamil*innen in dieser apokalyptischen Woche gelyncht, verbrannt und erschossen wurden, standen ebenfalls Tausende ihrer Häuser und Geschäfte in Flammen. Der noch Tage später aus den Ruinen der Gebäude hochsteigende Rauch, der diese wie in den Himmel zog, rührte von Möbeln, Dekorationsobjekten und anderen Haushaltsgegenständen her, die vorher von Menschen liebevoll gesammelt worden waren. Er ernährte sich auch von dem Gewebe der Menschen. Der Rauch erfasste fast die gesamte Hauptstadt im *Süden* und wanderte wie eine dunkle Wolke, die nicht nur vor einem drohenden Unwetter warnte, sondern ganze Stadt- und Familiengeschichten in den Himmel zeichnete, in andere Teile des Landes. Dort blieb der Geruch des Todes noch lange in der Luft hängen. Ganze tamilische Enklaven in *Colombo*, die seit der Schaffung des zentralistischen Inselstaates durch die Brit*innen in Bezirken wie Wellawatte, Dehiwala, Bambalapitiya, Borella und Pettah entstanden waren, fielen der rassistischen Auslöschung zum Opfer. Schätzungen zufolge wurden in diesem Zeitraum mehr als 18 000 tamilische Häuser und mehr als 5000 tamilische Geschäfte von Singhales*innen zerstört. Der materielle Schaden dieses einwöchigen Völkermords wird mit 140–180 Millionen *USD* beziffert. Und auch das ist nur eine Schätzung. Genau wie die Zahlen der Toten, Verletzten, Vergewaltigten und Vertriebenen nur Schätzungen sind, die zu glatten Zahlen gerundet wurden. Diese glatten Zahlen weisen darauf hin, dass es keine exakte Summe gibt; dass nie eine forensische Aufarbeitung dieser Verbrechen stattgefunden hat, dass Überlebende sich in künstlichen Zahlen wiederfinden und sich damit zufriedengeben müssen. Auf diese Weise wurde die Gewalt für die Überlebenden, Täter*innen und Beobachter*innen sprachlich und ästhetisch konsumierbar gemacht. Die vielen Existenzen, die zerstört wurden, können nicht genau beziffert werden. Genauso wenig wie die vielen Leben, die genommen wurden. Sie leben nicht in den Statistiken weiter, sondern in den Erinnerungen der Überlebenden fort. Und in dem Raum zwischen den wahren und geschätzten Zahlen werden all diejenigen tamilischen Menschen, die überlebt haben, für die es keinen Raum gibt in den Statistiken und Karten, ihre Zelte aufschlagen.

Die massenhafte Zerstörung der tamilischen Bevölkerung sollte nicht nur ihr Volk zahlenmäßig dezimieren, sondern auch ihre wirtschaftliche Position auf der Insel vernichten. Denn die zahlenmäßig kleinere Bevölkerung hatte in den Augen der zahlenmäßig größeren Bevölkerung längst den ihr zugeteilten Raum auf dieser gesellschaftlich geteilten Insel überschritten. Dieser Übertritt, der für das Selbstwertgefühl der größeren Bevölkerung zur Bedrohung wurde, sollte gestoppt und bestraft werden. Der Gewaltakt, der die gewalterprobte tamilische Bevölkerung im *Juli 1983* überraschte, kann nicht entkoppelt von den kommerziellen Interessen betrachtet werden, die oft hinter solchen Exzessen stecken.

Der kollektive Hass gegen Menschengruppen lässt sich häufig auf wirtschaftliche Interessenkonflikte und Konkurrenzverhältnisse zurückführen. Sie beruhen auf vermuteten und/oder tatsächlichen ökonomischen Ungleichheiten, die schon existierende ethnische, kulturelle, politische oder andere Spannungen verstärken und die schnell in Gewalt gegen andere Menschgruppen umschlagen können. So geschah es auch auf der dicht besiedelten Insel, die zu klein für ihre eigenen menschlichen Verhältnisse und Interessen schien und von zu viel Meer umgeben war, als dass sie in die Breite hätte wachsen können. Nach dem siebten Pogromtag am *29. Juli 1983* war von der Wirtschaft der tamilischen Menschen faktisch nichts mehr übrig. Sie lag in Schutt und Asche, und das nicht nur in *Colombo*, sondern inselweit. Damit war eines der wichtigsten Ziele dieser staatlich sanktionierten Kampagne erreicht. Genau wie kommerzielle Interessen die treibenden Kräfte hinter den imperialen und kolonialen Expansionen der Europäer*innen waren, wurden sie hier instrumentalisiert, um ausgeübte Gewalt gegenüber einer Mehrheitsbevölkerung zu legitimieren. Die Gewalt des Kolonialismus wurde weiter moralisch gerechtfertigt, indem rassistische Ideologien geschaffen wurden. Der europäische Kolonialismus war in diesem Sinne kein Resultat rassistischer Ideologien, sondern rassistische Ideologien wurden strategisch genutzt, um die industrielle und kapitalistische Ausbeutung der Welten außerhalb Europas und all ihrer verschiedenen Lebewesen, ob Menschen, Tiere oder der Umwelt, erst zu ermöglichen.

Unter den vielen tamilischen Geschäften, die im Laufe des Völkermords zerstört wurden, waren auch die vielen Fotostudios, die von Tamil*innen in der Hauptstadtregion seit dem Ende des *19. Jahrhunderts* betrieben wurden. Sie verschwanden vom Straßenbild und lebten als Leerstellen weiter. Ähnlich wie die tamilischen Bewohner*innen von den Stadtkarten und Statistiken verschwanden, die den singhalesischen Lynchmobs entkommen waren. Diese mehr als hunderttausend in der Zahl prägten das Stadtbild nur noch als Schatten. Sie fanden sich in temporären Geflüchtenlagern wieder, die auf keiner Karte als solche eingezeichnet waren, bevor sie am sechsten Tag des Völkermords in Cargoschiffen in Richtung Yaazhpanam gebracht wurden. Auf den Schiffen, die von der indischen Regierung zum Schutz der Tamil*innen geschickt wurden und die für den Transport von Zuchttieren gedacht waren, bewegten sich ihre Augen entlang der Küste der Insel, die sie abstieß, von sich stieß, die sie daran erinnerte, in einem offenen Gefängnis zu leben, aus dem das Entkommen fast unmöglich war. Als sie nach der von einem fremden Staat organisierten mehrere Tage dauernden Überfahrt in Kankesanthurai von Bord gingen, trugen die meisten der Überlebenden nichts weiter mit sich als die Kleidung auf ihrem Körper. Alles, was sie besaßen, mussten sie hinter sich lassen. Alles, was sie sich aufgebaut hatten, hatten sie in einer Wolke aufsteigen sehen, die später, ähnlich wie sie, aufs offene Meer gezogen war. Manche ihrer Wertgegenstände aber lebten in den Häusern von unzähligen Singhales*innen ein Art Doppelleben weiter – fast so wie die Tamil*innen, die zurückgeblieben waren und ihre Zungen verkleideten, um als Singhales*innen in der Masse unterzugehen.

Unter dem zurückgelassenen Besitz der Tamil*innen in Kankesanthurai waren auch Abertausende Fotos, die in Flammen aufgegangen waren. Sie befanden sich in ihren mehr als 18 000 tamilischen Häusern. Ihre Brücken, die an Momente, Orte und Lebewesen erinnern sollten, wurden innerhalb weniger Minuten dem Erdboden gleichgemacht. Die Pogrome hatten sie zu wieder zu Dokumentenlosen gemacht.

***

Die Nachrichten über den Völkermord im *Süden* verbreiteten sich wie ein Lauffeuer weiter ins *Zentrum* der Insel, bis an die *Ost*küste. Die Menschen auf der *nördlichen Halbinsel*, die nur durch eine schmale Landstraße – den *Elefantenpass* – mit dem Rest der Insel verbunden waren, erreichten diese Informationen aber nur langsam. Sie wurden tagelang von singhalesischer Staatsseite aktiv unterdrückt. Weder das TV-Programm noch die Zeitungen des Landes berichteten über die Gewaltexzesse gegen das tamilische Volk. Stattdessen verlief alles in seinen alltäglichen Bahnen. Auch ins Ausland sickerten keine Nachrichten, da der einzige internationale Flughafen geschlossen worden war, um den Informationsfluss nach außen zu unterbinden und die fliehende Bevölkerung in der Insel festzusetzen.

Dem கறுப்பு யூலை folgte ein Exodus ungeahnten Ausmaßes. Hunderttausende Tamil*innen schlossen sich dieser Massenflucht an. Ihr eigentlicher Beginn liegt jedoch weit vor *1983*, im Jahre *1958*. Damals hatte das zweite antitamilische Pogrom, das vom neuen Staat ausging, stattgefunden, und Tausende Tamil*innen, die in der Hauptstadt lebten, sahen sich plötzlich gezwungen, ins Exil zu flüchten. Sie ebneten damit den Weg für darauf folgende Generationen von schutzsuchenden Tamil*innen.

Wie damals schon bestiegen auch nach dem Pogrom von *1983* Tamil*innen zunächst Zivilflugzeuge, um sich damit in alle Himmelsrichtungen zu verstreuen und in der Ferne Schutz vor dem mordenden singhalesischen Staat zu finden. Der Weg von Eelam zum Flughafen im fernen *Colombo* war jedoch mit Gefahren und Hindernissen verbunden. Singhalesische Soldat*innen und Mobs griffen fliehende Tamil*innen an, denen nichts anderes übrig blieb, als durch das singhalesische Kernland zu fahren, um zu diesem einzigen legalen Ausgangstor des Inselstaates zu gelangen. Als Folge dieser rassistischen Angriffe auf tamilische Passagier*innen in Zügen, Bussen und Pkws, starben Hunderte Menschen. Je schwieriger die Reise zum Flughafen *Colombo* wurde, desto mehr von ihnen entschieden sich für einen dramatischen Fluchtrichtungswechsel. Statt in den *Süden* zu fliehen, um über diesen in den *Westen* zu gelangen, flohen sie in die entgegengesetzte Richtung: Sie bestiegen Boote in Richtung der anderen tamilischen Küste, die nicht von *Colombo* beansprucht wird, sondern von *Neu-Delhi*. Damit widersetzten sie sich der räumlichen Logik des zentralistischen Inselstaates, der die minorisierte Bevölkerung an den *Süden* des Landes band und ihr nur die Flucht durch diesen erlaubte.

Auch Amma schickte im April *1984* ihren Mann auf die Flucht, um ihn vor dem Staatsterror und der ihm drohenden Gewalt als tamilischer Mann zu schützen. Auf seiner Reise in den *Süden* musste Appa dabei nicht nur seine Frau, seinen Sohn und sein ungeborenes Kind zurücklassen, sondern auch seine Kamera. In der Hektik des Aufbruchs vergaß er diese auf seiner Kommode. Während er sich in Richtung des gleichen Landes bewegte, wo er das Panasonic-Gerät sieben Jahre zuvor gekauft hatte, blieb die Kamera bei seiner damals hochschwangeren Frau zurück. Sie war von Ärzt*innen als fluchtunfähig erklärt worden und saß damit fest. Appa saß hingegen nach seiner beschwerlichen Reise Tausende *Kilometer* entfernt in einem Asyllager inmitten eines Walds am Rande Spandaus im *Westen* Berlins fest. Zu Hause tobte ein brutaler Krieg für die Unabhängigkeit seines Volks, dem sich inzwischen auch Mitglieder seiner Familie angeschlossen hatten. Der junge Tamile konnte nichts anderes tun, als von seinem Stockbett in einem überfüllten Zimmer in die fremde Natur zu blicken und zuzusehen, wie sich die Äste der Laubbäume von dem Gewicht des blühenden Grüns allmählich in Richtung Boden bewegten.

Um seine familiäre Trennung im Exil zu überwinden, fing Varatharajah an, lange Briefe an Shanthynee zu schreiben. Es dauerte zehn Tage, bis sie aus dem namenlosen Asyllager in Nelliyadi ankamen. Die Tage, an denen der Postbote ihr Nachrichten aus *West Germany* brachte, begann Shanthynee in einem Kalender zu markieren. Die Einträge wurden zu Richtlinien, die sie durch die Einsamkeit im Krieg führen sollten und ihr ein Gefühl von Zeit und emotionaler Bindung gaben. Je länger sich die Trennung hinzog, desto mehr

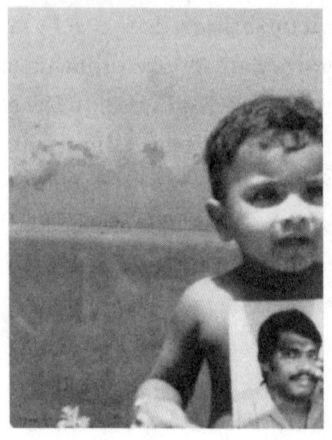 

Fotos, die Amma von ihrem Sohn und sich schoss, um sie unentwickelt von Yazhpaanam zu Appa ins deutsche Exil zu schicken, *1984*

wechselte das Paar vom geschriebenen Wort zum gesprochenen. Die Briefe in den Umschlägen wurden allmählich zu Audiokassetten in Umschlägen. Auf ihnen nahm ihr Mann Monologe auf, die wie imaginäre Dialoge klangen und sich entgegen der Fluchtlinien bewegten. Shanthynee ergänzte den Monolog auf anderen Audiokassetten, die sie gemeinsam mit ihrem Sohn bespielte, um ihre beiden Stimmen ihren Körpern vorauszuschicken. Der Dialog zwischen ihnen wurde auf diese Weise zeitversetzt und ortsversetzt vervollständigt.

Wenige Wochen nach Varatharajahs Flucht kam ihr zweites Kind auf die Welt. Shanthynee entschied sich, das Kind, das inmitten des Krieges geboren war, fotografisch festzuhalten und die Ergebnisse in Richtung Exil zu versenden. Hierzu nahm sie die Panasonic-Kamera ihres Mannes und fing an, Fotos von sich und ihren Kindern zu schießen. Sie füllte die

Filmrollen, um sie daraufhin unentwickelt aus dem Krieg in das Geflüchtetenlager zu schicken. Der Umschlag mit den Filmrollen nahm die gleiche Route wie auch schon die Bilder der Kolonialfotograf*innen. Auch Shanthynees Fotos sollten jemandem etwas näher bringen, der in der Distanz lebte; ihm eine Vorstellung von etwas geben, was er sich aus der Entfernung nur schwer vorstellen konnte. Die Briefe kamen Wochen später bei ihrem Empfänger an, der die darin befindlichen Filmrollen erst entwickeln lassen musste, bevor er darauf sein neugeborenes Kind auf dem Bett, in dem er nicht mehr schlief, betrachten konnte. Auf einem anderen Foto sah er, wie sein älterer Sohn mit seinem Portraitbild in der Hand posierte, ähnlich wie Menschen, die auf die Rückkehr von Vermissten warteten. Shanthynee hielt aber nicht nur Momente im Leben ihrer Kinder fest. Sie nahm auch Bilder von sich selbst für ihren Mann auf. Hierfür nutzte sie den Selbstauslöser der japanischen Kamera, der es ihr ermöglichte, Bilder von sich selbst in der Abwesenheit ihres Mannes zu schießen. Auf den Bildern, die Varatharajah später empfangen wird, saß sie mit trauriger Miene auf der Veranda ihres Hauses und starrte leer in das Kameraobjektiv. Auf anderen stand sie mit halbem Körper angeschnitten am Haustor. Die Kamera hatte Teile ihres Körpers verfehlt.

2

zum zoo

Bei der Betrachtung dieses Bilds setzt sich etwas in mir in Bewegung. Es wirft mich in eine andere Zeit und in einen anderen Raum. Die verbrauchte Luft, die sich vermengt mit dem Atem und den Gerüchen der vielen menschlichen Besucher*innen, tierischen Gefangenen und dem vielen Stroh im Gehege; der Geruch, der zwar auf dem Bild nicht eingefangen werden konnte und damit aus den Erinnerungen zu fallen droht, durchströmte plötzlich meine Nase. Er schlich heraus, hindurch, hinein und erweiterte meine Sinne. Ich sitze nicht mehr auf einem hellbraunen Laminatboden im Dachgeschoss eines Wohnhauses in einer mitteldeutschen Neubausiedlung. Ich befinde mich plötzlich 280 *Kilometer* weiter *südlich*, im Zoo.

Es muss *1991* gewesen sein. Vielleicht aber auch *1992* oder *1993*. Genaueres kann ich über den Zeitpunkt dieser Begegnung nicht sagen. Ich weiß nicht, in welchem Monat und an welchem Tag sie stattgefunden hat. Von Neugier getrieben, suche ich nach Indizien für eine genauere Zeitangabe dieses Fotos. Ich vermute, dass es irgendwann kurz nach dem Mauerfall geschossen wurde. Aber warum ist eine Zeitangabe an dieser Stelle überhaupt von Bedeutung für mich? Und warum schwirrte genau dieses historische Ereignis als Zeitreferenz in meine Gedanken und gab mir ein Gefühl der Gewissheit? Warum nicht irgendein anderes Ereignis? Dies entsprach nicht die Art, wie meine Eltern sich im Zeitgefüge – in der Geschichte – *orient*ierten. Als ihre zeitlichen Referenzpunkte galten nicht, wann Hitler an die Macht kam, Deutschland kapitulierte oder »das Land« in zwei Hälften geteilt wurde. Diese Ereignisse kamen vielmehr dem Zeitgefühl der Gesellschaft gleich, in der sie sich wiederfanden. Ihr davon unabhängiges Geschichtsverständnis folgte anderen Referenzen und daraus resultierenden Zeitverständnissen, die sich der europäischen Geschichtsschreibung widersetzen, damit sie sich in ihrer eigenen Zeit und ihrem eigenen Raum zurechtfinden konnten. Meine Eltern verbanden viel mehr mit Ereignissen wie dem Ende der indischen Besatzung, dem Beginn des zweiten Eelam-Krieges, dem Kampf um den *Elefantenpass*, der Ermordung Rajiv Gandhis, den vielen namenlosen Massakern an ihrem Volk, der Erteilung der Arbeitserlaubnis, dem Umzug aus dem Asyllager in eine Sozialwohnung, der Flucht der Schwester, Nichte und unzähliger anderer Menschen. Diese Ereignisse bildeten ihren Referenzrahmen, aus dem heraus Amma und Appa in einen anderen Kalender gedrängt wurden. Diese gänzlich fremden und fernen Zeitangaben hatten für sie bis dahin keine Bedeutung. Sie lebten nach einem anderen Kalender. Und dennoch war der Mauerfall der erste zeitliche Bezug, der mir in den Sinn kam, als ich versuchte das Foto zeitlich zu verorten. Es war eine Zeit außerhalb der Zeit meines Zuhauses, eine Zeit, die auch mich beeinflusste und mich aus der Zeit meiner Eltern herauszuwerfen versuchte.

Ich betrachte die Kleider, die Amma auf dem Foto trägt und versuche mich daran zu erinnern, woher ich diese Stoffe und Muster kenne. Waren es meine eigenen Kindheitserinnerungen oder doch Überbleibsel von Eindrücken aus Fotos aus den Asyllagern, die sich mit den Jahren in meinen Kopf eingeprägt hatten? Oder waren es vielleicht vage Erinnerungen aus der Zeit danach, einer Zeit außerhalb des Asyls, die auch die Kleider überlebten, die wir damals getragen haben? Könnten es gar die Erzählungen anderer sein, Erinnerungen, Eindrücke, Bilder und Gefühle, die mich betrügen wollten, sich als meine eigenen auszugeben versuchen? Mir eine Sicherheit für eine Zeit vorzutäuschen versuchen, die von Unsicherheiten und Instabilität geprägt war? Oder erinnere ich mich tatsächlich so detailgetreu an die Farben, Muster, Stoffe, Gerüche und Gefühle dieser Zeit? Gruben sich diese Eindrücke so tief und so früh in mich hinein, um mich mehrere *Jahrzehnte* später bei dem bloßen Anblick eines Kleidungsstücks auf einem Foto, aus meiner *Gegenwart* reißen zu können? Hinein in einen vergangenen, nicht mehr existenten Raum und die damals empfundenen Gefühle? Hatte sich die Prophezeiung der Kamera, der Albtraum der mit der Geschichte der Fotografie seinen Anfang nahm, damit erfüllt?

Ich blicke auf Ammas Haarschnitt und versuche anhand der Dichte und Fülle ihres schwarzen Haars ihr Alter zu schätzen. War sie damals noch in ihren *Zwanziger-* oder vielleicht doch schon in ihren *Dreißiger-*Jahren? Wie viele ihrer dichten, schwer zu bändigenden drawidischen Haare, die sich im feuchten tropischen Klima anders verhielten als im trockenen Klima Zentraleuropas, hatte sie schon seit ihrer Ankunft verloren? Lässt sich anhand des Zustands ihrer Haare messen, wie viel Europa sie schon gesehen und erlebt hatten? Wie viele Haare für das Exil leiden mussten? Mit fünfundzwanzig Jahren kam sie als Geflüchtete in Westdeutschland an. Ich wurde noch vor ihrem sechsundzwanzigsten Geburtstag geboren, ihrem ersten Geburtstag von vielen weiteren im Exil. Auch ich war Teil ihrer Zeitrechnung des Exils geworden. Anhand meines Körpers konnte sie ablesen, wie lange sie schon fort war.

Ich fragte Amma später, ob wir auf jenem Foto und den anderen Fotos aus dem Zoo noch im Asyllager oder schon in der Sozialwohnung lebten. Doch auch sie wusste keine exakte Antwort darauf. Sie reagierte verwirrt, da sie merkte, dass ihre Erinnerungen an diese Zeit schon diffuser geworden waren. Sie fing an, unsere Kleider auf den Fotos in einen historischen, ökonomischen und politischen Kontext zu setzen. Waren es Kleider, die wir aus der Altkleidersammlung hatten? Kleider, die wir im Asyllager gespendet bekommen hatten? Oder doch Kleider, die sie uns mit ihrem Geld gekauft hatten, nachdem sie das Arbeitsverbot überstanden hatten? Sie kam zu keinem genaueren Ergebnis als ich. Unser Besuch im Zoo muss irgendwann zwischen *1991* und *1993* gewesen sein.

Der Ort, an dem das Foto aufgenommen wurde, liefert uns vielleicht den größten Hinweis, um die Zeit besser einzugrenzen. Mit großer Wahrscheinlichkeit befanden wir uns in dem Moment, als das Bild aufgenommen wurde, schon außerhalb des von der Residenzpflicht festgelegten Umkreises. Denn der Zoo lag weit außerhalb des Bewegungsradius, der als Teil der Asylpolitik Deutschlands über Jahre hinweg unsere Reichweite bestimmte und damit festlegte, bis wohin wir unser Umland erfahren und beanspruchen durften.

Am Tag, an dem das Bild entstand, waren wir in München, im Tierpark Hellabrunn, dem zoologischen Garten der Stadt. Der Tierpark liegt im südlichen Teil der bayrischen Metropole, also fast 280 *Kilometer* Luftlinie *südlich* von dem Ort gelegen, an dem ich das Foto betrachte; der Ortschaft, in der wir ebenfalls in unserem letzten Asyllager interniert waren.

Der Tierpark Hellabrunn wurde *1911*, nur wenige Jahre vor dem Ausbruch des *Ersten Weltkriegs*, gegründet. Damit war er eine Spätgeburt in der Geschichte deutscher Zoos: Er entstand in den letzten Jahren des deutschen Kaiserreichs, welches geprägt war von nationalistischen, imperialistischen sowie kolonialistischen Bestrebungen. Diese haben sich zugleich in die Landschaften und Bauten der Kolonialmetropolen eingeschrieben. Der Zoo gilt ebenfalls als ein solcher Ausdruck der Geschichte. Er reihte sich nahtlos in das ein, was Tony Bennett in seinem gleichnamigen Essay als Ausstellungskomplex bezeichnet. Damit umschreibt der Soziologe den Versuch von modernen Staaten, gesellschaftliche Ordnungen und nationale Identitäten durch das öffentliche Ausstellen von Machtobjekten zu etablieren, wie zum Beispiel mithilfe von Kunstwerken oder Pflanzen. Dieses Vorgehen unterscheidet sich von Methoden, die im vorindustriellen Europa zur Machtdemonstration üblich waren. Jene Herrscher*innen nutzten vor allem öffentliche Folter und Hinrichtungen von Menschen inmitten der Stadt zur Disziplinierung der Gesellschaft und zur Schaffung gesetzestreuer Staatsbürger*innen. Letztere Taktiken dienten dazu, soziale Spannungen im Keim zu ersticken, Umstürzen entgegenzuwirken sowie eine staatstreue gesellschaftliche Ordnung einzurichten. Es sollte den Status quo der Machthabenden sichern und simultan helfen, eine gemeinsame nationale Identität zu festigen.

Ausgehend von England erweiterte sich mit der Hochindustrialisierung zu Beginn des *19. Jahrhunderts* das Spektrum dieser staatlichen Gesellschaftsmaßnahmen. Bennett argumentiert in seinem Essay, dass die Frage der gesellschaftlichen Ordnung von da an nicht nur mit offensiv ausgestellter Staatsgewalt gelöst werden sollte, sondern mit Kultur. Kulturelle Innovationen sollten dazu dienen, einen sozialen Konsens und Frieden zu schaffen. Hierzu wurde das Ausstellen von Kulturobjekten genutzt, die bislang den Eliten des Staates (der Aristokratie sowie dem gebildeten und wohlhabenden Bürger*innentum) vorbehaltenen waren, um die Macht des Staates, sowie den zivilisatorischen Status der eigenen sozialen Gruppen zu demonstrieren. Öffentliche Ausstellungen wurden zu einem neuen Instrument der Machtdarstellung und der Disziplinierung von Bürger*innen, insbesondere der europäischen Arbeiter*innenklasse, denen diese bislang verborgen geblieben waren. Ausstellungen dienten somit der Schaffung der *modernen* Staatsbüger*innen.

Diese wäre ohne die Kolonialisierung weiter Teile der Welt durch die britische Krone nicht möglich gewesen. Parallel zur Industrialisierung erlebte der britische Imperialismus eine Hochphase. Denn die kolonialistischen Unternehmungen lieferten nicht nur viele der Rohmaterialien, ob Baumwolle, Kautschuk oder Metallerz, die die britische Industrialisierung erst ermöglichten. Sie begünstigten auch den Diebstahl und die Verschleppung unzähliger Kulturobjekte und Lebewesen, die aus den Kolonien gewaltvoll entfernt wurden, um die Weltausstellungen, Museen, Botanischen Gärten, Kaufhäuser und Universitäten in den britischen Stadtzentren zu füllen – und damit gleichzeitig den *zivilisatorischen* Erfolg der Krone zu belegen. Dieser Ausstellungskomplex verbreitete sich von England aus allmählich auf dem gesamten Globus und wurde später selbst in den Kolonien normalisiert, wo Zoos nach europäischem Vorbild errichtet wurden. Die Kolonisator*innen entfremdeten die dort einheimischen Naturen, um ihren eigenen Fortschritt hervorzuheben. Der Kolonialismus und dessen Zurschaustellung, etwa durch Ausstellungen in Europa oder Postkarten aus den Kolonien, erfüllte nämlich immer auch den Zweck, die kolonialisierenden Nationen in ihrer nationalen Einheit und Überlegenheit zu bestärken.

Der europäische Zoo reiht sich daneben ein in diese Geschichte der Musealisierung der Welt. Er ist genauso Teil des *modernen* Ausstellungskomplexes. Der Zoo wurde regelrecht zur lebendigen Schaubühne des Kolonialismus: ein Gefängnis für Lebensformen, die außerhalb hiesiger Naturen existierten. Er wurde zu einem Museum für fremdes, fernes und auf Distanz zu haltendes Leben. Er machte die Unterwerfung und Typologisierung kolonialer Welten für eine breite Masse der Bevölkerung der Imperien sichtbar und ermöglichte es, wenn auch verzerrt, diese Welten physisch zu begehen und eindrucksvolle Sinneseindrücke bei den Besucher*innen zu hinterlassen. Denn erst durch das Durchschreiten dieses spezifischen Ortes konnte das viele Ferne und Fremde, das als »Errungenschaften« der »weißen Rasse« über die anderen Welten verklärt wurde, für ihre Bevölkerungen unmittelbar fühlbar werden.

Der Zoo wurde damit zu einem Ort, der den Kolonialismus kommunizierte und massentauglich machte. Er wurde zu einem Bildungsort unterschiedlicher Klassen, die sonst keine direkten Reise- und Erfahrungsmöglichkeiten in den Kolonien sammeln konnten. Für diejenigen Menschen, die ihre Eindrücke lediglich aus Postkarten, Briefen, Büchern, Bildern und Erzählungen speisten, wurde der Kolonialismus auf diese Weise zu einer aktiven Erfahrung. Bis dahin bestand die koloniale Welt für sie aus nichts mehr als Mythen und Fantasien.

1828 eröffnete der Londoner Zoo im Herzen des Britischen Imperiums seine Pforten im berühmten Regent's Park, an der Grenze zur City of Westminster. Dieser erste *moderne* Zoo, der diesen Begriff im Namen trug, führte aber im Grunde genommen eine bereits bestehende Tradition der Zurschaustellung von fremden Tieren fort. Zuvor hatte es die sogenannten Menagerien gegeben, die monarchische Tierhaltungspraxis, die sich schon in der Antike und Klassik in Europa etabliert hatte. Der Begriff Menagerien stammt aus dem Frankreich des frühen *18. Jahrhunderts* und versprachlicht den von Menschen geschaffenen Raum, in dem Tiere gehalten werden. Ähnliche Verhältnisse zu gefangenen Tieren bestanden allerdings anderswo auf der Welt schon länger. Nach archäologischen Funden gab es bereits vor mehr als 4000 Jahren im Alten Ägypten und Mesopotamien Menagerien, die solche Funktionen erfüllten, aber andere Namen trugen.

Derartige monarchische Tierhaltungskulturen existierten ebenfalls im *chinesischen* Altertum und im Aztekenreich. Worin sie sich trotz ihrer ähnlichen Funktionen unterschieden, war vor allem die jeweilige Demonstration dessen, was als fremd und demnach als besonders selten und wertvoll angesehen wurde. Diese variierte je nach Zeit, Geografie und Klima. Im Falle der Azteken überlebten deren Totocalli, die Bezeichnung für die Räumlichkeiten, in denen Tiere gehalten wurden, bis in das frühe *16. Jahrhundert*. Sie kamen erst mit der verheerenden Invasion der Spanier*innen zu einem plötzlichen und gewaltvollen Ende. So zerstörte der Spanische Kolonialist Hernán Cortés *1520* nicht nur Teile des aztekischen Menschenreichs, sondern auch die dazugehörige und sehr opulente Tierhaltung des Azteken Tlatoani Motecuhzoma II. in Tenochtitlán, wo sich heute *Mexiko-Stadt* befindet. Die heutige Millionenstadt zählte schon vor Hunderten Jahren zu einer der ersten und größten Metropolen der Welt. Ihre Menagerie im historischen *Zentrum* war nach Aufzeichnungen so groß, dass mehr als 300 Wärter*innen benötigt wurden, um die für den aztekischen Herrscher gefangen gehaltenen Tiere zu beaufsichtigen. Welche Tiere dort im Detail gehalten wurden, bleibt größtenteils ein Rätsel. Den spanischen Kolonialist*innen waren viele der Tiere derartig unbekannt, dass sie noch keine Namen für diese Lebewesen hatten. Die Zerstörung dieser damals schon weltberühmten Menagerie von Tenochtitlán war Teil einer kolonialen Rodungskampagne, der weite Teile Abya Yalas und der angrenzenden Inselreiche zum Opfer fielen und zur Zerstörung von ganzen Völkern und Kulturlandschaften führte. Sie entspricht gewissermaßen der heute so bezeichneten Taktik der verbrannten Erde.

Diese extravagante Vorliebe für fremde Tiere, die auch im antiken Griechenland und im Römischen Reich populär war, erlangte später große Beliebtheit unter dem europäischen

Adel. Die Länder importierten unter hohen Kosten Tiere aus ihren wachsenden Kolonialimperien und hielten sie zur privaten Unterhaltung und Zurschaustellung des eigenen Reichtums. In dieser Tradition eröffnete der kaiserliche Tiergarten Schönbrunn *1752* in Wien. Er wurde zum Vorläufer des modernen Zoos, da er nicht nur mehr der reinen Unterhaltung diente, sondern auch der Bildung. In seinen Anfangsjahren war der Tiergarten Schönbrunn jedoch exklusiv dem Adel vorbehalten, bevor er erst *1779* der breiten Öffentlichkeit kostenfrei zugänglich gemacht wurde. Auch in Berlin wurden von Friedrich Wilhelm II. *1793* auf der Pfaueninsel in der Havel die ersten Schritte unternommen, um eine kostspielige Menagerie mitsamt Lustschloss zu errichten. Gleiches galt in Frankreich, wo eine bedeutende Menagerie im Schlosspark von Versailles eingerichtet wurde. Als Folge der Französischen Revolution wurden dort *1792* die Monarchie und *1793* deren viele Menagerien abgeschafft. Die bis zur Revolution vom französischen Adel gehaltenen Tiere, inklusive derer, die in der berühmten königlichen Menagerie gehalten wurden, sollten nach Anweisung der ersten französischen Nationalversammlung entweder getötet, ausgestopft oder in den ehemaligen königlichen botanischen Garten gebracht werden, den Jardin des Plantes in der Pariser Innenstadt. Hunderte Tiere wurden daraufhin nach Paris verschleppt, wo von nun an die französische Öffentlichkeit Zugang zu ihnen erhielt. Sie sollten dort nicht mehr nur einem Unterhaltungszweck dienen, sondern darüber hinaus einen öffentlichen Bildungszweck erfüllen. Anders als in modernen Zoos wurden die Tiere im Jardin des Plantes in keinen spezifisch nachgebauten Habitaten gehalten, sondern in kleinen Käfigen, die häufig bis an ihre Grenzen mit Tieren gefüllt waren.

Wenige Jahre später, als auf der anderen Seite des Ärmelkanals *1828* der Londoner Zoo seine Tore öffnete, war er von Anfang an der Öffentlichkeit zugänglich. Dieser Bruch war Folge der Ereignisse in Wien und Paris. Die Tiere, die der englische Zoo anfangs hielt, stammten teilweise aus ehemaligen Menagerien, wie der von Windsor oder dem Tower of London. Der *moderne* Zoo wurde zu einem Ort der Beobachtung, Erforschung, Konservierung und öffentlichen Ausstellung von Tieren. Er war ein Forschungs- und Begegnungsort. Dem Londoner Zoo folgten viele weitere, die ein ähnliches Prinzip verfolgten. So auch der Zoologische Garten in Berlin *1844*, der *Melbourne* Zoo *1862*, der Moskauer Zoo *1864* oder der Zoo von *Philadelphia 1874*. Wie Menagerien waren Zoos Prestigebauten, die die zivilisatorische Stellung und den Fortschritt der jeweiligen Länder auf der Weltbühne demonstrieren sollten. Sie protzen nicht nur mit den vielen fremden Tieren, sondern ebenso mit ihrer beeindruckenden Architektur.

Die neuen Zoos lockten Millionen von weißen Menschen durch ihre Tore, die mittels dieser menschlichen Institution verschiedenen Annahmen einer Welt begegnen konnten. Im Zoo konnten Europäer*innen Welten so nachbauen, wie sie glaubten, ihnen anderswo zu begegnen. Dort sammelten sie fernes Leben, indem sie es aus der sogenannten *Peripherie* ins sogenannte *Zentrum* verschleppten, um es ebenda inmitten der menschlichen Urbanität zur Schau zu stellen. Dabei wurden etliche Grenzen von den Kolonisator*innen und dem von ihnen entrissenen Leben überschritten, welches an neuen Orten und in neuer Gestalt in Erscheinung treten sollte.

Bei der Eröffnung des Tierparks Hellabrunn im Jahr *1911* existierten 16 solcher Zoos im deutschen Reichsgebiet. Bereits Ende des *19. Jahrhunderts* erfreuten diese sich einer großen Beliebtheit. Die Sozial- und Kulturwissenschaftlerin Mieke Roscher beschreibt die Zoos dieser Epoche als »spektakuläre Schaustätten«, die das »Zeitalter des Konsums und der Unterhaltungsindustrie um die Jahrhundertwende« widerspiegelten. Der erste deutsche Zoo wurde im Jahr *1844* in der preußischen Metropole Berlin eröffnet. Schnell entwickelte er sich zu einer Sensation und damit zu einem enormen Kapitalerfolg. Seine Erfolgsgeschichte nahmen sich viele andere deutsche Städte zum Vorbild, um ähnliche Baupläne umzusetzen. Obwohl sie anfangs häufig als Bildungs- und Vergnügungsorte der bürgerlichen Elite fungierten, diversifizierte sich mit den Jahren das sozioökonomische Profil ihrer Besucher*innen. Auch die wachsende Arbeiter*innenklasse der urbanen Zentren der Industrialisierung erhielt nach und nach Zugang zu diesen städtischen Erholungsorten. Zur *Jahrhundertwende* strömten Millionen von Menschen aller Klassen in die Zoos und machten sie damit zu einem Publikumsmagneten. Die Besucher*innenströme zementierten damit nicht nur den Erfolg der Zoos, sondern ließen sie daneben zu begehrenswerten Prestigeobjekten werden. Künftig rühmten sich Städte und deren Bewohner*innen im ganzen Reich voller Stolz mit ihnen. Trotz ihrer wirtschaftlichen Bedeutung entstanden Zoos jedoch selten als städtische oder gar staatliche Initiativen. Sie waren stattdessen das Resultat bürgerlicher Anstrengungen — so auch in der bayerischen Metropole München. Erst das Engagement von Privatpersonen, die sich in zoologischen Vereinen und Initiativen organisierten, ermöglichte den Bau von Zoos im Deutschen Reich.

Die Anstrengungen dieser meist gut betuchten Privatpersonen, die häufig als Händler*innen eine direkte Beziehung zu den Kolonien unterhielten, deutet auf die Verstrickungen von Teilen der Zivilbevölkerung in diese Kolonialprojekte hin. Viele der frühkolonialen Bestrebungen von Europäer*innen waren von Privatunternehmen und deren Interessen getrieben. Dies ist also nichts Neues und war auch in den Kolonien des Deutschen Reichs der Fall, deren informelle Anfänge viel weiter zurück in die Geschichte reichen (mindestens bis in das *17. Jahrhundert*), als es nationale Erzählung behauptet. Zoos wurden im Deutschen Reich hauptsächlich von Händlern gegründet und waren, wie Roscher es formuliert, ein Ausdruck von »bürgerlichen Bedürfnissen«. Sie dienten nicht nur der Zurschaustellung der *Zivilisationserfolge* der weißen Menschen, sondern auch zur Legitimation für dieses globale Herrschafts- und Ausbeutungsverhältnis, von dem nahezu alle Klassen der Imperialbevölkerung profitierten.

***

Der Tierpark, in dem wir uns in den frühen *1990er*-Jahren wiederfanden, ist ein spezieller Standort. Er liegt im Landschaftsschutzgebiet der Isarauen, wo er mehr als 80 Jahre zuvor errichtet wurde. Diese Lage in der Nähe eines Flusses sollte eine »naturnahe Tierhaltung ermöglichen«. Hierfür wurden unter großem Aufwand künstliche Landschaftskulissen geschaffen, die den Schein einer natürlichen Tierhaltung wahren sollten. Das Gefängnis für Tiere sollte wie ein Bestandteil der mitteleuropäischen Natur aussehen und somit auch die Machtverhältnisse in diesem für Menschen offenen und für Tiere geschlossenen Raum kaschieren.

Anderswo zu der Zeit wurden Zoos vor allem am Rande von innerstädtischen Parks gebaut und somit in die Herzen von großen Städten gepflanzt. Roscher beschreibt in ihrem Essay zur politischen Geschichte von Zoos, dass den Anlagen bewusst »städteplanerisch attraktive Räume« zugeteilt wurden, die die räumliche Umsetzung der Ausstellungen begünstigen sollten. Dies lag vor allem an dem wirtschaftlichen Interesse hinter den Zoos. Sie waren Unternehmen, von denen sich die Beteiligten erhofften, damit die Wirtschaftskraft der Stadt und Region ankurbeln zu können. Ihre geografische Lage unterstrich die zentrale Rolle der Zoos in der Stadtökonomie. Der Standort des Münchner Zoos unterschied sich jedoch von damals gängigen Baustrategien für Zoos. Durch seine Lage inmitten eines Landschaftsschutzgebiets, also außerhalb von dicht besiedelten urbanen Zentren, folgte er einem neuen Konzept. Mehr als ein Zoo sollte es eine Art Tierpark und damit auch Erlebnispark für die Besucher*innen werden. Man* wollte sich deshalb beim Bau des Zoos explizit von beengten Raumverhältnissen der industriellen Städte lösen und den Stadtbewohner*innen eine andere Erfahrung in Naturnähe bieten.

Aber nicht nur die Umgebung von Zoos war für Ihre Anlage bedeutend. Auch ihr Innenleben spiegelt eine politische Ordnung wider. In der Anthologie *Architektur und Zoologie* schreibt die Architektin Natascha Meuser, dass die Zooarchitektur wesentlich von der Garten- und Landschaftsarchitektur geprägt sei. Zoos waren Teil eines »städtischen Infrastrukturwandels«, der das Verständnis von und die Beziehung zwischen Natur und Stadt neu zu ordnen begann. Sie hätten ein neues Naturverständnis geschaffen, so Roscher, und wurden nach ihrer Öffnung zu Erholungsorten für die von der Industrialisierung geplagte Stadtbevölkerung, die unter, beengten Behausungen, schlechten Arbeitsbedingungen, Luftverschmutzung, Epidemien und dem Fehlen von Grünanlagen in den Städten litt. Die Zoos boten den Stadtbewohner*innen einen Bruch aus ihrem urbanen Alltag und einen Spaziergang durch eine Idee von Natur.

Daneben spiegelte die bautypische Entwicklungsgeschichte von Zoos die Entwicklung der modernen Zoologie als akademisches Studienfach wieder. Sie machte die Beziehung zwischen Beherrschten und Herrscher*innen sichtbar, indem sich dieses Verhältnis zwischen den verschiedenen in den Zoos gehaltenen Lebewesen ausdrückt. Der Münchner Zoo gehörte wie die meisten zoologischen Anlagen seiner Zeit zur ersten bautechnischen Generation aufgrund seines spezifischen Aufbaus, Designs und seiner architektonischen Logik. *Moderne* Zoos zeichneten sich vor allem dadurch aus, dass sie europäische typologische Annahmen über Naturen spiegelten. Diese zeigten sich vor allem in der Art, wie Tiere innerhalb von Zoos nach geografischen und artenspezifischen Gesichtspunkten geordnet und präsentiert wurden. Die Ästhetik der Zoos dieser Epoche verfolgte den Anspruch, ihren europäischen Betrachter*innen die Welt möglichst authentisch und *exotisch* zu präsentieren. Dieses Gestaltungsprinzip war politisch geprägt und beeinflusste stark architektonische Ausrichtung und Designstrategien, die innerhalb von zooloogischen Anlagen zur Verwendung kamen. Es spiegelte eine Haltung wider, die den Imperialismus und Kolonialismus der Zeit ausmachte. So speiste sich der Zoo aus kolonialen Vorstellungen der Welt, die – ähnlich wie auch in der Kolonialfotografie – bei der Zurschaustellung anderer Welten nicht nur die für Europäer*innen fremde Welt in Szene setzte, sondern dabei vor allem die eigene Überlegenheit über das andere präsentieren sollte.

Diese Designstrategien begründeten sich auch ökonomisch. Denn Zoos waren letztlich vor allem wirtschaftliche Unternehmen mit Profiterwartungen. Sie ahmten in ihrer Gestaltung schon erfolgreich erprobte und ihnen vorangegangene Baumodelle und -strategien nach. Ihre Bauherren erhofften sich, dass sie ähnlich an Beliebtheit gewinnen würden, wie sie schon die Weltausstellung Mitte des *19. Jahrhunderts* in Europa erlebt hatte. Der Zoo war, wie Natascha Meuser es beschreibt, eine lebendige Trophäensammlung, in der Teile der Welt zur Schau gestellt wurden. Damit standen sie in gleicher Tradition wie die Weltausstellungen, die genauso den Zweck erfüllten, der weißen Welt die technischen, industriellen und kulturellen Erfolge verschiedener weißer Nationen prunkhaft und in einem speziellen Ordnungsverhältnis vorzustellen und dabei die eigene Deutungshoheit zu vermitteln.

Die Weltausstellungen hatten ihren unmittelbaren Ursprung im Frankreich des frühen *19. Jahrhunderts*, wo die Errungenschaften aus der französischen Industrie, dem Handel und der Landwirtschaft für ein breites Publikum spielerisch und unterhaltsam in einer Art Industriemesse vorgeführt wurden. Das Ausstellungsformat bezweckte vor allem, den Fortschritt Frankreichs nach innen zu demonstrieren. Wie Tony Bennett schrieb, war dies nicht nur ein Versuch, die Nation in »ihren kollektiven« Errungenschaften zu einen, sondern auch die Nation als solche zu schaffen und zu festigen. Gleichzeitig dienten diese Industriemessen aber auch dazu, den technischen Fortschritt im Vergleich zu dem anderer Europäer*innen, insbesondere der britischen Nachbar*innen, in Szene zu setzen und sich damit von ihnen abzusetzen. Das Voranschreiten war natürlich keine Sache des gemeinsamen Handelns und des Gleichschrittes. Es beruhte stattdessen auf einem Konkurrenzverhältnis zwischen den verschiedenen europäischen Mächten, die einander jeweils hinter sich lassen wollten — und dabei die Welt gewaltsam in eine andere Zeit verfrachteten.

Als *1851* auf der anderen Seite des Ärmelkanals die *Great Exhibition of Products of Industry of All Nations* im Londoner Hyde Park eröffnet wurde, war die erste dieser Ausstellungen geboren, die einem tatsächlichen Weltanspruch gerecht wurde. Anders als die französischen, aber auch englischen Ausstellungen, die ihr vorangingen und sich vordergründig mit nationalen Errungenschaften beschäftigten, verfolgte dieses Ausstellungsformat eine dezidiert internationale Ausrichtung. In diesem Sinne wurden auch koloniale Besitztümer der Brit*innen in all ihren Facetten vorgeführt werden. Der Fokus lag auf der Kolonialmetropole selbst und ihren vielen imperialen Gegenpolen. So wurde etwa die Hälfte des gigantischen Ausstellungsbereichs für die Zurschaustellung der britischen Errungenschaften beansprucht, während die andere für ausländische Imperialmächte sowie europäische Überseekolonien reserviert war.

Die *Great Exhibition of Products of Industry of All Nations* fand in einem eigens hierfür gebauten imposanten Glastempel statt, dem sogenannten Crystal Palace. Das Material des Glaspalasts bestand primär aus Gusseisen und Glas. Er wurde innerhalb von nur wenigen Monaten im Stil der viktorianischen Glashäuser des *19. Jahrhunderts*, die vor allem als Wintergärten und botanische Gärten genutzt wurden, 33 *Meter* in den Londoner Himmel hochgezogen. Der Palast war damit das größte Eisen- und Glaskonstrukt seiner Zeit. Vor allem das Glasdach stach heraus, welches das 563 *Meter* lange und 124 *Meter* breite Gebäude, das imposant im Hyde Park stand, nahtlos bedeckte. Es erlaubte eine neuartige optische Erfahrung, die für die mehr als sechs Millionen Besucher*innen der Weltausstellung beeindruckend gewesen sein muss. Der Raum, mit all seinen 100 000 Ausstellungsobjekten, leuchtete auf eine Art auf, die ihnen bislang unbekannt war, und ließ damit nicht nur die Ausstellungsobjekte besonders wirken, sondern auch ihre Körper im Raum. Das Glasdach erschien für das menschliche Auge dieser Zeit fast unendlich. Es suggerierte damit einen nahtlosen Übergang von innen nach außen, von der gebauten Welt zur Natur, und entwickelte sich damit zu einer »einschneidende[n] Erfahrung der Moderne«. Die britische Königin Victoria beschrieb die Eröffnung der Weltausstellung im Crystal Palace später sogar als »größten Tag in unserer Geschichte«.

Glasdach und Innenraum des Crystal Palace in London, *1851*

Die Konstruktionstechnik dieses monumentalen Vorzeigebaus beeindruckte nicht nur die Auftraggeber*innen der Weltausstellung, sondern die gesamte westliche Welt. Sie katapultierten das britische Imperium und das Format der Weltausstellung in gewisser Weise an die Spitze der europäischen Imperien und erfüllten das eigentliche Ziel dieses Unterhaltungsformats: die Demonstration der eigenen Überlegenheit über andere, ob konkurrierende Mächte oder unterworfene Lebewesen und Territorien. Die Weltausstellungen entwickelten sich mit den Jahren zu noch größeren Massenevents, als sie es schon *1851* in London waren. Sie lockten Abermillionen von Menschen in ihre Hallen und stellten parallel die Austragungsorte vor immense logistische Herausforderungen. Die Städte mussten lernen, Menschenmassen zu bedienen, die dort auf diese Art bisher nicht vorgekommen waren. Hierfür wurden also nicht nur komplett neue und imposante

Austragungsorte wie der Crystal Palace aus dem Boden gestampft, sondern die Städte mussten sich selbst verändern. Die Weltausstellungen wurden deshalb zum Anlass genommen, um tiefgreifende Modernisierungsvorhaben in der Städteplanung vorzunehmen. Auf diese Weise waren die Weltausstellungen maßgeblich an der Entwicklung der europäischen Städte beteiligt, etwa an Verlauf und Ordnung der Straßenführung, der Parkanlagen oder der Bahnsysteme, die bis in die *Gegenwart* bestehen. Damit waren sie der Beginn einer westlichen Eventkultur, die heute noch global weiterlebt, beispielsweise in Expos oder den Stadtentwicklungen, die mit großen Sportevents wie der Fußball-Weltmeisterschaft oder den Olympischen Spielen einhergehen.

Die technischen Innovationen, die den Bau des Crystal Palace garantieren sollten, ergaben sich auch aus der Verbesserung der Logistik. Mit dem Ausbau des Eisenbahnnetzes war der Transport von schweren Baumaterialien möglich, etwa Tonnen an Eisen und Glas. Sie ermöglichten es zudem, die vielen Arbeiter*innen, die für den Bau eines solchen Gebäudes notwendig waren – 2000 an der Zahl – zur Baustelle zu bringen. Die Errichtung des Crystal Palace war daneben die Geburtsstunde einer neuen Bauweise: des modularen Bauens. Dabei wurden Bauteile an einem anderen Ort vorgefertigt, bevor sie an die eigentliche Baustelle transportiert wurden, um dort installiert zu werden – eine Technik, die vor allem heute in vielen Teilen der Welt zur Anwendung kommt, etwa im Plattenbau oder bei Fertighäusern. Die vielen technischen Neuerungen, die hier zusammenkamen, schufen eine imposante Bühne für ein Novum, das die Welt verändern würde.

Der Mann hinter dem Bau war weder Architekt noch Planer. Joseph Paxton war in England vor allem als Gärtner bekannt. In dieser Rolle entführte und kultivierte er über *Jahrzehnte* hinweg Pflanzen und Bäume aus den vielen europäischen Kolonien, die bisher für Europäer*innen unbekannt und deshalb von großem Forschungs- und Ausstellungsinteresse waren. Als Teil dieser kolonialen Gewaltpraxis war er an der Planung und dem Design von mehreren Gewächshäusern in England beteiligt, die für die Gefangenschaft dieser Lebewesen konzipiert wurden und an immer mehr Popularität in der Kolonialmetropole gewannen. Aus diesen Erfahrungen heraus entwickelte sich über Jahre hinweg ein Architekturdesign, das mit dem Crystal Palace seinen Höhepunkt feiern würde. Es überlebte Paxton, der vom Kolonialgärtner zum Kolonialdesigner wurde, und ging als Hightech-Architektur – die unter anderem als Vorgänger der modernen Wolkenkratzer und Modularen Bauten gilt – in die Geschichte ein. Der britische Stararchitekt Norman Foster beschrieb den Bau des Glaspalasts als »Geburt der *modernen* Architektur«, die den Weg in eine neue Zeit der *westlichen* Baukultur ebnete.

Weltausstellungen nach dem Muster der Londoner *Great Exhibition of Products of Industry of All Nations* fanden auf dem europäischen sowie auch in einigen der europäischen Siedler*innenkolonien Abya Yalas in regelmäßigen Abständen statt. Das Ausstellungsformat war dermaßen erfolgreich, dass über die *Jahrzehnte* zig Millionen weißer Menschen zu Besucher*innen werden sollten. Damit erhielt es schnell den Ruf eines profitablen und attraktiven Messeformats, das den jeweiligen Austragungsorten nicht nur Prestige brachte, sondern auch ihren Platz auf der von Europäer*innen gezeichneten Weltkarte sicherte. Die Welten, die dort dargestellt und massenhaft betrachtet wurden, konkurrierten letztlich miteinander um Macht und waren dabei bereit, die Grenzen des eigenen Körpers und, wichtiger noch, die Grenzen der Körper von anderen zu überschreiten. Der Erfolg der Weltausstellungen führte obendrein dazu, dass spezifische Konzepte der Weltausstellung sich in andere Ausstellungsformate schlichen, die unter anderen Namen ähnliche Ideologien vertraten und fortführten.

Das Ausstellungsformat fungierte als modernes Bildungs- und Unterhaltungsformat, das sich mit der Zeit zur Präsentation einer europäischen Idee der Welt entwickelte. Es spiegelte ihr Gefühl wider, wie sie diese Welt selbst erfuhren, von ihren Körpern ausgehend. Sie machten diese für sie so ferne und andersartige Welt, die für sie teilweise bedrohlich schien, innerhalb geschlossener Tore in der »Sicherheit« ihrer Kolonialmetropolen begehbar und damit konsumierbar. Sie zähmten und entstellten sie bei dem Versuch, sie in Miniaturform zu neuem Leben zu erwecken.

Die Weltausstellungen aus dem *19. Jahrhundert* standen in direkter Beziehung zur Kolonialfotografie. Wie der Schweizer Kunstwissenschaftler Felix Thürlemann in seinem Buch über das ägyptische Haremsfenster schreibt, wurde die Konstruktion und Extraktion von Bildern aus den Kolonien mit dem Beginn des Genres der Kolonialfotografie nur noch verstärkt. Sie entwickelte sich schnell zum effektivsten und weitläufigsten Propagandamedium, dass die Idee der europäischen Fremdherr*innenschaft und Überlegenheit trug und stützte. Die Fotografie verflachte die Welt außerhalb Europas. Sie komprimierte sie und presste sie in ein zweidimensionales Format, das als limitierte Sinneserfahrung diente. Mit der Verbreitung der Kamera und weiterer technischen Innovationen kam es zwangsläufig zu einem Anstieg der »visuellen Darstellungen« der Kolonien. Die Darstellungen wurden nicht nur zahlreicher, sondern gewannen auch an Motiven und Stilen, Form und Farbe. Es wurden immer mehr Abbilder produziert, die im Rückblick schockierend erscheinen.

Diese verzerrten Darstellungen übertrugen sich mit dem Beginn der Weltausstellungen auch in den Raum. Die zweidimensionale Vorstellung verwandelte sich in eine drei- oder gar mehrdimensionale Erfahrung, die den Kolonialgesellschaften neue Sinneseindrücke verschaffte – und dennoch nur Fiktionen lieferte. Hierfür wurden die Motive aus den Bildern, die in den Kolonien sorgfältig nach europäischen Maßstäben selektiert und mit Aufwand inszeniert wurden, entnommen, um sie in einen anderen Raum, fernab der Kolonien, zu projizieren. Den Fiktionen wurde dort neues Leben eingehaucht, sie nahmen Raum außerhalb der Bildbände, Alben und Postkarten ein. Sie wurden vom Stillstand zur Bewegung gebracht. Und dennoch blieb die vermeintliche Realität immer noch eine Karikatur.

Thürlemann beschreibt, wie in den Weltausstellungen in Paris (*1867*) und Wien (*1873*) zunächst einzelne Gebäude aus dem mittelalterlichen Kairo imitiert wurden, bevor man* Jahre später dazu überging in darauf folgenden Weltausstellungen »ganze Straßenzüge und Quartiere« nachzubauen. Die daraus wachsenden Städtekulissen wurden später mit Kompars*innen gefüllt, die aus den Kolonien »importiert« – das heißt verschleppt wurden –, um das Leben an diesen temporären Kulissen zu imitieren beziehungsweise eher zu verhöhnen. Die Städte- und Landschaftskulissen in den Weltausstellungen wurden zu begehbaren Themenparks, die wie Thürlemann beschreibt, das Leitmotiv der Bildwirkung verfolgten. Sie konnten dementsprechend von den mehrdimensionalen Raumprojektionen »in flächige Bilder um- bzw. zurück übersetzt werden«. Damit hatte man* erfolgreich die Abbilder der Welt, die man* einzufangen versuchte, wieder in eine maßstabsgetreue Form gebracht.

Ganz gleich wie realitätsnah diese Nachbauten von Gebäuden aus dem *Nicht-Europa* jedoch waren, egal wie detailgetreu, imposant und ausgeklügelt sie ausfielen, egal wie viele Baumaterialien und Bautechniken aus den fernen Ländereien abgebaut, gestohlen und kopiert wurden – und unabhängig davon, wie stolz Europäer*innen auf diese Bauwerke am Ende waren, sogar bis in die *Gegenwart* blieben, so verfehlten sie dennoch den vermeintlichen Anspruch, den sie zu verfolgen schienen. Sie waren alles andere als authentisch. Sie konnten es auch nie sein. Wie auch. Sie entstammten einer verzerrten Vorstellung der Welt und gaben genau dieses verzerrte Bild, ob in der Fotografie oder in der Architektur, immer wieder.

Der Raum, die Zeit und die Bewegungen, die in den Weltausstellungen inszeniert wurden, fanden wie zeitversetzt statt. Obwohl die Kulissen mit ihren Kompars*innen lebten, so war der Radius, in dem sich die Kompars*innen bewegten, die Art, wie sie sich bewegen durften, die Richtung, wohin sie sich bewegen durften, und die Zeit, in der sie sich bewegten, nicht nur stark beschränkt, sondern verfälscht. Damit sollte eine Vorstellung der Welt präsentiert werden, die die Europäer*innen über die *Jahrhunderte* für sich geschaffen hatten und die sie um jeden Preis zu wahren versuchten. Dem europäischen Massenpublikum sollte ein Erlebnis der für sie fremden Welt geboten werden, das den Bildern entsprach, die sie über die Jahre hinweg konsumiert hatten. Als sie die Eingänge der Weltausstellungen betraten, hatten viele von ihnen längst schon Vorstellungen von dem, was sie erwarten sollte. Diese sollten nicht enttäuscht werden, um zum einen den Kolonialismus erfolgreich zu propagieren und zum anderen die Profitabilität der Ausstellungen zu sichern.

Seit der Weltausstellung in London *1851* stieg das Interesse für die Ausstellungen von kolonialen Besitztümern stetig in den Weltausstellungen. Allmählich wurde der Ausstellung kolonialer Eroberungen immer mehr Raum geboten. Bei der Weltausstellung von Paris *1889* war sie schon zu einem elementaren Bestandteil des Formats geworden. Ganze Dörfer, Städte und Tempelanlagen wurden seitdem imitiert, um in der Form von kolonialen Länderpavillons den europäischen Menschen schmackhaft und nahbar gemacht zu werden. Der Hunger der weißen Menschen nach dem Fernen und Fremden war längst konditioniert worden und nicht mehr mit dem zu stillen, was in der Nähe und bekannt war. Verschiedene Themenparks entstanden so zur Unterhaltung der europäischen Massen. Auch die aus der Menageriekultur hervorgegangenen Zoos standen unter dem Einfluss dieses Begehrens.

Bei der Einrichtung von Zoos standen allerdings nicht die außereuropäischen Siedlungen von Menschen im Mittelpunkt, die im Versuch der Imitation entstellt wurden, sondern die außereuropäische »Wildnis«. Sie wurde hier zum Objekt der europäischen Begierde. Dieser Nachbau, letztlich die Herstellung einer künstlichen Natur, die das Freie ordnete und das Wilde zähmte, geschah bei der Errichtung des Elefantenhauses im Münchner Tierpark.

Die Kunsthistorikerin Christina Katharina May schreibt in ihrem Buch *Die Szenografie der Wildnis*, dass es sich bei der Zooarchitektur um den menschlichen Versuch einer »Naturrepräsentation« handle. Diese folgte der vermeintlichen Befreiung der Tiere aus den aristokratischen Menagerien nach der Französischen Revolution. Die Befreiung führte die vielen sich in europäischer Gefangenschaft befindlichen *nicht-europäischen* Lebewesen jedoch nicht in die Freiheit und an die Orte, denen sie entrissen worden waren und wo sie seither fehlten. Sie überführten sie stattdessen von kleineren Käfigen in größere. Der Gefängniswechsel bedeutete für die Tiere zum einen einen Ortswechsel, zum anderen aber auch einen Wechsel ihres Besitzverhältnisses. Sie wanderten von den Händen der europäischen Aristokratie in die einer breiten europäischen Öffentlichkeit. Somit waren die entführten und gefangenen Lebewesen nicht nur für die Unterhaltung wohlhabender und exzentrischer Menschen in Europa bestimmt, sondern dienten zunehmend dem Studium durch die breitere europäische Bevölkerung. Sie wurden Teil der sich entfaltenden Volkskunde, die ethnografische und zoologische Forschungen in den Kolonien mit den europäischen Metropolen verband und deren Bevölkerung zur Erkundung der Erde einlud – der Erdkunde.

Es wird besonders interessant, diese bildungsperspektivische Verbindung der Europäer*innen zu den fremden Tieren in zoologischen Anlagen nachzuvollziehen, blickt man* auf die sich rapide veränderte Verbindung vom europäischen Menschen zu seiner »eigenen« Natur. Diese hatte mit dem Einzug der europäischen Industrialisierung nachhaltig und schlagartig Umbrüche erlebt. Während die armen ländlichen Bevölkerungen Europas en masse in die Fabriken der wachsenden europäischen Städte getrieben wurden, veränderten sich die Städte so, dass sie weiter in das Umland griffen und sich die dortige Natur zu eigen machten. Es kam zu einer Verstädterung der Landschaften. Die Distanz vom Stadtkern zur umliegenden Natur vergrößerte sich. Im Umkehrschluss entfernte sich somit die Natur aus dem Alltag der sich urbanisierenden und industrialisierenden Bewohner*innen dieser Städte. Ihre Fenster erlaubten keinen Blick mehr ins Freie und Wilde. Ihr Alltag spielte sich zunehmend innerhalb der Parameter einer urbanen Siedlung ab.

Doch gab es seit der Industrialisierung kaum noch etwas, was als tatsächlich frei und wild hätte bezeichnet werden können. Auch die europäische Natur hatte sich mit dem technischen »Fortschritt« des Menschen irreversibel verändert. Die Natur, die übrig blieb, war dem Menschen vollkommen unterworfen. Es waren Ruinen, Erinnerungen und Ahnungen von vorindustriellen und vormenschlichen Naturen. Die vielen unterschiedlichen Landschaften der Kolonien blieben vor dieser menschlichen Abtragung der Böden ebenso wenig verschont. Zwar wurden die europäischen Kolonien nicht industrialisiert, dennoch wurden ihre Böden Wälder, Gewässer und Täler abgegraben. Sie wurden zu Rohstoffquellen abgewandelt, um sie für die vielen Maschinen der Europäer*innen nutzbar zu machen. Die Naturen der Kolonien verschwanden, um das Wachstum Europas, seiner Städte und Menschen zu gewährleisten. Mit jedem Material, das anderswo von und aus der Erde entnommen wurde, entstanden Leerstellen in Karten. Mit jedem *Zentimeter*, *Gramm* und *Milliliter*, der aus den Kolonien nach Europa verschifft wurde, um später als tonnenschwere Endprodukte, als Werkstoffe, Nahrungsmittel oder Kleidung, zurück in die Kolonien geschickt zu werden, gewannen sie an Breite, Länge, Höhe und Tiefe. Sie fraßen sich in die Landschaften, in die Körper und Zukunft der Erde. Genau jene Landschaften, die von den Europäer*innen bedroht und zerstört wurden, wurden anderswo wieder aufgebaut. Sie wurden innerhalb der Mauern der zoologischen Gärten Europas imitiert und zur Schau gestellt. Diese neu entstandenen Gehege entsprachen nun weniger Käfigen als kompletten Landschaftsparks.

Dem Schweizer Zoologen Adolf Portmann zufolge spielte bei der Planung der Gehege die eigentliche Tierhaltung »eine untergeordnete Rolle«. Vielmehr ging es um das »ethnographische Wissen«, das sich in den Bauelementen und der Landschaftsarchitektur spiegelte und eine Welt wiedergeben sollte, die nur in den Köpfen der Europäer*innen existierte. Die Wende von den kargen Käfigen der Menagerien zu den Landschaftsparks hat nach Portmann seinen Ursprung unter anderem darin, dass ein menschliches Bedürfnis nach Natur entstand – geprägt von der Entkopplung des europäischen Menschen von seiner Natur –, das sich neben der Schaffung von innerstädtischen Parkanlagen und botanischen Gärten in der landschaftlichen Gestaltung der Zoogehege auszudrücken begann. Dabei sollte nicht nur den Tieren eine Art Freiheit vorgegaukelt werden, sondern auch den Menschen. Ganze Landschaftsbilder, ob Gebirge, Wüsten, Dschungel, Savannen oder Eisberge wurden aus ihren Geschichten gerissen und inmitten europäischer Städte in verzerrten Maßstäben aus anderen Materialien und unter anderen Bedingungen aufgestellt – ob klimatischen, ökonomischen oder politischen. Mit der Konstruktion dieser künstlichen Welten und Naturen konnten sich Europäer*innen innerhalb weniger Minuten vom Alpenvorland in die Illusion einer anderen Landschaft, Geschichte und damit auch Zeit begeben. Sie konnten sich von ihrer vermeintlichen europäischen *Moderne*, der Zeit des weißen Mannes, in eine vermeintliche außereuropäische *Prämoderne*, die Zeiten der *Namenlosen*, begeben. Mit einem Besuch bewegten sie sich im Nu aus den Grenzen ihrer gebauten und gewachsenen Welt in eine andere Welt, die ähnlich gebaut und begrenzt war, doch für sie eine Unendlichkeit, Freiheit, Wildheit – und damit Rückständigkeit – vermittelte.

Mit der Gestaltung der Zoos setzte sich ein Prozess fort, der heute als Disneyfizierung der Welt bezeichnet wird. Der Begriff, der in den *1990er*-Jahren vom Sozialwissenschaftler Alan Bryman geprägt wurde und heute vor allem in der Soziologie und Stadtplanung zur Verwendung kommt, beschreibt die Globalisierung von Orten, Räumen, Landschaften, die als beziehungsweise zu idealisierte(n) und kommodifizierte(n) Motive(n) aufgezogen oder umgestaltet werden. Diese leben danach weiter als prof*itorient*ierte Schaukulissen wie die Disneylandparks und die vielen dem Massentourismus zum Opfer gefallenen Orte der Welt. Zunächst dienten sie jedoch als kulturpolitisches Propagandamittel, um den Konsum der europäischen Massen zu befriedigen – egal ob in den Kolonialmetropolen oder den Siedler*innenkolonien. Selbstverständlich reicht dieser Prozess weiter zurück als die Planung und der Bau des ersten Disneyland Parks der Welt in den *1950er-Jahren* im ehemaligen Hutuukuga des Tongva Volks, was heute als *Anaheim* im südlichen *Kalifornien* bekannt ist. Dieser, so wie alle nachfolgenden Vergnügungsparks, steht in einer kulturhistorisch und designpolitischen Genealogie mit den im *19. Jahrhundert* florierenden europäischen Vergnügungsparks, beispielsweise dem *1843* in Kopenhagen eröffneten Tivolipark. Sie verbinden die Anfang des *19. Jahrhunderts* entstandenen europäischen Unterhaltungsindustrien und -orte miteinander, die ähnlich wie die europäische Wirtschaft mit den kolonialen Expansionen an Boden und Imaginationen gewann. Damit wurde die Grenzlinie zwischen europäischer Kulturproduktion und europäischem Kolonialismus erfolgreich verwischt. Portmann beschreibt Zoos als Befriedigungsorte verschiedener europäisch-menschlicher Bedürfnisse, darunter auch dem der Unterhaltung. Dieses Bedürfnis erwuchs aus den sich in der Industrialisierung veränderten Arbeitsverhältnissen, Lebensweisen und Verhältnissen von Mensch zu Natur sowie dem Konzept der Freizeit, das mit der Industrialisierung aufkam. Die Zeit zwischen der nunmehr lebensnotwendigen Lohnarbeit und dem körpernotwendigen Schlaf musste genutzt werden. So entwickelte sich die Massenunterhaltung, die sich aus den Unterhaltungskulturen der Aristrokratie und anderer Eliten, in ein Massenphänomen verwandelte. Die Zoos Europas und der europäischen Siedler*innenkolonien waren Teil dieser Industrie und Kultur.

Die Landschaftsarchitektur der europäischen Zoos steht laut der Kulturhistorikerin May »in der Tradition der Landschaftsgärten«, die ähnlich wie botanische Gärten und Museen »wissenschaftlich angeleitete Sammlungen« bilden. Als solche förderten sie die Erkundung der Welt durch das europäische Volk. Sie verfolgten bestimmte Ordnungslogiken, die sich in der Art zeigen, wie verschiedene Lebewesen physisch in eine Beziehung gesetzt wurden. Die vorgegebene räumliche Ordnung leitet insofern an, als dass sich nach ihr Vergleiche zwischen den Tieren ziehen lassen, die schon vorgegeben wurden und somit einer bestimmten Vorstellung folgten. Die jeweiligen »Schwerpunkte« und »Systematiken« in Zoos sind nach May abhängig »vom sozialen und wissenschaftshistorischen Verständnis biologischer und ökologischer Ordnungen, die auch gesellschaftliche Strukturen und ideelle Gewichtungen abbilden«. Somit ergibt sich ein Raumverhältnis, das Einblicke in den politischen, sozialen und ökonomischen Geist der Stunde erlaubt. Wer weshalb, warum mit wem wo wann und wie im Zoo stand, gibt uns mehr Aufschluss über das Verhältnis vom europäischen Menschen zur Welt als über die Natur, die ausgestellt wurde.

Artenschutz ist heute das wichtigste Argument für das Betreiben von Zoos. So wird der Fortbestand von Zoos trotz vieler moralischer und ethischer Bedenken damit begründet, dass Zoos helfen würden, den Fortbestand von bedrohten Tierarten zu sichern. Doch zu welchem Preis? Und für wen genau?

***

Das Bild, in das wir nicht passten, ist ein Bild, das in gewisser Weise schon vorgezeichnet wurde. Es wurde schon vor unserem Betreten des *Elefantenhauses* im Tierpark Hellabrunn sorgfältig skizziert. Damit wurde es auch antizipiert. Die Bühne für dieses Aufeinandertreffen wartete jeden Tag aufs Neue darauf, dass Menschen durch die Tore dieses zoologischen Gartens hindurchschritten und dieses Bild vervollständigten. Beim Durchlaufen dieser Anlagen betreten Besucher*innen eine elaborierte Schaubühne, die sich in der Gestalt eines Gartens und damit der Idee einer Natur, einer Natürlichkeit, präsentiert. Sie werden dadurch, ob sie wollen oder nicht, zum Teil eines Schauspiels, das das vermeintlich Zivilisierte von dem vermeintlich Primitiven zu trennen versucht und eine Bühne für dieses Verhältnis, für dieses Denken und für diese Sicht schuf. Die Füße der menschlichen Besucher*innen, die den vorgegebenen Laufrichtungen folgten, gaben damit einer Logik, Pädagogik und Politik nach, die der Zoo – wie die Museen und Weltausstellungen mit dem Bau und dem Design der Anlagen – schon vorprogrammiert hatte.

Die Pfade, die sie heute noch immer entlanglaufen, sowie die Räume, die sie betreten, und die Blickrichtungen, die sie willig einnahmen, spiegelten eine Perspektive auf die Welt und das Erleben ebendieser wider, die mit jedem Schritt und jedem Blick tiefer in die Gefühle der Menschen eindringen und sich damit immer wieder selbst verwirklichen. Beim Durchlaufen realisiert sich diese Welt und wird aus diesem Raum hinaus in die Weite der Welt getragen. Die Pfade entsprechen einem Planungsgedanken, der sich nicht nur in der Architektur des Ortes ausdrückt, sondern auch in der Architektur des Geistes. Er lässt auf eine bestimmte Sicht auf das

»Primitive« schließen, und der Kameramann handelte nach der vorgegebenen Logik des Ortes, im Sinne der Gestalter*innen.

Er setzte ein Bild, das längst vor seiner Anwesenheit im Raum existierte, mit – zumindest teilweise – neuen Protagonist*innen *anders* in Szene. Damit individualisierte er es und differenzierte es dennoch nur in seinen Nuancen. Beim schnellen Durchgehen der Bilder zeigte es kein wirklich neues Motiv. Abgesehen von der Perspektive des Bildes stach es weder in dem Album, in dem es sich befand, heraus, noch war es außerhalb dieser Ordnung als außergewöhnlich erkennbar. Es reihte sich stattdessen in eine Seh- und Dokumentationsgewohnheit ein, die viel älter war als die Menschen, die im Gehege gefangenen Elefant*innen, der Mensch, der den Auslöser bediente, die Menschen, die vor dem Objektiv stehen, und selbst der Raum, der diese Szene erst ermöglichte.

Auf dem Foto ließ sich Amma weder von der Kamera noch dem Kameramann hinter ihr stören. Sie hatte keine Augen für die Welt hinter ihr.

Es war *Jahrzehnte* her, seitdem Shanthynee zuletzt eine*n lebende*n Elefant*in vor sich hatte stehen sehen. Mit der europäischen Kolonialisierung war die Zahl der Elefant*innenbevölkerung auf der Insel stark zurückgegangen. Zuletzt hatte die britische Kolonialmacht die Tierbevölkerung fast ausgerottet. Diese Massentötung von Elefant*innen ist mit dem Beginn der Kaffee- und Teeplantagenwirtschaft auf der Insel verknüpft, die schon 1780 unter den Niederländer*innen begonnen hatte und später von den Brit*innen intensiver fortgeführt wurde. Für diese versuchten Europäer*innen, verschleppte Pflanzensamen aus *Yemen* und *China* in den fremden Boden zu pflanzen und die Landschaft nach ihren Wünschen und Interessen zu formen. Zu diesem Zweck rodeten sie Tausende *Quadratkilometer* von fruchtbarem Dschungel, um Raum für diese Plantagenwirtschaft zu schaffen. Sie nahmen sich diesen Raum im Sinne ihrer wirtschaftlichen Interessen.

Sie zerstörten damit gleichzeitig die Heimat unzähliger Dschungeltiere, die plötzlich vor den Machenschaften der weißen Menschen fliehen mussten. Die Brit*innen blieben jedoch nur die Befehlshaber*innen dieser Zerstörungen. Für das eigentliche Roden wurden indigene Menschen instrumentalisiert. Zu den Leidtragenden dieser kolonialen Landwirtschaft gehörten auch Tausende indigene Elefant*innen. Diese bevölkerten die Inseln schon damals weit über die Küsten des Landes hinaus. Doch waren sie für die europäischen Menschen plötzlich nicht mehr von Nutzen. Waren sie ihnen zuvor noch ein beliebtes Arbeitstier gewesen, standen sie ihnen und ihren wirtschaftlichen Interessen nun im Wege. Obwohl die Elefant*innen selbst auf der Flagge der britischen *Kronkolonie Ceylon* einen prominenten Platz fanden und Regierungsgebäude in der Hauptstadt zierten, störten sie mit dem Aufkommen der kolonialen Plantagenwirtschaft den Expansionsdurst der britischen Monarchie. Es begann eine Jagd auf die Lebewesen, der über die *Jahrzehnte* Zehntausende Elefant*innen grausam zum Opfer fielen. Um mehr Anreize zum Töten der gegenüber den Menschen körperlich überlegenen Lebewesen zu schaffen, setzten die Brit*innen Kopfgelder auf Elefant*innen aus und machten so aus dem Töten einen Sport, dem vor allem die britischen Siedler*innen eifrig nachgingen. Das Wüten der weißen Männer führte dazu, dass am Ende des *19. Jahrhunderts* nur noch ungefähr 45 % der einheimischen Elefant*innenbevölkerung am Leben war. 65 % von ihnen waren ermordet. Ihre Bevölkerung war vom Aussterben bedroht.

Als *1937* schließlich der Staatsrat von *Ceylon*, ein Selbstverwaltungsapparat der Kolonisierten, die Fauna-und-Flora-Gesetzgebung verabschiedete, versuchte er damit diesem kolonialen Töten ein Ende zu setzen. Er stellte die bedrohte Elefant*innenbevölkerung unter Staatsschutz, der ihr unmittelbares Überleben vor dem Treiben der Menschen sichern sollte und ihnen Rechte verlieh, die wiederum Menschen bestimmten. Dieser Schutzstatus gilt bis heute in *Sri Lanka* und beinhaltet unter anderem die Todestrafe für das Töten jener Tiere. Wenige Monate nachdem das Fauna-und-Flora-Gesetz *1937* in Kraft trat, folgte die Gründung der ersten modernen Nationalparks der Insel. Ziel dieser Parks war die »Präservierung« der Natur, das heißt der »Schutz« der Natur vor dem Menschen selbst. Die Tiere wurden dafür in offene Gefängnisse verdrängt, in denen sie nun nach Vorstellungen der Menschen »gedeihen« sollten und zu einer touristischen Attraktion wurden, mit der sich der Staat bis heute schmückt und daran prächtig verdient.

Das erste Mal, das Shanthynee eine*r Elefant*in begegnete, war jedoch weder in der vermeintlich freien Natur eines der vielen Nationalparks, die mittlerweile das Staatsterritorium der Insel bedecken, noch im Dschungel des Wannis oder im Tempeldienst in Yaazhpanam. Es war in einem Zoo in der *südlich* gelegenen Hauptstadt. Sie war drei *Jahre* alt, als sie *1962* mit ihrer Familie den Zoo im Vorort von *Colombo*, in Dehiwala, besuchte. Der Dehiwala-Zoo war einer der ältesten, ersten und *modernsten* Zoos in der Region. Er reihte sich in eine Liste von Zoos ein, die sich seit der Eröffnung des ersten Zoos in dieser *Kolonialregion*, des *Victoria Memorial Park and Zoological Garden 1901* in *Rangoon (*heutiges *Yangon)*, verbreiteten. Die Tore des Dehiwala-Zoos öffneten sich *1936*, also 26 *Jahre* vor Shanthynees Besuch und Monate bevor das Tierschutzgesetz für Elefant*innen in Kraft trat.

Obwohl der erste Zoo *Britisch-Ceylons* seine Pforten offiziell *1936* eröffnete, geht sein Ursprung weit über das Jahr *1936* hinaus. Er reicht in das Jahr *1923* zurück, als der Halbbruder des Hamburger Menschen- und Tierhändlers Carl Hagenbeck, John Hagenbeck, die *Ceylon Zoological Gardens Company gründete*. Damals hatte John Hagenbeck schon seit Jahren für das Familienunternehmen gearbeitet und dafür massenhaft Lebewesen aus den Kolonien exportiert, die Carl Hagenbecks Ausstellungs- und Zookonzepte europaweit bedienten. Auf diesem Weg wurde er als 18-Jähriger *1884* erstmals nach Colombo geschickt, um von dort die berühmten *Ceylon*-Elefant*innen nach Übersee zu verschiffen. Ihre Destination war das weit entfernte Deutsche Reich, wo Hagenbeck mit viel Aufwand den Voyeurismus und das nicht zu sättigende Konsumverhalten der kolonialbegeisterten Deutschen in Zoos bedienen wollte. So stammte auch die*der erste*r Elefant*in des Berliner Zoos aus der Insel British Ceylon.

Kurz nach der ersten erfüllten Mission kehrte John Hagenbeck nach *Britisch-Ceylon* zurück, wo der Deutsche anfing, Teeplantagen im Hochland zu betreiben und nebenbei seinen Handel mit kolonialisiertem Leben freudig weiterzuführen. Damit war er aktiv an der kolonialen Zerstörung der Tierheimat beteiligt und gleichzeitig auch in der Versklavung der fliehenden Menschen, die auf seinen Teeplantagen keinen Platz mehr fanden. Einige von ihnen fanden sich in der Hauptstadt wieder, von wo aus sie auf eine lange Reise in die Welt geschickt wurden. Die *1923* von John Hagenbeck gegründete *Ceylon Zoological Gardens Company* war nichts anderes als der eigentliche Wartebereich der Lebewesen, eine Art Gefangenenterminal der Tiere. Dort warteten sie auf ihre anstehende Verschleppung ins Deutsche Reich, das erst *wenige Jahre zuvor (1919)* seine letzten Kolonien abtreten musste und seither keinen eigenen Zugang mehr in die Tropen mit ihren Leben und Naturen hatte.

Der Deutsche Händler in der britischen Kolonie, der wie viele andere Europäer*innen in den britischen Kolonien erfolgreich Geschäfte führte, machte gewissermaßen aus dem Warten der Gefangenen einen Erlebnispark. Dieser wurde zum ersten Zoo der Kolonie und sorgte für eine zusätzliche Profitmaximierung Hagenbecks. Auch das Warten sollte sich auszahlen. Als Adolf Hitler *1933* schließlich an die Macht kam und Spannungen zwischen dem Britischen Imperium und dem Nazi-Imperium aufkamen, änderte sich die rechtliche Lage von deutschen Staatsangehörigen in britischen Kolonien. Die weißen, die im Angesicht der revoltierenden indigenen Bevölkerungen oft zu solidarischen Kompatrioten wurden, waren plötzlich in den Kolonien unerwünscht. Ihr Besitz wurde nach und nach liquidiert und verstaatlicht. So kam es auch, dass Hagenbeck während des zweiten großen Imperialen Krieges des 20. *Jahrhunderts* die Insel verlassen musste und seine Firma *Ceylon Zoological Gardens Company* von London aufgelöst wurde. Die vielen Tiere, die er bei seiner Heimfahrt zurücklassen musste, die im Wartesaal vergessen wurden, gingen in den *1936* gegründeten Dehiwala-Zoo über. Dieser stand in der Tradition des Hagenbecker Zoos und war damit einer der ersten Zoos auf Kolonialgebiet, in dem Tiere innerhalb von Menschen geschaffenen Landschaften gehalten wurden, die ihre Annahmen über tierische Habitate widerspiegelten.

Als Shanthynee *1962* den Dehiwala-Zoo besuchte, wurde die Familie aus Yaazhpanam mit dem Durchschreiten des Eingangstors Teilhabende einer europäischen Idee der *Modernität*. Sie wurden damit zu vermeintlich *modernen Menschen*. Die europäische Propaganda der *Modernität* hatte bis dahin schon weite Teile der Kolonialisierten und Ehemals-Kolonialisierten von ihren gerodeten Naturen erfolgreich entkoppelt. Viele ihrer indigenen Beziehungen zu ihrer vorkolonialen Umwelt existierten so nicht mehr. Nach mehr als 400 Jahren brutaler europäischer Kolonialisierung war das Wissen und waren die Erinnerungen genauso geschädigt, wie die Naturen selbst. Die Inselbewohner*innen waren entfremdet von ihrer Flora und Fauna und gingen nun in Zoos inmitten von Städten, um die Naturen zu sehen, die einmal Teil ihrer unmittelbaren Umgebung waren.

Während Shanthynee im Nachtbus über den *Elefantenpass* in Richtung *Colombo* fuhr, waren das aber nicht die Gedanken, die sie trieben. Ohne Uhr zählte sie in ihrem Kopf die *Minuten*, um zu den *Stunden* zu gelangen und daran ein Gefühl dafür zu erlangen, wie viele *Kilometer* sie hinter sich gelegt hatten und wie viele *Kilometer* noch vor ihnen lagen. Am frühen Morgen kam der Nachtbus aus Yaazhpanam endlich in *Colombo* an. Die Tamil*innen verstreuten sich schnell in alle Richtungen. Als Shanthynee einen Tag später am Boarding Gate für den Flug nach Moskau stand, begegnete sie einigen ihrer Mitpassagiere vom Vortag. Nun saßen sie ängstlich in einer Tupolev TU-154 der sowjetischen Aeroflot. Das Flugzeug war voll mit Tamil*innen, die sich ähnlich wie Amma aus einer Ungewissheit in eine andere begaben.

3

zu elefant*innen

Die Begegnung im *Elefantenhaus* Anfang der 1990er-Jahre war für mich das erste Aufeinandertreffen mit realen Elefant*innen. Auch wenn mir Elefant*innen als Kind nicht fremd waren, so war es ein ungewöhnliches Gefühl, vor realen, atmenden, sich – wenn auch nur eingeschränkt – bewegenden Elefant*innen zu stehen. Es fühlte sich unmittelbar anders an, sie in ihrer körperlichen Gesamtheit wahrzunehmen, ihren Körper theoretisch berühren zu können, als ihnen in abstrakter Form abgedruckt auf sri-lankischen Briefumschlägen, im tamilischen Alphabet, in Sprachbildern oder als Statuen im Schrein zu begegnen. Es fühlte sich anders an, sie nicht mehr in den Händen halten zu können, ihre Konturen nicht mehr mit meinen kleinen Zeigefingern nachzeichnen zu können.

Ich erinnere mich, dass mir die drei Elefant*innen im Tierpark Hellabrunn damals wie aus einer anderen Welt vorkamen. Ich hatte Schwierigkeiten, ihre Präsenz und ihre Wirklichkeit mental und emotional einzuordnen. Ich konnte sie weder an dem Ort, an dem wir uns begegneten verorten, noch anderswo. Sie schienen wie aus einer anderen Zeit. Offensichtlich stammten sie nicht von hier. Was machten sie also hier? Sie sprengten den Rahmen meiner materiellen Beziehungen, meines Gefühls für den Ort, an dem ich mich befand, und die Zeit, in der ich mich bewegte. Sie waren nichts, was ich aus dieser Landschaft kannte, in der ich lebte. Sie waren nicht aus meiner *Gegenwart*. Sie schienen wie eine Erinnerung an eine andere Zeit, ein Bruch im menschlichen Zeitgefüge, ein Durcheinandergeraten der Ordnungen.

Auch wenn ich damals gerade einmal sechs, sieben, vielleicht sogar acht Jahre alt war, erinnere ich mich noch genau an diesen Moment, mehr noch, an dieses Gefühl, das die Begegnung in mir verursachte. Die vor mir stehenden Elefant*innen waren viel größer als alle Lebewesen, denen ich bisher begegnet war. Sie waren größer als meine tamilischen Eltern, größer als die groß gewachsenen weißen Menschen, neben denen mir meine Eltern manchmal wie Miniatur-Erwachsene erschienen und die mir bisweilen das Gefühl gaben, als wären wir Teil einer anderen Spezies. Sie waren größer als die Delfine im Nürnberger Zoo oder sogar der mythische Fuchur aus den Bavaria Filmstudios. Sie waren größer als alles Leben, das mir zuvor begegnet war, und dennoch standen sie vor mir eingesperrt in einem Raum. Um sie herum Wände, über ihnen das Dach, vor ihnen ein Graben und an ihren Füßen Ketten, unfähig, ihren eigenen Schatten auf etwas anderes zu werfen als innerhalb dieser Begrenzungen.

Mein Körper war damals kleiner als die Beine der Elefant*innen, selbst die der kleinsten Elefant*in. Ich hätte mich sehr einfach hinter ihnen verstecken und unsichtbar werden können. Ich hätte auch von den gleichen Beinen zertrampelt, unter ihrem Gewicht langsam zerdrückt und zum Teil der leblosen Landschaft unter ihnen gemacht werden können.

Ich hätte mich aber genauso an ihre Beine klammern, sie wie einen Baumstamm umarmen können und mit ihnen in ihrem Gefängnis umherwandern können; die Grenzen dieses Raumes durch ihre Körper besser verstehen können. Vielleicht hätte ich ihnen helfen können, sich von den Ketten, die an ihren Hinterbeinen angebracht waren, zu befreien. Ich hätte vielleicht neben ihnen angekettet stehen können, auf der anderen Seite des Zoos, an ihrem Platz im Zoo. Nun stand ich aber wenige *Meter* entfernt, auf der anderen Seiten des Grabens, ohne Ketten und ohne eine Möglichkeit, dass sich unsere unterschiedlich großen Körper tatsächlich berührten. Stattdessen kreuzten sich unsere Blicke.

***

In einem Essay für das indische Kulturmagazin *Caravan* schrieb der Historiker Nikhil Menon darüber, wie im Winter *1953* – also sechs Jahre nach der Teilung und Unabhängigkeit *Indiens* – der damalige indische Premierminister Jawaharlal Nehru einen ungewöhnlichen Brief erhielt. Der Brief war mit der wackligen Handschrift eines fünfjährigen Kindes geschrieben. Der weiße Junge aus dem ländlichen sogenannten *Kanada* – einer weiteren ehemals britischen Teilkolonie – bat darin den indischen Premierminister darum, ihm einen Elefanten für seinen kanadischen Kleinstadtzoo zu schicken. Die Eröffnung für den Zoo war für das gleiche Jahr geplant. »Sie haben doch so viele und können sicherlich einen für uns ausgraben«, schrieb der Junge, der naiv zu glauben schien, dass Elefanten unterhalb der Erde leben und aufwachsen würden.

Zwei Jahre nach Erhalt dieses Überseebriefs erreichte tatsächlich ein zwei bis drei Jahre altes Elefantenbaby den neu eröffneten Zoo von *Granby, Quebec*. Das Elefantenbaby, das später in einem eigens für es ausgebauten Areal gefangen gehalten werden sollte, hieß bei seiner Ankunft *Ambika*, benannt nach der hinduistischen Göttin Durga. Die Elefant*in kam im Provinzzoo als »Geschenk der Kinder Indiens« an die Kinder *Granbys* an. Die Geschichte der ungewöhnlichen Anfrage des fünfjährigen Kindes wurde schnell zu einer Pressesensation, die Kinder und Erwachsene weltweit in Begeisterung versetzte. Sie führte zwangsläufig dazu, dass etliche Briefe mit ähnlichen Anfragen wie der des damals fünfjährigen europäisch-kanadischen Jungen, in der *indischen* Hauptstadt eintrafen. Nicht nur die Kinder aus *Granby* wünschten sich eine*n Elefant*in für ihren Zoo, sondern offenbar Menschen weltweit.

Die Geschichte *Ambikas* stellte für Nehru und seine Regierung einen großen Erfolg dar. Denn Ambikas Sendung war weder Zufall noch reinem Altruismus geschuldet. Dahinter steckte politisches und ökonomisches Kalkül. Menon erklärt in seinem Essay von 2019, dass der bitterarm und traumatisiert von den Brit*innen zurückgelassene neue indische Staat seinen Platz in der strammen Weltordnung des Spätkolonialismus und Kalten Krieges erst finden musste. Die Regierung des jungen Staatsgebildes verfolgte die Ambition, sich sozialistisch, säkular sowie blockfrei zu *orient*ieren und verschrieb sich gleichzeitig der Freund*innenschaft der Völker. Das Verschenken von Elefantenbabys wurde als Teil dieser politischen Ausrichtung verstanden und zu einer diplomatischen Strategie ausgebaut. Es sollte *Indien* auf der Weltbühne den Ruf einer großzügigen und freundlichen Nation verleihen.

Nehrus Regierung hatte mit diesem diplomatischen Schachzug vor allem unter den sogenannten *Zivilbevölkerungen* reicherer Länder großen Erfolg, speziell in den Gesellschaften der Kolonialmächte und ihrer vielen weißen Siedler*innenkolonien (*Kanada, USA, Australien, Argentinien* usw.). Diese *Elefant*innendiplomatie* – oder eher die Gefangennahme und Verschleppung von Elefant*innen für diplomatische Zwecke, war keinesfalls eine neue politische Erfindung von Nehrus Regierung. Sie reihte sich ein in eine mehrere tausend Jahre alte Geschichte der Verbindung von menschlicher Herr*innenschaft und der Unterwerfung sowie der Ausbeutung von Tieren, insbesondere Elefant*innen. Gleichzeitig zementierte die *moderne Elefant*innendiplomatie* den exotisierenden Blick auf den *Subkontinent*, der schon lange zur europäischen Norm und Tradition gemacht wurde. Dies geschah wie bereits erwähnt unter anderem mit Kolonialpostkarten, -briefen, -tagebüchern, -studien aber auch in der Literatur, beispielsweise Rudyard Kiplings *Dschungelbuch* von *1894*. Ambika war, wie viele tausende Elefanten vor ihr, zu einem Werkzeug der Macht geworden.

Die Elefant*in wurde schnell zum Maskottchen des neuen Pronvinzzoos. Die rege Berichterstattung über sie, die die geradlinigen Grenzen des *Nordens* Abya Yalas durchdrangen, lockte Tausende von Besucher*innen in den Zoo. *Ambika* wirkte wie ein Magnet auf die weiße *kanadische* Siedler*innengesellschaft der 50er-Jahre, für die die Naturen des *nördlichen* Abya Yalas mit all ihren Lebewesen zwar unbekannt, aber nicht mehr fremd genug schien. Ihr voyeuristisches Bedürfnis nach noch fremderen Leben aus noch fremderen Landschaften und Kulturen musste anders gestillt werden.

Ambika, die Elefant*in aus dem fernen Kerala, entpuppte sich als eine lukrative Einnahmequelle für den *kanadischen* Zoo und die Stadt *Granby*.

Ambikas Gefangennahme und Zurschaustellung bedeutete daneben einen Gewinn für alle anderen Beteiligten: ob für den fünfjährigen Jungen, die damalige Regierung *Kanadas* oder die Nehrus. Die Geschichte *Ambikas* lebt auch heute noch in vielen Schulbüchern *Indiens* weiter und wurde 2021 sogar in einem *indischen* Kinderbuch namens *Uncle Nehru, Please Send An Elephant!* veröffentlicht, das in 8 der 22 offiziellen Landessprachen *Indiens* übersetzt wurde. Heute ist diese Geschichte Teil einer postkolonialen Erzählung und spiegelt das Selbstbild wieder, das das junge *Indien* in die Welt senden wollte: das einer neutralen, freundlichen, offenen und großzügigen Nation. Doch wem gegenüber?

Als ich im Kindesalter den Elefant*innen im Tierpark Hellabrunn gegenüberstand, hatte meine Körpergröße und Körperform Einfluss auf meine Perspektive und mein Erinnerungsvermögen. Sie war vielleicht sogar ausschlaggebend dafür, wie sich die Tiere in mein Gehirn einschrieben, wie viel Raum sie in meiner Erinnerung einnahmen. Meine Perspektive beeinflusste mein Verhältnis zu meiner Umwelt, mein Empfinden für die Welt. Größen und Formen, die meinen Körper überschritten, faszinierten mich. Und auch für größere Menschen waren Elefant*innen massiv und fremdartig genug, um das Bedürfnis zu verspüren, sie mit großem Aufwand verschleppen, ausstellen und studieren zu müssen. Es verstärkte ihr Verlangen danach, sie berühren, besitzen und sich selbst unterordnen zu wollen. Wie im Beispiel der *indi-*

schen Elefant*innendiplomatie ist diese menschliche Faszination an Elefant*innen eng mit ihrer Ausbeutung durch Menschen verknüpft.

Die Größe von Elefant*innen beeinflusst ihre Beziehungen zum Menschen und andersherum. Sie setzt die einzelnen Körperpartien dieser Lebewesen in ein Verhältnis: ob Rüssel zu Nase, Bein zu Bein, Ohr zu Ohr, Herz zu Herz oder Gehirn zu Gehirn. Sie ermöglicht Vergleiche und Unterscheidungen, die oft, zumindest auf menschlicher Seite, zu Urteilen und (gewaltvollen) Handlungen führen. Europäische Menschen erinnern diese Körper, die sich von ihnen darin unterscheiden, dass sie weit über ihre eigenen Maße hinausgehen, an das eigene untergeordnete Verhältnis zur Natur. Es sind Körper, die mit ihnen konkurrieren und sie mit Leichtigkeit an ihren Ort im Habitat weisen, sie verletzen oder gar zerstören könnten, oft bedrohliche Körper. Und diese gilt es zu unterwerfen, ganz gleich ob das im Menschen verspürte Aggressionspotenzial der anderen real oder imaginiert ist, ganz gleich ob es von Menschen provoziert, gesteuert und antizipiert wurde.

Die Größe von Elefant*innen im Vergleich zu vielen anderen Tieren erlaubt den Menschen darüber hinaus etwas anderes: in ein direkteres Verhältnis zu ihren Augen zu treten. Die Körpergröße der Tiere lässt zu, dass man* sich auf einer gewissen Augenhöhe begegnet; einer Höhe, die zwar nicht gleich ist, es dem Menschen aber dennoch erlaubt, ohne Anstrengung und technische Beihilfe, einen Einblick in die Augen und damit die Gefühle ihres Gegenübers zu erhalten. Sie ermöglicht einen Blick in ein anderes Leben, eine andere Welt und eine andere Erinnerung. Schon George Orwell sah sich mit diesem menschlichen Dilemma konfrontiert, durch den Blick in die Augen der Elefant*in vielleicht einen Zugang in ihre Gefühlswelt zu erlangen. Womöglich war es sogar eher ein europäisches Dilemma, das heißt eines, das Menschen betraf, die nicht an Orten lebten, an denen Elefant*innen vorkamen.

Der *19-jährige* George Orwell landete *1922* aus England kommend in der britischen Kolonie *Birma*. Das Land stand zu diesem Zeitpunkt seit mehreren *Jahrzehnten* unter europäischer Fremdherr*innenschaft; manche Landstriche schon seit fast einem *Jahrhundert*. Dementsprechend waren bereits mehrere Generationen der Bewohner*innen in dieser Region als Untergebene der britischen Krone zur Welt gekommen und konnten sich selbst womöglich an keine Zeit vor der des weißen Mannes erinnern. Auch Orwells Erinnerungen waren geprägt von dieser kolonialen Zeit, denn seine Familie war eng verstrickt in die britischen Kolonialmachenschaften. Der junge Brite wurde zur *Jahrhundertwende* als Sohn eines englischen Opiumbeamten und einer englisch-französischen Erbin eines Teakholzimperiums geboren. Nicht etwa in London oder Birmingham, sondern in Motihari, in einem der heute ärmsten Bundesstaaten in Bihar, *Nordindien*. Auch der als Eric Arthur Blair geborene George Orwell erinnerte sich an keine Zeit vor der des weißen Mannes.

Zum Zeitpunkt von Orwells Geburt umfasste *Britisch-Indien*, mit wenigen territorialen Ausnahmen, den gesamten sogenannten *indischen Subkontinent* und seine Ozeane. Das Kolonialreich vereinte mit Gewalt Hunderte Millionen von Menschen, Kulturen und Geschichten, die oft Tausende *Kilometer* voneinander entfernt lagen und dennoch Teil eines neuen

Staatskonstrukts wurden: dem *Britisch-Raj*, das formell aus *Delhi*, aber eigentlich aus dem weit entfernten London gesteuert wurde. Von Trivandrum, im heutigen *sündindischen* Bundesstaat Kerala, bis Kathmandu im heutigen *Nepal*, von Gwadar, im heute von *Pakistan* okkupierten Teil Belutschistan, bis zu der noch immer zu *Indien* gehörenden *Nikobaren*-Inselkette, die näher an Thailand gelegen ist als an *Indien*, sie alle waren unter Zwang unter einer englischen Krone vereint worden. Zu diesem *transkontinentalen* Regierungskonstrukt gehörte auch die Kolonie *Birma* am *östlichen* Ende des *Britisch-Rajs*. Die multiethnische Bevölkerung des rohstoffreichen Landstrichs, der heute als *Myanmar* bekannt ist, wurde zuvor von der mächtigen Kongbaung-Dynastie beherrscht, die *1885* im Dritten *Anglo-Burmesischen Krieg* gestürzt und ins Exil verbannt wurde. Nach der Unterwerfung wurde *Birma* zu einer Teilprovinz der britischen Kronkolonie *Indien* erklärt.

Orwell war also in einem Teil *Britisch-Indiens* geboren, um später, nach der Rückkehr der Familie nach Großbritannien, in einen anderen Teil der gleichen Kolonie entsendet zu werden. Obwohl er Ozeane überquerte, um an seinen Arbeitsort zu gelangen, befand er sich auch dort an einem Ort unter der gleichen Flagge und Krone – 9101 *Kilometer* von London entfernt.

Nach seinem Abschluss an der englischen Eliteschule Eton, die bis heute die regierenden Klassen des Landes ausbildet, entschied sich der junge Orwell *1922* gegen ein Studium und bewarb sich stattdessen auf eine Stelle als Polizist in der Imperialen Armee in *Birma*. Wenig später trat der Sohn von europäischen Kolonialist*innen die Reise an, um sich in der

Kolonie zum Polizeikommissaranwärter ausbilden zu lassen. Er blieb bis *1927* in dieser Teilprovinz des *Britisch-Rajs*, wo viele seiner europäischen Verwandten noch lebten und wo sie von der Unterdrückung der Kolonialisierten profitierten.

Orwell war während seiner Zeit in *Birma* in der heutigen Küstenstadt Mawlamyine stationiert, die von den Brit*innen in *Moulmein* umbenannt und bis *1852* zur ersten Hauptstadt der britischen Kolonie erklärt wurde. Die Anwesenheit des jungen britischen Polizisten kam einer wandernden Erinnerung an die bestehenden Machtverhältnisse gleich: die Herr*innenschaft aus der Ferne und die Ohnmacht in der Nähe. Orwell patrouillierte auf Straßen, überwachte Gefangene und schützte den Kolonialstaat, seine Ökonomie und das Leben der vielen europäischen Siedler*innen. Seine Zeit in der Kolonie überschnitt sich mit der Geburt der noch heute herrschenden Queen Elizabeth II., die *1926* zur Welt kam und *1952* zum Kopf dieses damals langsam in sich zusammenfallenden Kolonialreichs erklärt werden würde. Zu diesem Zeitpunkt würde weder Orwell am Leben, noch *Birma* weiterhin eine britische Kolonie sein.

Wenngleich Orwell dieses Gewaltsystems aktiv stützte, er Großbritannien in der Kolonie durch seinen Körper, seine Uniform und seine fremde Sprache vertrat, empfand er doch gleichzeitig Abscheu für dieses System, zu dem er gehörte. Er trug einen inneren Konflikt aus. Zum einen verachtete er die Tyrannei der Kolonialist*innen im *Britisch-Raj*. Zum anderen löste der Hohn, der sich oft in einem Lächeln ausdrückte, mit dem die Kolonialisierten den Kolonialisierenden begegneten und mit dem sie ihren Missmut gegen die Fremdherr*innenschaft zum Ausdruck brachten, eine gefühlte Demütigung in ihm aus, die sich in Rage wandelte, sodass er Gewaltfantasien gegen die Kolonialisierten zu hegen begann. Er beschrieb diese Tötungsgelüste als »normales Nebenprodukt des Imperialismus«, als Teil von dessen Tyrannei. Seit Beginn der unterschiedlichen europäischen Kolonialunternehmungen waren die unzähligen Kolonialist*innen so sehr von der eigenen Überlegenheit überzeugt, dass die Kolonialisierten nicht viel tun mussten, um als subversiv zu gelten. Sie mussten im Grunde nur existieren, um als Problem betrachtet zu werden. Mit einer simplen Handlung, etwa einem Lächeln in einem Moment, in dem die Europäer*innen es für unangemessen hielten, es als Spott aufnahmen, forderten sie die Europäer*innen heraus und drohten in deren Augen das Machtgefälle zwischen den Kolonialisierenden und den Kolonialisierten psychologisch zu kippen. Ein Lächeln wurde dabei schnell zu mehr als einer unbedarften Gesichtsregung. Es wurde zu einem Akt der Respektlosigkeit erklärt, einer Rebellion, die nur mit Gewalt zu zähmen war.

Orwells Rage führte jedoch nicht zur Bestrafung von menschlichen Kolonialsubjekten. Stattdessen ermordete er während seiner Zeit in *Britisch-Birma* eine*n Elefant*in. Diesen Mord verarbeitet er in dem autobiografischen Essay *Einen Elefanten erschießen* (1936). Der Essay erschien neun Jahre nach seiner Rückkehr aus der Kolonie in einer sicheren Distanz. Darin erzählt er von einem Vorfall während seiner Zeit in *Birma*, als sich ein*e versklavte*r Arbeitselefant*n von ihren*seinen Ketten befreite und floh. Der damalige Kolonialpolizist wurde damit beauftragt, die*den Elefant*in aufzufinden und ihrem*seinem verzweifelten Fluchtversuch ein Ende zu bereiten. Dabei entdeckte Orwell, dass die*der Elefant*in nicht nur eine Spur der Verwüstung hinterließ, sondern auch einen drawidischen *Kuli* getötet hatte. Der Körper dieses Tagelöhners, der ähnlich wie die*der Elefant*in von anderen Menschen über seine ökonomische Verwertbarkeit definiert wurde, lag leblos auf dem Boden, der für alle Beteiligten, ob drawidischer *Kuli*, Elefant*in oder britischer Polizist, ein fremder Boden war. Der *Kuli* war vermutlich vor seinem Tod wie Hunderttausende andere mehrheitlich tamilische Dalits aus dem *Süden* des *Subkontinents* – wo sie schon seit mehr als einem Jahrtausend aufgrund des arisch-vedischen Kastensystems ausgebeutet wurden und häufig leibeigen waren – auf die andere Seite der Meeresbucht verfrachtet worden. Die*der Elefant*in war dagegen vor seiner Versklavung vermutlich ein freies Tier gewesen, das in den Wäldern und auf den Feldern der Region lebte, bevor sie*er gefangen, verschleppt und in der Nähe von menschlichen Siedlungsgebieten ausgebeutet wurde. Das Lebensrecht beider wurde dort auf ihren Nutzen für mächtigere Menschen reduziert. Der Dalits und die*der Elefant*in sollten sich für den Reichtum anderer selbst ins Grab schuften. Am Ende wurde der Mensch jedoch nicht von der Arbeit in den Kolonien zerrieben oder gar Opfer der Kolonialherr*innen selbst, sondern von einer*m Elefant*in zertrampelt, die*der sich von ihren*seinen Ketten zu befreien wusste, die*der versuchte, ihrem*seinem Schicksal zu entfliehen und dabei mit einem versklavten Menschen kollidierte.

Orwell, der sich auf der Suche nach diesem Tier befand, hatte zunächst nicht geplant, es zu töten. Doch der Anblick des getöteten drawidischen *Kulis*, der auf dem Bauch liegend, mit offenen Augen und mit zusammengebissenen Zähnen in den

Boden gestampft lag, veränderte seine Einschätzung. Der britische Polizist wollte wieder Herr der Situation werden. Nicht, weil er vom Töten der*des Elefant*in sonderlich überzeugt war, sondern weil er annahm, dass dies der Erwartungshaltung der Kolonialisierten entsprach: nicht er wollte die*den Elefant*in töten, sondern sie würden es von ihm einfordern, so dachte er, um dem Wüten des befreiten Tieres innerhalb der menschlichen Siedlungsgebiete ein Ende zu bereiten. Orwell betrachtete das als Teil des Theaters, das in den Kolonien das Verhältnis zwischen Kolonialisierten und Kolonialisierenden und andersrum bestimmte. Sie machten die unterliegenden Verhaltensregeln und Rollen beider Parteien aus. Dieses Theater, das die Europäer*innen selbst inszenierten, hinterließ den weißen Menschen als Karikatur unter den Kolonialisierten in den Kolonien zurück. Orwell entschied sich, der Rolle zu entsprechen und die an ihn gestellten Erwartungen zu erfüllen, um sich, wie er glaubte, der Parodie seiner selbst zu entziehen. Er entschied sich, die*den Elefant*in zu töten.

Zum Töten dieses auf der Flucht befindlichen Tieres verwendete Orwell ein sogenanntes *Elefantengewehr*. Diese Art von großkalibriger Schusswaffe wurde im frühen *19. Jahrhundert* auf der anderen Seite der Welt, in Europa, entwickelt, um wiederum anderswo, nämlich in *Afrika*, zur Verwendung zu kommen. Vor allem kam das Gewehr im *Süden* des *Kontinents* zum Einsatz, in der Region, die von Portugies*innen im *15. Jahrhundert* in *Kap der Guten Hoffnung* umbenannt wurde. Dieses Gebiet war die Heimat der indigenen Khoi und wurde zu einem Schlüsselort im sogenannten europäischen *Wettlauf um Afrika*, der im *südlichen Afrika* viel früher anfing als in anderen Teilen des *Kontinents*. Denn diese Region lag bis zur Eröffnung des Suezkanals *1869* an der wichtigsten Seeroute, die Europa mit den Welten des sogenannten *Indischen Ozeans* und *Ozeanien* verband. Teil dieses von Europa über das *südliche Afrika* zu erreichenden Raumes ist auch das heutige *Myanmar*.

Die Entwicklung des sogenannten Elefantengewehrs fand parallel zur Ausweitung der Kolonialisierung des *afrikanischen Kontinents* durch Europäer*innen statt. An den Küsten hatten diese bereits Handels- und Militärstützpunkte aufgebaut, von wo aus sie Schwarze Menschen als Sklav*innen in die für sie neue Welt verschifften. Um die kolonialen Bestrebungen zu intensivieren, wagten sich weiße Menschen allmählich von den Küsten weiter ins Landesinnere des *Kontinentes*. Dabei stießen sie nicht nur auf fremde Menschen, sondern auch auf ihnen fremde Tierwelten, die sie schnell als für sie bedrohlich einstuften. Nach dem bekannten Muster des europäischen Denkens versuchten sie diese Formen des Lebens für sich auszubeuten. Genau wie die dort ansässigen Menschen, die sie nicht als Menschen ansahen. Doch die europäischen Waffen, die im Sinne dieser Unterwerfungen genutzt wurden, stießen hierbei auf neue Grenzen: die dickere Haut von Lebewesen wie Elefant*innen, Rhinozerossen oder Flusspferden. Während menschliche Haut nur wenige *Millimeter* dick ist, kann sie bei Elefanten zwei bis drei *Zentimeter* dick und somit schwerer für Schusswaffen zu durchdringen sein, weshalb Kolonialist*innen Schwierigkeiten hatten, Elefanten zu töten.

Lebewesen mit dickerer Haut wurden Ende des *17. Jahrhunderts* vom berühmten französischen Zoologen Georges Cuvier als sogenannte *Pachydermata* bezeichnet. Aus den zwei griechischen Begriffen pachys (dick) und derma (Haut) zusammengesetzt, fasste er diese *außermenschliche* Welt zusammen und überführte sie in eine menschliche Systematik. So entstand die Kategorie der *Dickhäuter*. In dieser Art der Taxonomie wurden Lebewesen auf bestimmte Eigenschaften reduziert und anhand dieser Reduktion in Relation zueinander gesetzt. Ihr Dasein wurde auf diese Weise nach menschlichen Maßstäben geordnet. Durch die Einordnung setzte Cuvier die untersuchten Lebewesen jedoch viel eher in ein Verhältnis zu europäischem Leben, Wissen und Denken als in Beziehung zueinander. Für diese Ordnung wurden nicht nur europäische Maße, Körper und Logiken benutzt, sondern auch europäische Sprachen, vornehmlich Latein und Griechisch. Sie verkörperten fortan dieses Wissen.

Cuvier schloss sich damit, wie die meisten europäischen Forscher*innen seiner Zeit, einer europäischen Nomenklatur an, die durch die Pflanzen- und Naturenzyklopädien des schwedischen Naturforschers Carl von Linné Mitte des *17. Jahrhunderts* durchgesetzt wurde. Die Forscher*innen prägten die europäische *Botanik* und *Zoologie* bis weit über ihre Lebenszeit hinaus. Die von ihnen etablierte Ordnung stellte einen Versuch dar, die Umwelt in sprachlicher Form wiederzugeben. Diese wird zwar von verschiedenen Europäer*innen aus verschiedenen Sprachkulturen des *Kontinents* genutzt, selten jedoch mithilfe der eigenen Alltagssprachen. Die europäischen Forscher*innen bedienten sich stattdessen vornehmlich an altgriechischen und lateinischen Vokabeln. Damit versuchten sie sich selbst zu historisieren und authentisieren – letztlich um den eigenen *Zivilisationsanspruch* zu unterstreichen. In der Verknüpfung mit der europäischen Antike versuchten sie; ihre Erkenntnisse als historisch fundierter darzustellen, als sie es waren, ihnen eine vermeintlich *natürliche* Ordnung zu geben. Mithilfe des europäischen Kolonialismus, der nicht nur Sprachen, sondern auch Formen des Sprechens gewaltvoll exportierte, etablierte sich dieses Ordnungsverhältnis über *Jahrhunderte* hinweg als vermeintlich *universelle* Sprache der Wissenschaften. Diese etablierte sich als Diktat, mit dem wir die Welt von *jedem* Ort zu *jeder* Zeit aus jedem Blickwinkel und aus *jedem* Körper heraus verstehen sollen.

Ein solcher Anspruch unterschlägt, dass die Welt außerhalb Europas eine Welt ist, die sehr lange außerhalb europäischer Sprachen existierte. Er verzerrt unsere Erinnerungen daran, dass die Welten außerhalb der weißen Menschen auch außerhalb europäischer Sprachen funktional und real waren; dass das Leben außerhalb menschlicher Körper auch außerhalb des menschlichen Sprechens und Denkens existierte und weiterhin existieren wird. Gleichzeitig verheimlicht ein solcher Anspruch, dass die Welt außerhalb Europas eine Welt war, für die es lange nur eine limitierte Zahl an europäischen Vokabeln gab. Es war eine Welt, die nicht in europäische Sprachen passte, in keinem europäischen Verständnis Platz fand. Um diese Welt zu vereinnahmen, sie in ihr Verständnis zu bringen, musste der europäische Mensch sie zunächst versprachlichen und neue Wörter für diese für ihn neue Welten finden. Hierfür wurden jedoch selten tatsächlich neue Wörter geschaffen oder Wörter aus indigenen Sprachen und indigenen Verständnissen der Umwelt übernommen. Stattdessen haben europäische Menschen fremde Welten in alte Vokabeln gezwängt. Man* hat sie in ein sprachliches Museum gesteckt und hält sie darin bis in die *Gegenwart* gefangen. Europäer*innen und europäischstämmige Menschen maßen sich bis heute an, mit alten, sogar totgesagten europäischen Sprachen, noch atmende, *nicht-europäische* Welten zu beschreiben. Sie maßen sich an, damit ein *universelles* Verständnis und Verhältnis zur Welt zum Ausdruck zu bringen.

Der europäische Begriff *Dickhäuter*, der *außermenschliche* Lebewesen mit dickerer Haut in ein linguistisches Gefängnis zwängt, spiegelt diese gewaltvollen Benennungs- und Verständnismuster eindrücklich wider. Um diese Tiere aber nicht nur sprachlich zu bezwingen, wurden spezielle Gewehre benötigt, deren Schlagkraft die vorheriger Gewehre um einiges überstieg, damit sie deren artikulierte dickere Haut durchdringen können. Dieses vormalige »Problem« sollte das im *19. Jahrhundert* in Europa entworfene *Elefantengewehr* lösen. Aufgrund seiner enormen Schlagkraft ließen sich damit massivere Materialien leichter durchbohren. Es erlaubte dem Menschen, seiner Umwelt mit noch mehr Arroganz zu begegnen. Orwell nutzte ein solches *Elefantengewehr* – in seinem Fall eines aus deutscher Produktion –, um die*den Elefant*in, die*den er zuerst nicht töten wollte, letztlich niederzustrecken.

Als der britische Polizist seinen Auftrag in die Tat umsetzte, graste die*der Elefant*in friedlich in einem Reisfeld unweit der Menschensiedlung, in der sie*er zuvor Chaos verbreitet hatte. Orwell beschreibt in seiner Erzählung, dass er nicht aus Überzeugung handelte, als er den ersten Schuss in Richtung der*des

Elefant*in abfeuerte, sondern vielmehr, um sich selbst zu retten. Er fürchtete sich nicht etwa vor der möglichen Gefahr, die von dem*der Elefant*in ausging, sondern vor dem Hohn der Kolonialisierten, die zu Tausenden das Spektakel dieses Aufeinandertreffens des weißen Mannes und der*dem Elefant*in aus der Distanz betrachteten. Orwell fühlte sich in diesem Moment verpflichtet, die Rolle zu erfüllen, die sich der weiße Mann im europäischen Kolonialismus selbst gegeben hatte. Er stand buchstäblich auf einer Bühne, gemeinsam mit dem Elefanten auf dem Reisfeld.

Doch obwohl Orwells deutsches *Elefantengewehr* speziell zum Erschießen von Elefant*innen entwickelt wurde, genügte ein Schuss nicht, um die*den Elefant*in zu töten, der nur wenige *Meter* vor ihm stand. Im Angesicht dieser für ihn ernüchternden Erkenntnis sah sich der britische Polizist gezwungen, den Tod der*des Elefant*in immerhin weniger qualvoll zu gestalten. Sein Ausweg aus diesem Dilemma war, die*den Elefant*in mit noch mehr Schüssen zu durchbohren, ihren*seinen Körper noch mehr zu zerfetzen, um dem Theater ein Ende zu bereiten. Aber egal, wie oft er schoss, egal wohin er schoss, ob in den Kopf, in das Herz oder in den Mund, die*der Elefant*in lebte noch unter Schmerzen weiter. Sein qualvoller Atem wollte partout nicht enden; so als wollte die*der sterbende Elefant*in seinem Mörder nicht von der Last und dem Gefühl befreien, einen »humaneren Mord« begangen zu haben. Fast als wollte die*der Elefant*in ihm sagen, dass auch wenn sie*er über eine dickere Haut als ein Mensch verfügt, sie*er ebenso Gefühle besitzt; dass ein sogenannter Dickhäuter zu sein, nicht bedeutet, schmerzlos zu sein. Der Autor schoss auch seine letzte Patrone auf die*den nicht sterben wollenden Elefant*in. Verzweifelt beschloss er, sich daraufhin von der Mordszene zu entfernen, dem schweren Atmen des Lebewesens zu entkommen. Er überließ sie*ihn den Schmerzen, die er ihr*ihm zugefügt hatte, und den Kolonialisierten, die später das Fleisch der*des Elefant*in verspeisten.

Der schwere Atem der*des ermordeten Elefant*in verfolgte den Schriftsteller noch Jahre nachdem er die britische Kolonie verlassen hatte, und in die Kolonialmetropole London zurückgekehrt war. Das Geräusch erstreckte sich von den besetzten Gebieten aus der *Vergangenheit* bis in unsere *Gegenwart*, bis an jenen Ort, an dem ich heute lebe.

***

Als ich im Juni *2021* das Humboldtforum betrat, lud es in einer Sonderausstellung dazu ein, die Beziehung von Menschen und Elefanten kritisch zu betrachten. Der besondere Fokus lag dabei auf ihren Stoßzähnen. Teil dieser Ausstellung war eine 11-*minütige* Videoinstallation der deutsch-dänischen Künstlerin Liesel Burisch. *A Sporadic* wurde im hintersten Teil eines Raumes, ganz in der Nähe des Ausgangs, in einem halboffenen schwarzen Kubus projiziert. Trotz der Lage, machte die Installation sich schon beim Betreten der Ausstellung bemerkbar. Genauer gesagt hörbar. Die Tonspur des Videos überschattete mit einem gespenstigen und anfänglich schwer zu deutenden Geräusch die komplette Länge des abgedunkelten Raumes. Sie wies auf ein schauriges Aufeinandertreffen hin, dessen Geräuschkulisse die Besucher*innen über den gesamten Verlauf der Ausstellung begleitete.

Bei dem entsetzlichen Geräusch handelte es sich um die Atemzüge einer*eines im Sterben liegenden jungen Elefant*in. Sie waren in einem Video festgehalten, das 2017 produziert wurde und in umkommentierten Stillaufnahmen jenen Moment dokumentierte. Die Künstlerin, deren Arbeiten von der Onlineplattform Art Springboard als »geduldige Aufnahmen einer Wirklichkeit« beschrieben werden, filmte diesen qualvollen Kampf in Samburu, einem Distrikt im Kernland des heutigen *Kenia*. Die*der Elefant*in im Bild war vermutlich – wie Millionen Elefant*innen vor ihr*ihm und nach ihr*ihm – Opfer eines grausamen Handels geworden. Sie*er wurde für das Rohmaterial in ihren*seinen Zähnen, das Elfenbein, von Wilderern lebensgefährlich verletzt und danach dem Tode überlassen. Liesel Burisch nahm ihre Kamera und richtete das Objektiv auf das nicht mehr zu rettende Tier, das von Menschen umrundet vergeblich stundenlang um das eigene Leben rang.

In einer Endlosschleife lief der makabre Film in der Sonderausstellung des staatlichen Museums und erinnerte uns an die Konsequenzen des Mordens von Elefant*innen durch Menschen. Über mehrere Stunden, Tage und Wochen hinweg lag die*der Elefant*in im Erdgeschoss des Gebäudes inmitten der deutschen Hauptstadt im Sterben. Es gab kein Entkommen vor ihrem*seinem qualvollen, schmerzerfüllten Atem. An manchen Tagen lag sie*er mehr als zehn Stunden lang im Sterben. Mit jeder Filmschleife durchlebte sie*er das Leid, das ihr*ihm Menschen angetan hatten, von Neuem. Während Orwell vor dem schweren Atem der*des von ihm getöteten Elefant*in weglief, lief ich ihm, wie in einer Falle, fast 100 Jahre später entgegen. Mit aufgerissenen Augen starrte die*der halb tote, halb lebende Elefant*in ins Leere. Ungläubig schaute ich ihr*ihm entgegen, bis ich den schmerzhaften Blick nicht mehr ertragen konnte und den Kubus, der die*den Elefant*in sowohl vom Leben als auch vom Sterben abhielt, langsam hinter mir ließ. Ihr*sein schwerer Atem begleitete mich weit über den Raum und den Moment hinaus. Er ließ mich, auch vier Jahre nach seinem Ableben, tiefer in den neu asphaltierten Boden sinken.

***

Das Leid, das Menschen Tieren antun, endet aber nicht zwangsläufig in ihrer Ermordung. Auf ihre Arbeitskraft, insbesondere derer von Elefant*innen, wird sogar im Kriegsfall gesetzt. Seit Menschengedenken werden Tiere im menschlichen Kriegsgeschehen auf fast allen Teilen der Welt gegen ihren Willen involviert. In sogenannten *modernen* europäischen Kriegen des *20. Jahrhunderts* wurden Tiere beispielsweise dafür genutzt, um Nahrung und Munition für den weiteren Kriegsverlauf an die Front zu transportieren. Sie wurden auch dazu gebracht, verwundete Menschen mit Arzneimitteln zu versorgen, sterbende Menschen während ihrer letzten Minuten zu begleiten oder Botschaften zwischen den Menschen im Kriegsterrain zu übermitteln.

Tiere wurden darüber hinaus für noch makabrere Zwecke der Menschen missbraucht. Dazu gehörten unter anderem das Erspüren von Landminen, das Auffinden von Bomben und das Erriechen von Giftgas. Das Wohlbefinden und Leben der Tiere wurde bewusst geopfert, um das menschliche Leben zu sichern. Als Zielscheiben eingesetzt, mussten ihre Körper herhalten, damit Menschen ihre Präzision beim Schießen erproben konnten. Tiere in menschlicher Gefangenschaft wurden sogar als lebendige Bomben missbraucht, denen Europäer*innen Sprengkörper umbanden, um damit Gegner*innen zu attackieren. In anderen Fällen wurden aus den Kadavern der getöteten Tiere Materialien gewonnen, die wiederum als Munition weiterverwertet wurden.

Der Missbrauch von Elefant*innen als Kriegswaffe reicht viel weiter zurück als die Periode der europäischen Kolonialisierung der Welt. Der Beginn wird in den nördlichen Regionen des sogenannten *indischen Subkontinents* vermutet und auf die spätvedische Periode datiert. Es wird angenommen, dass die auf Pferden gewaltsam in das Sindhutal einrückenden arischen Völker *Zentralasiens* diese Entwicklung beförderten. Die blassen Menschen nutzten damals die Pferde der *zentralasiatischen* Steppe, um ihre imperialen Ziele durchzusetzen. In der Region, in die sie einfielen, gab es weder indigene Pferde noch war eine Praxis des Reitens bekannt. Die Menschen auf Pferden hinterließen schnell einen tiefen Eindruck, der dazu führte, dass die indigenen Menschen dem Verhalten der Fremden nachzueifern begannen. Dafür fingen sie an, auf eine Tierart zurückzugreifen, die anders als die Pferde heimisch in ihrer Region war: Elefant*innen. So soll es gekommen sein, dass fremde Menschen, die das Land auf den Rücken von Pferden gewaltsam einnahmen, andere Menschen dazu inspirierten, die einheimische Tierwelt des *Subkontinents* ähnlich umzudeuten, was letztlich zur Folge hatte, Elefant*innen zu besteigen und sie für imperiale Zwecke zu nutzen.

Es dauerte nicht lange, bis auch westliche Herrscher*innen im heutigen Griechenland, Iran, *Tunesien* und Italien diese Logik übernahmen und ihre imperialen Armeen – zusätzlich zu den Pferden – nun noch mit Elefant*innen aufrüsteten. Hierfür entführten sie unter großem logistischem Aufwand die *tropischen* und *subtropisch* beheimateten, um sie in fremden Umwelten und Klimazonen als ihre Kriegsinstrumente zu missbrauchen. Mit ihren für Menschen überdimensionalen Körpern und ihrem schweren Gewicht beeindruckten und beängstigten die Elefant*innen die gegnerischen Armeen, die sich nun mit tierischen Regimenten konfrontiert sahen, welche der lokalen Natur widersprachen. Die menschliche Ehrfurcht vor den Elefant*innen vermischte sich mit der Faszination für diese fremden Leben. Doch hatten nicht nur die Menschen Angst vor den Tieren. Auch die Tiere waren von Angst und Schrecken vor den vielen Gräueltaten geplagt, die die Menschen ihnen konstant zufügten. Die Gewalt der Menschen während der »Dressur« und der Kriegshandlungen ließen die Elefant*innen immer wieder in Panik geraten. Damit galten sie schon unter den Imperien des nördlichen *indischen Subkontinents* als unberechenbar und schwer unter Kontrolle zu bringen.

Die Tiere, die von den Menschen gezwungen wurden, Gefechte auszuführen, die nicht ihre persönlichen waren, waren trotz hartnäckigen Trainings der Menschen nicht konsequent dressierbar. Sie waren nur schwer zu *domestizieren*. Die von Menschen auf lebende Waffen reduzierten Lebewesen, widersetzten sich aktiv ihrem Schicksal, als Waffen des Menschen eingesetzt zu werden. Statt nur gegnerische Truppen zu töten, töteten sie häufig die eigenen und rächten sich damit vielleicht an denjenigen, die sie entführten und gefangen hielten.

Zusätzlich zur menschlichen Unfähigkeit, die Elefant*innen nach ihren Maßen zu formen, stellte sich die Haltung von Elefant*innen fernab ihrer natürlichen Habitate und ihres sozialen Umfelds als sehr aufwendig und kostspielig heraus. Alleine die Nahrungsbeschaffung für *domestizierte* Elefant*innen – geschätzte 150 *Kilogramm* pro Tag – war so kostspielig, dass sie schnell zu einer finanziellen und logistischen Bürde für die Imperialmächte wurde. Diese Art des Ausbeutungssystems kollabierte dadurch zwar nicht vollständig, aber in Teilen. Im Römischen Reich um *100 vor Christus* führte dies beispielsweise dazu, dass die Elefant*innen aus der Kriegsindustrie in die Unterhaltungsindustrie gewandert sind, wo sie in die Zirkusmanegen vor das weiße Publikum gezerrt wurden. Elefant*innen haben in Europa daraufhin lange nur zu Unterhaltungszwecken gedient.

Mit der Industrialisierung Europas und der damit verknüpften Entwicklung *moderner* Kriegswaffen veränderte sich über die *Jahrhunderte* die Nutzung der Tiere im Krieg. Ihr Einsatz als Kriegswaffe verschob sich damit mehr und mehr hinter die eigentliche Kriegsfront. Dadurch, dass europäische Kolonialmächte bis zum *späten 19. Jahrhundert* fast alle traditionellen Heimaten von Elefant*innen kolonisiert hatten (abgesehen vom Königreich Siam und dem Abyssischen Kaiserreich), spiegelte sich diese Abkehr von Elefant*innen als aktive Kriegswaffen genauso außerhalb Europas wider.

Elefant*innen verschwanden jedoch nicht komplett aus den menschlichen Kriegsindustrien. Dafür war die Motorisierung der Welt am Anfang des 20. *Jahrhunderts* noch nicht weit genug fortgeschritten, um auf die Nutzung der Tiere vollständig zu verzichten. *1914* war die Zugkraft der Elefant*innen noch von großem Nutzen für die Menschen. Die Ausbeutung der Elefant*innen verschob sich lediglich von der Kriegsfront, die nun mehr von modernen Waffen dominiert wurde, hinter die Schusslinien. Dort kamen sie vor allem in der Kriegslogistik zum Einsatz. Dies unterschied sie von kleineren Tieren, die währenddessen weiter als lebende Kriegswaffen an der menschlichen Kriegsfront dienen mussten und damit auch den vielen Grausamkeiten der Menschen zum Opfer fielen.

Die in die Kriegsökonomie des frühen 20. *Jahrhunderts* zwangsrekrutierten Elefant*innen waren keine Elefant*innen, die wie in der sogenannten *Spätantike* spezifisch für die Kriegshandlungen aus *Südasien* und *Nordafrika* nach Europa verschleppt wurden. Es handelte sich hierbei um sogenannte Unterhaltungselefant*innen, die aus den vielen Zoos und Zirkussen der europäischen *Moderne* eingezogen wurden, welche sich bis dahin etabliert hatten und wo die Tiere auf eine andere Art dem Dienst am weißen Volke untergeordnet wurden.

Der Bedarf an neuen Arbeitstieren in Europa war eine direkte Folge des *modernen* Kriegs. Dieser führte zum Verschwinden von Millionen von europäischen Nutztieren an die Kriegsfront. Die Wehrpflicht galt damit nicht nur für Menschen, sondern auch für Pferde, Esel, Hunde und andere europäische Nutz- und Haustiere, die zu Millionen aus der zivilen

Nutzung in das menschliche Kriegsgeschehen einbezogen wurden. Laut den Zahlen des Österreichischen Staatsarchivs wurden alleine 18 Millionen Pferde für den ersten großen Imperialkrieg des 20. *Jahrhunderts* rekrutiert. Die Pferde, die mehrheitlich aus der Landwirtschaft stammten, dienten während des Kriegs in der Kavallerie, Logistik und auch als Schlachttiere für den Nahrungsbedarf der europäischen Soldat*innen. Von den 18 Millionen sollen am Ende des Krieges mehr als 8 Millionen, gestorben sein. Die Mortalitätsrate lag damit bei fast fünfzig Prozent.

Als Folge fehlten die Pferde den europäischen Bäuer*innen, deren landwirtschaftliche Betriebe bis zur Erfindung von modernen Hilfsmitteln, wie Traktoren, von der Zug- und Pflugkraft von Pferden, Eseln und Ochsen abhängig waren. Die Abwesenheit der Nutztiere verstärkte eine ohnehin schon über Europa grassierende und kriegsbedingte Hungersnot, die nicht nur Menschen traf, sondern genauso die vielen Tiere, die sich in menschlicher Gefangenschaft befanden. In der Nahrungskette stellten die Menschen das eigene Wohl jedoch weit über das der Tiere. Dies führte dazu, dass viele der Pferde, die ähnlich wie die Soldat*innen in zähen und wochenlangen Gefechten an Hunger litten, letztlich von Kriegshelfer*innen zur Nahrungsquelle der Soldat*innen wurden. Mit den Proteinen der Pferde erhofften sich diese, den Kampf länger überstehen zu können. So kam es dazu, dass dieser Mangel an tierischen Lastenträger*innen und Feldarbeiter*innen, der dem Abzug von Millionen von Pferden und anderen Maultieren in den europäischen Krieg folgte, plötzlich Elefant*innen aus den europäischen Zoos und Zirkussen auf den Plan rief.

Elefant*innen sollten viele der Aufgaben übernehmen, die zuvor von europäischen *Maultieren* geleistet wurden. Dazu gehörte unter anderem das Beackern von europäischen Böden oder das Tragen von schweren Objekten. Die verschleppten Tiere mussten beispielsweise Rohstoffe zum Maschinen- und Waffenbau transportieren, schwere Kriegswaffen an die Front befördern, Zug- und Luftfracht für den Nachschub an die Front tragen sowie Kampf und- Beobachtungsflugzeuge auf die Startbahn zerren.

All die neuen Einsätze der Tiere im europäischen Zivil- und Militärsektor stützten an und für sich den Unterhalt des totalitären *modernen* Kriegs. Ähnlich wie in den Kolonialregimen, die Europa in Übersee unterhielt, wurde damit auch in Europa die Unterscheidung zwischen *zivilen* und militärischen Bereichen hinfällig. Von diesen gesellschafts- und spezienübergreifenden militärischen Rekrutierungsmaßnahmen waren insbesondere die Tiere aus den Zoos und Zirkussen Europas betroffen, die bis dato zum etablierten Stadtbild der industrialisierten Welt gehört hatten. Elefant*innen traf es dabei besonders hart. Sie mussten sich in großen Zahlen dieser europäischen Kriegslogik unterordnen und ihren Dienst am (fremden) Lande leisten. Hierzu zählten etwa Elefant*innen aus dem Tierpark Hagenbeck in Hamburg, dem Zirkus Sarrasani in Dresden und dem Zirkus Krone in Berlin. Sie wurden von ihren Wärtern »freigestellt« und dienten von da an nicht bloß der Unterhaltung der Deutschen, sondern auch dem Wohl des deutschen Volks.

Im Falle des Hamburger Tierparksbetrieb Carl Hagenbeck gab es einen grausamen Tauschhandel. Um die massenhafte Zwangsrekrutierung seiner Zoowärter*innen zu stoppen, übergab er den deutschen Behörden stattdessen eine*n südindische*n Elefant*in. Die Mobilisierung von sogenannten »kriegsfähigen Männern« wirkte sich auf diese Weise auch auf die Zoos aus. Der daraus folgende Personalmangel hatte schwerwiegende Folgen für den Betrieb und Unterhalt des bis dahin sehr lukrativen Geschäftsmodells. Er hatte aber auch direkte Auswirkungen für die Pflege der sehr teuer verschleppten und gefangen gehaltenen Tiere aus der Ferne. Der Tausch der*des südindischen Elefant*in sollte den Menschen und dem Geschäft Hagenbecks Zeit erkaufen. Das Tier sollte für die Gier der Menschen geopfert werden. Es wurde kurz darauf aus dem Tierpark Hagenbeck an die deutschen Behörden ausgehändigt. Diese verschleppten sie*ihn vom nördlichen Ende des Deutschen Reichs nach Frankreich, um sie*ihn dort auf offenen Feldern zum Einsatz zu bringen.

Mit der Erscheinung der gefangenen Tiere in der europäischen Natur, wurde eine von Europäer*innen schon verzerrte Realität und Wahrnehmung neu herausgefordert. Die europäischen Menschen, die es bislang gewohnt waren, Elefant*innen in aufwendig produzierten und inszenierten Theaterkulissen wie denen der Zoos und Zirkusse zu betrachten, wo sie entgegen ihrer Natur in einer europäischen Idee der Natur gefangen gehalten wurden, sahen sich plötzlich mit den gleichen Tieren innerhalb der eigenen europäischen Natur stehen – außerhalb der Kulissen, Käfige und Gräben, in die sie hineingepfercht wurden. Daraus ergab sich ein neues bizarres Bild, dass die visuelle Ordnung der Welt herausforderte, die

die Europäer*innen penibel zu produzieren und stabilisieren versuchten. Sie spiegelte sich kurz darauf auch in unzähligen sensationellen Fotos wider, die von weißen Fotograf*innen von diesen aus den Zoos und Zirkussen heraus exportierten Lebewesen gemacht wurden und auch heute noch als Kuriosität ihrer Zeit gelten.

In der ersten Hälfte des 20. *Jahrhunderts* waren Elefant*innen besonders wichtig für den Bau wichtiger Infrastrukturprojekte, die dem Krieg und der allgemeinen menschlichen Mobilität dienten. Hierzu gehörten Brücken-, Straßen- oder Eisenbahnbauprojekte. Dies kam den Europäer*innen besonders im zweiten Imperialkrieg des 20. *Jahrhunderts* zugute, wo sie sie vor allem in den Kolonien, das heißt in den eigentlichen Heimaten der Elefant*innen, aktiv für den Krieg zu missbrauchen wussten. Elefant*innen wurden Teil eines komplexen und komplementären militärischen Arsenals, das Tiere und Maschinen im Dienste der europäischen Menschen und *Modernität* vereinte.

Die Ausbeutung der Lebewesen beschränkte sich jedoch nicht nur auf die eigentliche Kriegsperiode. Sie setzte sich mit der Unterzeichnung von Waffenstillstands- und Friedensverträgen fort. Noch nach der Kapitulation Nazideutschlands mussten beispielsweise die beiden Zirkuselefant*innen *Kiri* und *Many* im *Herbst 1945* auf Befehl der britischen Okkupationsverwaltung die vielen Schäden der Flächenbombardierung der alliierten Mächte in Hamburg beseitigen.

Während des ersten europäischen Imperialkriegs teilten jedoch nicht alle Elefant*innen das gleiche Schicksal. Nicht alle wurden aktiv in die europäische Kriegsindustrie zwangseingebunden und in den patriotischen Dienst der Imperien entsendet. Während manche Zoos in Europa ihre Tore aufgrund von Personalmangel, fehlenden Besucher*innen oder als Teil städtischer Schutzvorkehrungen schlossen, blieben einige noch weit nach Ausbruch des europäischen Krieges *1914* geöffnet. Innerhalb dieser imperialen Zoos lebten auch während des Kriegs viele Elefant*innen und zahlreiche andere Tiere weiter. Als Folge des spezienübergreifenden Nahrungsmangels und der mangelhaften Fürsorge in den Zoos während dieser Jahre, verstarben viele Tiere verwahrlost und ausgehungert. Im Berliner Zoo überlebte nur die Hälfte der gefangenen Tiere diesen blutigen Krieg.

Menschen beuteten Elefant*innen nicht nur als Arbeitstiere aus. Viele Elefant*innen werden von Menschen um ihr Leben gebracht, weil sie die Tiere als Bedrohung für das eigene Leben und den eigenen Besitz wahrnehmen. Menschen, die in ihrer unmittelbaren Umgebung leben, sehen in ihnen eine Gefahr für ihr eigenes Wohlergehen. Gleiches galt im Falle der*des entflohenen Elefant*in in Orwells autobiografischer Kurzgeschichte. Sie*er wurde erst zum Problem, nachdem sie*er die angrenzenden menschlichen Siedlungen beschädigt hatte und damit die Wut der Menschen, ob Kolonialisierende oder Kolonialisierte, auf sich zog. Als sie*er noch angekettet in Unfreiheit ihre Arbeitsbefehle ausführte, galt sie*er dagegen noch als nützlich und friedlich. Derartige Erzählungen, die vom Menschen ausgehen und menschliches Leben zentrieren, lassen schnell aus, dass die Gewalt anderer Lebewesen, welche sich gegen Menschen richtet, häufig in der Gewalt von Menschen gegen sie begründet liegt. Im Falle der*des Elefant*in trifft die systematische Zerstörung der Wohngebiete und Lebensformen durch den Menschen auf den natürlichen Widerstand dieser indigenen und *außermenschlichen* Bewohner*innen. Das Problem ist nicht die*der Elefant*in, sondern die*der Mensch.

Ihre Gier nach den Stoßzähnen der Tiere ist bis heute immens und lässt sie vor keinen Skrupeln zurückschrecken. Dies hat zur Folge, dass Elefant*innen sich der Bedrohung durch den Menschen evolutionär angepasst haben. Wissenschaftler*innen gehen davon aus, dass sie mit der Zeit das Gen verloren haben, welches die massiven Stoßzähne produziert. Heute sind die Stoßzähne der meisten Elefant*innen nur noch halb so groß als noch vor wenigen *Jahrzehnten*. Viele der Tiere, vor allem in *Asien*, haben sogar gänzlich die Fähigkeit verloren, Stoßzähne zu entwickeln. Diese Mutation wird als Anpassung an ihre Umwelt gesehen, welche vom Menschen fast vollständig beeinträchtigt und zerstört wurde. Es ist eine körperliche Reaktion auf das Handeln des Menschen, die das Ziel verfolgt, die Existenz der Spezies vor ihm zu schützen und ihr Überleben zu sichern, indem sie sich für den Menschen weniger begehrenswert machen. Mit dieser Anpassung versuchen ihre Körper sich unsichtbar für die Gier der Menschen zu machen – ihren Augen zu entkommen. Doch sind die Lebewesen tragischerweise an sich für den Menschen zu groß, zu andersartig, zu sehr aus einer anderen Zeit gefallen, um von ihr*ihm übersehen, ignoriert und von ihnen unberührt zu bleiben. Diese gewaltvolle Beziehung dient als traurige Erinnerung daran, dass auch Menschen Teil der Umwelt sind, nicht außerhalb der Natur und vor allem nicht über ihr stehen. Die zum Fehlen der Stoßzähne führende Mutation erinnert uns ausgesprochen plastisch daran, dass wir eine aktive Rolle in der Entwicklung anderer Lebensformen spielen und unsere Existenz auf diesem Planeten so bestimmend ist, dass sie sich selbst auf die DNA und Zukünfte anderer Lebensformen auswirken kann.

Mit dieser anatomischen Anpassung an die Gewalt der Menschen gingen maßgebliche Veränderungen für das Leben der Elefant*innen einher. Die Stoßzähne dienten ihnen als Waffen, um sich gegen andere Lebewesen zu verteidigen. Darüber hinaus fungierten sie als alltägliche Werkzeuge zur Nahrungsbeschaffung oder um sich Wege durch die Wildnis zu bahnen. Dem*der Elefant*in wird durch diese Entwicklung regelrecht ein elementarer Bestandteil ihres*seines Lebens entrissen. Durch das Herausreißen, das kleinere Nachwachsen oder das gar nicht erst Ausbilden von Stoßzähnen werden ihnen Lebensmöglichkeiten und -qualität geraubt.

Schon seit Jahrtausenden sind die Stoßzähne von Elefant*innen begehrte Statusobjekte für Menschen. Sie werden als Kunstobjekte oder Werkzeuge weiterverarbeitet und zu hohen Preisen verkauft. Trotz verschiedener gesetzlicher Regulierungen lebt der Markt für den Handel mit Stoßzähnen weiter. Der Handel, der zum Morden dieser Lebewesen führt, spielte auch eine entscheidende Rolle im europäischen Kolonialismus. Der Wert, den die weißen Menschen dem Material beimaßen, machte es zu einem lukrativen Rohstoff, der die europäischen Kolonialmächte in Scharen in elefantenreiche Regionen trieb, damit sie sich an ihren Zähnen bereichern konnten. Die Gier nach diesem Rohstoff trieb die Ausbeutung vieler Teile der Welt maßgeblich voran. Jahre später wurde sogar eine ganze Region in *Westafrika* – die zuvor unter anderen Namen indigener König*innenreiche bekannt war – auf einen neuen europäischen Namen getauft: die sogenannte *Côte d'Ivoire*, die *Elfenbeinküste*. Mit dieser Umbenennung wurde eine ganze Lebenswelt mit all ihren Geschichten auf ein grausames europäisches Handelsinteresse reduziert.

Dieses Benennungsmuster setzte sich auch anderswo fort. So zum Beispiel in der benachbarten Kolonie *Goldküste* (heute *Ghana*), der *Sklavenküste* (im heutigen *Togo*, *Benin* und Teilen *Nigerias*) oder der *Pfefferküste* (im heutigen *Liberia* und *Sierra Leone*). Solche europäischen Seehandelsnamen schlichen sich auf europäische Karten und sickerten auf diese Weise in die Köpfe ihrer Rezipient*innen, die damit die benannten Landschaften mit all ihren Bewohner*innen als Teil einer ihnen unterwürfigen Rohstoffkette verstehen konnten. Diese Namen etablierten sich aber nicht nur in Europa, sondern übertrugen sich in die Regionen selbst. Während sich die Menschen der ehemaligen Kolonie *Goldküste* im Zuge ihrer erlangten Unabhängigkeit *1957* vom einstigen britischen Kolonialnamen befreiten und mit dem Namen *Ghana* zu emanzipieren versuchten, war das in der sogenannten *Elfenbeinküste* nicht der Fall. Dort blieb der Name über die Entkolonialisierung hinaus bestehen. Zeitweise wechselte er vom Französischen zum Englischen, um schließlich beim vorherigen französischen Kolonialnamen zu verbleiben. Bis zum heutigen Tag bezeichnen sich die menschlichen Bewohner*innen selbst als »ivorien« oder »ivorienne«, also als »Elfenbeiner*innen«.

Heute ist der weltweite Artenbestand von Elefant*innen durch das systematische Morden des Menschen bedroht. In *Zentralafrika* ist die Elefant*innenbevölkerung beispielsweise innerhalb nur eines *Jahrzehnts* um 64 % zurückgegangen. Von der ursprünglichen *asiatischen* Elefant*innenbevölkerung sollen nur noch 15 % überlebt haben. Diese Informationen lassen sich schnell, kompakt und relativ regungslos rezitieren. Sie lassen sich in Rapports, Artikeln, Dokumentationen oder Ausstellungen in Wörter, Zahlen und Bilder fassen. Doch was genau bedeuten sie? Was bedeutet der Verlust von 64 oder 85 % einer Bevölkerung? Wie lassen sich diese sterilen Zahlen erklären? Wie versteht Mensch sie, und wie fühlt Mensch sie? Noch wichtiger ist jedoch die Frage, was nach all diesen Zahlen übrig bleibt?

Wer nach dieser Zerstörung *wie* übrig bleibt.

Wie überlebt und übersteht man* eine solche Dezimierung? Wie trauert man*, wenn das Morden nicht im Singular stattfindet? Wenn das Morden kein Ende findet? Wenn es nicht nur Teil einer *Vergangenheit* ist, einer Erzählung mit einem absehbaren Ende, sondern auch die *Gegenwart* prägt und jegliche Aussichten auf eine lebenswerte und lebensfähige Zukunft trübt. Wie fühlt es sich an, wenn man* rückläufig ist? Wenn die Zahlen sich verringern, der Raum sich verkleinert, die tote Bevölkerung die lebende einholt? Wie lebt es sich mit mehr Toten als Lebenden? Wenn man* plötzlich als vom Aussterben bedroht gilt? Eine Rarität wird, an Sammelwert gewinnt? Wenn die Bevölkerung unter der Erde größer ist als die Bevölkerung oberhalb der Erde? Wenn es nicht mehr genug Lebende gibt, um sich an alle Toten zu erinnern? Wenn die Lebenden im Gedenken an die vielen Toten langsam zu ersticken drohen? Wenn man* zwischen *Am*-Leben-Sein und *Im*-Leben-Sein unterscheiden muss? Wenn man* lebendig konserviert werden muss, künstlich am Leben gehalten werden muss, um statistisch als existent und lebensfähig zu gelten? Wie lebt es sich, wenn man* noch atmend zu einem Museum erklärt wird? Wenn das Am-Leben-Sein zu dem eigentlichen Albtraum wird?

Dieses Gefühl, nicht zu existieren und gleichzeitig Raum einzunehmen und einen Schatten zu werfen, war der Frau auf dem Foto nicht fremd. Auch sie war im Augenblick dieses Aufeinandertreffens von verschiedenen »Welten« im Zoo in Teilen anwesend und gleichzeitig in anderen abwesend. Und das obwohl es ihrem Körper in seiner physischen Form an nichts fehlte. Zumindest ließ sich nichts davon mit dem bloßen Auge erkennen. Es waren weder Wunden noch Narben an ihrer Körperoberfläche zu sehen. In dem Bild, in dem ich mich hinter Appa befand, war zu erkennen, dass es ihr an keinen Gliedern fehlte, die sie zwischen Pogromen, Krieg, Völkermord und Flucht zurücklassen musste. Sie kam mit der gleichen Anzahl an Beinen und Armen an, mit der sie aufgebrochen war. Und dennoch war sie, die Person, die vor mir auf dem Bild stand, unvollständig. Ihrem Körper fehlte etwas. Etwas, was sich wenige Jahre nach ihrer Flucht noch nicht an ihrem Körper zeigen würde. Das bloße Auge konnte diesen Zustand des Fehlens nicht erkennen. Dieser Bruch zwischen dem, was außerhalb des Bildrahmens lag und dem, was sich gleichzeitig tief unter ihrer Hautoberfläche ausbreitete, war mit dem Kameraobjektiv unmöglich einzufangen und in der Form bildlicher Erinnerungen wiederzugeben.

Unvollständig stand Ammas Körper nicht nur im Foto, sondern auch in dem Elefantenhaus. Das, was vor meinen Augen in meinen Händen liegt, war nicht nur der Rücken ihres Körpers, sondern auch der Schatten ihrer selbst. Obwohl sie einen Teil der Bildfläche einnahm, war sie nicht mehr dieselbe Person, die sich auf den Selbstportraits in Yaazhpanam befand. Die Person, die gegangen war, war nicht mehr dieselbe Person, die gekommen war. Die Person, die sich in dem Moment, während ich das Foto betrachte, im Geschoss unter mir befindet, die erschöpft in den Tag gestartet war, um in der Küche einen eelam-tamilischen-Exilradiosender aus London über ihr iPad in einer so überhöhten Lautstärke zu hören, dass ihr beinahe das lateinische Alphabet aus den Ohren fiel und ihrem Ehemann der Schlaf nach der Nachtschicht geraubt würde, war nicht mehr dieselbe Person, die im *Elefantenhaus* gestanden hatte. Sie war auch nicht mehr dieselbe Person, die *nach dem Ausbruch des* Völkermords in Eelam Selbstportraits von den Zuständen ihres Körpers aufnahm und sie in Richtung eines Geflüchtetenlagers in der Bundesrepublik verschickte. Die Frau auf den Bildern im *Frühjahr 1984* unterschied sich nicht nur in ihrer Kleidung, in der Länge ihrer Haare, der Fülle ihrer Wangen, dem Make-up auf ihrer Haut, dem Boden unter ihren Füssen, den Lichtverhältnissen und Temperaturen der jeweiligen Räume, sondern auch in dem, was mit ihr und in ihr auf dem Weg von einem Bild zum anderen, von einem Album zum anderen geschehen war. Das, was zwischen den Bildern mit ihr geschehen war, war genau das, was die Distanz zwischen dem einen und dem anderen Bild ausmachte, die Differenz darstellte.

In dem Moment, in dem sie zaghaft die Tür ihres Hauses in Nelliyadi hinter sich zuzog, begann sie eine neue Geschichte zu schreiben. Und gleichzeitig beendete sie eine Geschichte und ließ einen Teil ihrer selbst in dieser Geschichte zurück. Der sich bewegende Teil Shanthynees trennte sich mit jedem *Meter*, der zwischen dem Ausgangspunkt und den nicht enden wollenden Ankunftspunkten lag, von der Shanthynee, die sie noch vor dem Besteigen des Motorrads war. Bevor sie mit ihm über den *Elefantenpass* fuhr, um diese Insel zu verlassen.

Als Amma sich schließlich dafür entschied, ihrem Mann in ein sichereres Leben zu folgen, war ihr ältester Sohn bereits zwei Jahre und vier Monate alt und ihr jüngstes Kind gerade mal vier Monate und neun Tage. Schon Wochen vor ihrer eigentlichen Flucht hatte ihr Mann die Ankunft seiner Familie im Exil vorzubereiten begonnen. Er schickte ihnen Winterkleidung mit der Post, die sie vor der fremden Kälte Europas schützen sollte. In einem separaten Brief bat er seine Frau ausdrücklich darum, seine Kamera bei der Flucht mitzubringen. Amma wickelte den Apparat sorgfältig in Tücher und packte ihn zwischen Briefen und Baumwollsaris in ihren roten Lederkoffer. Die anderen Taschen bepackte sie mit Kinder- und Babykleidung, Babynahrung, Orangensaft sowie Vitamintabletten. Tage bevor sie sich auf die lange Reise zum Flughafen begab, hatte ein Freund ihres Mannes ihr und den Kindern die Tickets für den Flug in das geteilte Berlin erworben. Er hatte sie in einem der vielen improvisierten Reisebüros gekauft, die mit der Zunahme der Staatsgewalt in allen Ecken der Provinzhauptstadt der *Halbinsel* eröffnet wurden und die Massenflucht der tamilischen Bevölkerung logistisch koordinierten und zu bewältigen versuchten. Um den 27 000 *LKR* teuren Flug via Moskau zahlen zu können, hatte sie ihre thali verkauft – die Goldkette, die ihr Varatharajah drei Tage nach der Verbrennung der Bücherei als Zeichen der Vermählung um den Hals gelegt hatte. Erst damit konnte sie sich die drei Tickets für den Linienflug der sowjetischen Staatsfluggesellschaft Aeroflot leisten, die zu dieser Zeit die günstigste Flugverbindung in den *Westen* anbot und große Gewinne aus dem nicht anhaltenden Exodus der Tamil*innen generierte und die Staatskassen in Moskau füllte.

Gemeinsam mit ihren Kindern bestieg Shanthynee einen Nachtbus, der sie von Yaazhpanam aus nach *Colombo* bringen sollte. Die Fahrt durch die Dunkelheit galt als allgemein sicherer, als am helllichten Tag durch die *zentralen* und *südlichen* Provinzen zu fahren und dabei Gefahr zu laufen, als Tamil*in erkannt zu werden. Vom Busbahnhof der Provinzhauptstadt fuhren sie in der Stille der Nacht los in Richtung Hauptstadt. Der Bus schlich langsam durch die Landschaft, um keine Aufmerksamkeit zu erregen und seine Dutzenden tamilischen Passagier*innen sicher nach *Colombo* zu bringen. Ähnlich wie Shanthynee versuchten auch die anderen Reisenden der Unterdrückung ihres Volks verzweifelt zu entkommen und sicher zum einzigen Flughafen des Landes zu gelangen. Als Folge der infrastrukturellen Dilemmas sahen sie sich dabei gezwungen, sich auf direktem Wege in die Arme ihrer Unterdrücker*innen zu begeben. Sie bewegten sich in die gleiche Stadt, in der wenige Monate zuvor noch Tausende Tamil*innen von singhalesischen Lynchmobs ermordet worden waren und aus der mehrere Hunderttausende in die andere Richtung, nach Eelam, geflohen waren.

Um Yaazhpanam vom Land aus zu verlassen, um also von der *Halbinsel* auf die *Hauptinsel* zu gelangen, muss eine schmale Verbindungslinie überquert werden. Dieser enge Landstrich, der von Lagunen umzingelt ist, stellt die einzige Landverbindung zwischen diesen beiden unterschiedlich großen Landmassen dar. Die portugiesische Kolonialmacht war die erste, die diesen strategischen Durchgangspunkt militärisch zu nutzen wusste und »sicherte«. Wenig später übernahm ihn die niederländische Krone, die wiederum von der britischen Krone abgelöst wurde, bis es ihnen das singhalesische Militär nach dem Abzug der letzten Europäer*innen gleichtat. Die Logik dahinter war, dass die Inanspruchnahme der Landbrücke bestimmte, wer das Land und all das Leben, das sich dahinter befand, beherrschte. Die Verbindungslinie, die heute von einer zweispurigen Landstraße und Eisenbahnlinie befahren wird, wird als ஆனையிறவு bezeichnet. Es ist der *Elefantenpass*.

Der Name weist auf die Tausenden Elefant*innen hin, die seit *Jahrhunderten* von Menschen den vielen Dschungeln der *Hauptinsel* entrissen und zum Verkauf nach Yaazhpanam verschleppt wurden. Aufgrund der dortigen Vegetation, die sich stark von der auf der Hauptinsel unterschied und weniger aus Dschungel als aus Palmenhainen bestand, war Yaazhpanam kein Ort, an dem indigene Elefant*innen zuvor weitverbreitet waren. Sie lebten jedoch frei in der südlich angrenzenden Region des Wannis (teilweise auch in der Inselkette, die die Halbinsel umgibt). Von dort und aus anderen Teilen der vielen Dschungel der Inseln wurden sie mehrheitlich nach Yazhpaanam verschleppt. Diese Verschleppungen waren Teil eines Elefant*innenhandels, der weit vor der europäischen

Kolonialisierung begonnen hatte und von lokalen Herrscher*innen lukrativ betrieben wurde. Sie hatten die Elefant*innen früh zum exklusiven Besitz der wechselnden einheimischen Kronen erklärt und damit unter Staatsschutz gestellt. Schon damals war das Töten der Tiere illegal beziehungsweise nur den König*innen gestattet. Die Tiere waren vor allem im Ausland begehrt. Dort hielt man* sie für besonders zahm und gefügig, anders als Elefant*innen aus anderen Teilen der Welt, weshalb sie dort zu Kriegs- und Arbeitsdiensten gezwungen wurden. Die einheimischen Herrscher*innen verkauften die Elefant*innen bis zu den malaysischen und arabischen *Halbinseln*. Hierfür wurden sie auf Schiffe geladen und über das Meer an ihre künftigen Einsatzorte transportiert.

Mit der europäischen Kolonialisierung übernahm Portugal dieses lukrative Exportmodell. Die Kolonisator*innen verschleppten die Elefant*innen der Insel von den Dschungeln über den engen Landpass im *Norden* hinweg und verkauften diese an angrenzende Machthabende, die bereit waren, einen hohen Preis für Elefant*innen aus der Insel zu zahlen. Für den Transport ketteten sie neu gefangene Elefant*innen an längst versklavte Elefant*innen, die in einem Gefangenenzug Hunderte von *Kilometer* durch das Land wandern mussten. Die unterworfenen Elefant*innen waren gezwungen, die »wilden« Elefant*innen zu beruhigen, ihnen ein Gefühl der Vertrautheit und Sicherheit zu vermitteln, nur um sie Hunderte *Kilometer* später im Namen des Menschen zu betrügen. Sie liefen bis zum *Cais De Elefanta*, dem sogenannten *Kai der Elefant*innen*, von wo aus sie nach Übersee verschifft wurden. Der *Cais de Elefanta* lag auf einer Insel, die vor Yaazhpanam gelegen ist und heute noch als *Kayts* bezeichnet wird. Wie viele Elefant*innen die Portugies*innen dort versklavten und verkauften, ist nicht bekannt. Die niederländische Krone, die die bereits kolonialisierten Teile der Insel im Jahr *1658* gewaltsam von den Portugies*innen übernahm, exportierte womöglich mehr als 10 000 Elefant*innen während ihrer gesamten Herr*innenschaft über die Kolonie.

All diese Elefant*innen marschierten wie auf einer Pilger*innenfahrt entlang des sogenannten *Elefantenpasses* in Richtung der Kaie, von wo aus sie ins Unbekannte verschwanden. Shanthynee bewegte sich in entgegengesetzter Richtung als die Tausenden Elefant*innen, die aus ihrer Heimat vertrieben wurden. Als der Nachtbus den *Elefantenpass* überquerte, lebten weder indigene noch fremde Elefant*innen mehr in Yazhpaanam.

***

Ohne es bemerkt und vielleicht gewollt zu haben, hatte Amma die Person, die sie einmal war, an einen anderen Ort und in einer anderen Zeit zurückgelassen. Ob in Yaazhpanam, in Nelliyadi, *Colombo*, Moskau oder den vielen anderen Orten, die darauf folgten. Irgendwann war es für sie unmöglich, zurückzublicken und zu dieser Person wiederzukehren. Es lagen zu viele Böden, Straßen, Wälder, Orte und Ozeane zwischen ihnen, um sich jemals wieder vereinen zu können und gemeinsam von einem Körper aus in den Himmel zu blicken. Es lagen zu viele Brüche zwischen ihnen, die sie sich gegenseitig vorwarfen, um sich jemals wieder versöhnen zu können. Während die eine Shanthynee sich Straßenzug für Straßenzug in einem neuen Alphabet und einer fremden

Ordnung zu behaupten versuchte, quälte die andere Shanthynee, die die gewohnten Straßen in der gewohnten Sprache entlanglief, nicht die Frage, was alles hinter ihr lag, sondern wer von ihr gegangen ist. Und was noch alles von ihr gehen wird.

Und auch die Elefant*innen, die aus dem Gehege in München herausschauten, die sich dem Objektiv von Appas Kamera verweigerten, indem sie der menschlichen Technik nicht die Aufmerksamkeit schenkten, die Menschen ihr für gewöhnlich gaben, waren nicht mehr die gleichen Lebewesen, die sie einmal vor dem Gehege, den *Elefantenhäusern*, Zoos, Menagerien, Parks, Reservaten, Bildern waren. Die Elefant*innen waren nicht mehr die Lebewesen, die sie vor den Unterwerfungen durch den Menschen und seinen industriellen Innovationen waren.

Sie liefen genauso in Europa auf fremden Böden und Pfaden die in ihrem Namen angelegt worden waren, aber dennoch menschlichen Leitprinzipien folgten. Sie bekamen Namen, die europäischen Menschen – und nur ihnen – Sinn und Ordnung gaben und gleichzeitig andere Ordnungsverhältnisse zerstörten. Anders als bei Shanthynee gab es jedoch keine Bilder von den Wesen, die sie mal gewesen waren. Es gab keine bildlichen Zeugnisse, die uns Vergleiche anhand körperlicher Merkmale, wie deren Größe und Breite sowie deren Umwelt ermöglichten. Niemand hielt ihre gewaltvollen Trennungen von ihren Gemeinschaften, Gefangenschaften, Foltern und Entführungen durch Menschen fest. Es gab keine Bilder, die ihr Leben vor den Menschen dokumentierten.

4

zur landschaft

Ich halte das Foto aus dem Zoo immer noch in meinen Händen. Die gefliese Wand hinter den drei Elefant*innen bestimmt den Farbeindruck. Es ist sind verschieden kräftige Orangetöne, die das Bild vom linken bis zum rechten Rand durchziehen. Das Orange wird von den graufarbigen Elefant*innen unterbrochen. Doch zwischen beziehungsweise hinter ihnen wird der Farbton zusätzlich von dem Blick in den Außenbereich durchschnitten. Eine halboffene Tür gibt die Sicht frei auf einen Ausschnitt der Umgebung des Elefantenhauses. Es sind Schemen einer vermeintlichen Natur zu erkennen, Umrisse von Bäumen, das Laub der Blätter. Aufgrund der Lichtverhältnisse im Innenraum wurden sie auf dem Foto überbelichtet und verblassen zu einem Graugrün. Die Bäume draußen vor dem Elefantenhaus erscheinen auf dem Foto weniger grün als das Grün des Strohs, das den Betonboden unter den Elefant*innen bedeckt. Die natürliche Umwelt hat keinen Platz in diesem Haus und in diesem Foto gefunden.

Obwohl der Großteil der *nicht-europäischen* Welt spätestens im *19. Jahrhundert* von den Küsten bis ins Hochland von verschiedenen – oft sogar mehreren aufeinanderfolgenden – Kolonialregimen erobert wurde und somit einer oder mehreren neuen Raumordnungen gewaltvoll unterworfen wurde, beschränken sich auch heutzutage die meisten Auseinandersetzungen mit diesen Herr*innenschaftssystemen auf die Folgen für spezifisch menschliche Siedlungsgebiete. Viel weniger Beachtung finden die Auswirkungen der kolonialen Gewalt auf die Umwelt dieser beherrschten Territorien.

Im menschlichen Unwillen, der oft fälschlich zur Unfähigkeit erklärt wird, die Welt über ihren*seinen eigenen Körper hinaus verstehen zu wollen, spiegelt sich der anthropozentrische Blick, der noch immer unsere Geschichtsschreibung bestimmt. Koloniale Geschichten sind jedoch nicht nur Erzählungen und Erfahrungen, die Menschen berühren. Sie sind auch Geschichten über die Naturen dieser Welt, die besiedelt wurden. Sie sind Zeugnisse der Orte, die uns noch immer als *fremd*, *bedrohlich* und *andersweltig* erscheinen. Denn auch diese zuvor von Menschen vermiedenen oder unbesiedelten Landschaften, die von europäischen Imperien gerne als entleert verstanden wurden – und noch immer werden –, blieben von der Gewalt des Kolonialismus nicht verschont.

Die vermeintlichen Versprechen dieser Landschaften, etwa der Fülle der Böden und der angeblichen Leere des Landes, dienten als Katalysatoren für die Gier der Menschen aus der Ferne. So wurden die Landschaften als Neuländer umgedacht und ihre vielen Bewohner*innen, inklusive den Menschen, zu Rohstoffen und Forschungsobjekten erklärt, um den eigenen Fortschritt voranzutreiben. Denn der Mensch aus der Ferne hatte mehr Interesse daran, sich über die Naturen der anderen zu stellen, als sich in diese ein- oder sogar unterzuordnen. Die Kolonisator*innen kamen mit eigenen Ideen und Vorstellungen von und über diese Naturen an, nach deren Vorbild sie versuchten, die ihnen fremden Naturen zu ordnen und damit gefügig zu machen. Auf diese Weise verschärften sie entweder schon vorangegangene Konflikte der Menschen mit ihrer Umwelt, oder sie zerstörten vor-koloniale und oftmals nachhaltigere Beziehungen lokaler Menschen zu ihrer unmittelbaren Umwelt.

Auch das Management der Wälder der vielen besetzten Gebiete war für die Kolonialmächte von zentralem Interesse. Um die Hintergründe dafür besser zu verstehen, lohnt ein Blick ins *präkoloniale* Europa selbst. Holz war dort noch bis zur Industrialisierung der wichtigste Rohstoff, der zum Bau von Häusern, Möbeln, Werkzeugen, Transportmitteln und vor allem als Energielieferant den Alltag prägte. Der deutsche Ökonom Werner Sombart sprach deshalb vom »hölzernen Zeitalter«, welches bis um *1800* reichte. Kaum ein Bereich des menschlichen Lebens in Europa war demnach nicht vom Holz beeinflusst. Um diesen für den europäischen Menschen so elementaren Rohstoff verfügbar zu machen, wurden deshalb in vielen Teilen Europas über die *Jahrhunderte* großflächig Wälder gerodet. Die Zerstörung der Wälder verfolgte darüber hinaus das Ziel, Landflächen für den menschlichen Acker- und Siedlungsbau zu erschließen. Beschleunigt wurde dies vor allem durch das rasante Bevölkerungswachstum, dass das Europa der sogenannten *Neuzeit* erlebte. Es führte letztlich dazu, dass viele Waldflächen der Region den Bedürfnissen der Menschen gänzlich und unwiderruflich weichen mussten. Als Folge war am Ende des europäischen Mittelalters kaum noch etwas von den ehemaligen europäischen Urwäldern übrig. Damit verschwanden sie auch von ihren

Landkarten. Diese füllten sich stattdessen mit Siedlungen und Ackerflächen, die den Lebensraum der Bäume gewaltsam besetzten und die Ruinen der Wälder verdeckten.

Im *18. Jahrhundert* war genauso von den indigenen Wäldern des heutigen Deutschlands kaum noch etwas übrig. Die Landschaften der Region waren weitgehend kahl geschlagen. Damit wurde auch der beliebte Rohstoff rar, der das europäische Expansionsvorhaben erst ermöglichte. Die Wirtschaftskraft der Europäer*innen drohte darunter maßgeblich zu leiden. Ein Umdenken für den Umgang mit den Wäldern Europas musste einkehren, denn ihr Kahlschlag wurde allmählich als unmittelbare Bedrohung für den Staat und die Gesellschaft ausgemacht. Hierbei ging es allerdings weniger um das Wohl der Natur, die unter diesen Eingriffen primär zu leiden hatte, als vielmehr um das Wohl des europäischen Menschen und ihrer*seiner Wirtschaftskraft. Die Rechnung war einfach: Je weniger Wald bestand, desto schwieriger war es, die Interessen und die Entwicklung des eigenen Landes zu schützen. Die Größe der Waldfläche war plötzlich für den Staatserhalt und die Kontrolle der Staatsmacht zentral.

Diese Erkenntnis führte letztlich zu unterschiedlichen Zeiten in verschiedenen Teilen Europas zur Entstehung von geregelten Forstwirtschaften. Der Beginn des geplanten Walds wird auf das *16. Jahrhundert* datiert und wurde vor allem im *Norden* des *Kontinents* populär, darunter auch das heutige Deutschland. Die Forstwirtschaft verfolgte ein »holz*orient*iertes Nachhaltigkeitsprinzip«, welches einen ökologischeren Umgang mit den einheimischen Wäldern etablieren sollte. Der nordeuropäische Mensch hatte verstanden, dass der

Reichtum der Erde nicht unbegrenzt war. Die Rodung der Wälder sollte dementsprechend kontrollierter stattfinden und einem Ausgehen der Ressource Holz mit dem Aufbau neuer künstlicher Wälder entgegengewirkt werden. Letzteres ahmte jedoch nicht das Anlageprinzip der Urwälder nach, die über *Jahrtausende* komplexe und widerstandsfähige Ökosysteme entwickeln konnten. Das war schon rein technisch nicht möglich. Stattdessen realisierte der europäische Mensch ihre*seine eigenen Vorstellungen eines Walds.

Dieser neu geschaffene Wald bediente die Interessen und Logiken von Menschen. Es sollten Wälder entstehen, die man* kapitalisieren konnte. Diese Herangehensweise bedeutete, dass die meisten der in Europa gefällten Baumarten nicht regeneriert wurden. Die neuen Wälder sollten stattdessen primär aus schnell wachsenden Baumarten bestehen, die häufig als Monokulturen kultiviert wurden. Mit dieser unter Zeitdruck herangezüchteten Natur sollten die Kahlstellen und Krater in der Landschaft und in den Portemonnaies gefüllt werden. Aus einer Idee von Natur entstand eine kapitalisierbare Natur, die sich auf den zweiten Blick als künstlich herausstellte. Nach Hunderten Jahren der Forstwirtschaft in Europa sind die meisten Wälder, Weiden und Felder, wie sie dort noch heute stehen und die Landschaft schmücken, Zeugnisse und Zeug*innen dieser Geschichten. Es sind menschliche Konstruktionen von Naturen.

Die europäischen Kolonialimperien waren also maßgeblich vom Waldvorkommen abhängig. Der Zugang zu Holz und seine Qualität bedingte die Reichweite und den Reichtum vieler dieser Imperien. Das Holz der europäischen Wälder ermöglichte es den Europäer*innen zunächst große und effiziente Seeflotten zu bauen, mit denen sie ab dem *15. Jahrhundert* die Welt zu umsegeln begannen. Die Fähigkeit, Ufer anderer Inseln und *Kontinente* zu erreichen, und der Wille, diese Landschaften daraufhin auszubeuten, hatte direkte Auswirkungen auf das Leben in Europa. Sie spornte das Wirtschaftswachstum an und verbesserte damit letztlich den Lebensstandard der Menschen in den Kolonialmetropolen: der Reichtum der Eliten explodierte, die Gehälter der arbeitenden Bevölkerung stiegen, die Erwerbslosigkeit sank und die landwirtschaftliche Produktion florierte. Doch beruhte dieser Aufschwung der europäischen Massen und ihrer Kultur auf der Verwüstung der besetzten Gebiete. Ihre jeweiligen Umwelten, Ökonomien, Leben, Kulturen und Böden wurden für den Reichtum Europas systematisch ausgeblutet. Holz war ein Schlüsselrohstoff in diesem Prozess der Extraktion des Lebens aus den Kolonien für das Leben in Europa.

Die materiellen Eigenschaften des Holzes, trotz des schweren Eigengewichtes auf der Wasseroberfläche treiben zu können, erlaubten es Menschen schon vor *Jahrtausenden*, sich über Wasser fortzubewegen. Holz verarbeitet in Booten und Schiffen ermöglichte in unterschiedlichen Formen den Austausch von Gütern, Lebewesen und Ideen. Es ermöglichte die Bewegungen von Menschen von Küste zu Küste, Ufer zu Ufer und Hafen zu Hafen. Die vielen Meeresbewegungen und -begegnungen, die seit *Jahrtausenden* autonom von den Europäer*innen existierten und kultiviert worden waren, wurden plötzlich mit einer neuen Realität, neuem Verhalten und neuem Glauben konfrontiert, für die sie nicht gewappnet waren. Ihre vormalige Ordnung, die auf innovativen Techniken basierte, wurde mit dem Austritt der Europäer*innen aus ihrer eigenen Welt und ihrem ungebetenen Eintritt in die Welten, Ordnungen und Bewegungen anderer umgeworfen. Die Europäer*innen machten von dem Materialvorteil des Holzes auf totalitäre Weise Gebrauch, um die Welt außerhalb ihrer eigenen Welten für sich zu erschließen und Land, das sie nicht erwarteten und das nicht auf sie wartete, zu ihrem Besitz zu erklären.

Innovationen im Bereich des europäischen Schiffsbaus waren demnach wichtig, da sie die Expansion des eigenen Herr*innenschaftsgebiet voranbrachten und mit ihr das Gedeihen der eigenen Gesellschaften. Denn nur mit fortschrittlich gebauten Schiffen war es tatsächlich möglich, weite Strecken zu überqueren und vor allem über Binnengewässer tief in das Landesinnere von fremden Landmassen hineinzustechen. Schiffsinnovationen standen als Teil der maritimen Logistik demnach nicht nur im Fokus von verschiedenen europäischen Handelskompanien, sondern auch den europäischen Staaten selbst. Sie waren essenziell für den Machterhalt der regierenden Klassen. Das portugiesische Königshaus bot zum Beispiel direkte Anreize für den Ausbau und die Weiterentwicklung von Schiffstypen, um damit den portugiesischen Anspruch auf die Welt im Konkurrenzkampf mit der spanischen Krone gewährleisten zu können. Hierzu gehörten massive Steuererleichterung, staatliche Subventionen sowie verschiedene Rechtsprivilegien, die Menschen, die in der Schiffsindustrie tätig waren, zugestanden wurden. Genauso das niederländische Imperium, das Jahre später der portugiesischen Krone ihre Vormachtstellung in vielen ihrer Überseekolonien streitig machen sollte. Es baute seine außereuropäische Herr*innenschaft durch den vorteilhaften Zugang zum Meer und seine, für europäische Standards, fortschrittliche Schiffsbautechniken aus.

Für die Herstellung und Instandhaltung der eigenen Schiffsflotte mangelte es dem nordeuropäischen Königreich jedoch seit der systematischen Abholzung der eigenen Urwälder notorisch an Holz. Um diesem Missstand entgegenzuwirken, ließ man im *17.* und *18. Jahrhundert* tonnenweise Holz aus dem heutigen Deutschland liefern. Hierzu verwendete man* Flöße, die später als Holländerflöße bekannt werden sollten. Sie transportierten unter anderem tonnenweise Tannenholz des Schwarzwalds über den Rhein und den Neckar in die Niederlande. Damit setzten sie eine Extraktionslinie fort, die das portugiesische Kolonialreich Jahre zuvor schon bediente. Auch Portugal kompensierte den eigenen begrenzten und bedrohten Baumbestand mit Pflanzen aus baumreicheren Teilen des *Kontinents*. Damit erhofften sich die unterschiedlichen Länder, ihre jeweiligen Kolonialambitionen langfristig – und über den eigenen Waldbestand hinaus – stützen und schützen zu können. Das »deutsche« Rohmaterial kam damit in der Form von Schiffsrümpfen, Masten und anderer Schiffsteile schon Jahre vor den deutsche Kolonialist*innen in vielen Regionen der Welt an, auf die später auch deutsche Kolonialist*innen ein Auge werfen würden. Die zu Schiffen verarbeiteten europäischen Wälder bewegten sich wie schwimmende Friedhöfe in Richtung anderer Naturen, denen mit der Ankunft der fremden Menschen die eigene Zukunft vorgehalten wurde.

Mit der raschen Ausbreitung der industriellen Revolution veränderten sich in Europa nicht nur die Produktions- und Nutzungsverhältnisse, sondern auch die Materialabhängigkeiten. Dies wirkte sich auf die Lieferketten aus, die sich aufgrund der Beschaffung spezifischer und häufig aufwendig aus der Ferne importierter Rohstoffe veränderte. Der Einsatz von Maschinen veränderte zwar die Abhängigkeiten und Anwendungsbereiche des Rohstoffs und läutete die Ära der Kohle und Metalle ein, doch verlor Holz auch nach der Industralisierung nie komplett an Bedeutung. Weit entfernt von Europa gewannen die Imperialmächte ein neues Interesse an dem ach so »alten« Rohstoff. Die Wälder der gewaltvoll kolonialisierten Territorien, die dort noch von der Zerstörung des Menschen verschont geblieben waren, stellten sich als potenzielle Rohstoffquellen für Europa dar.

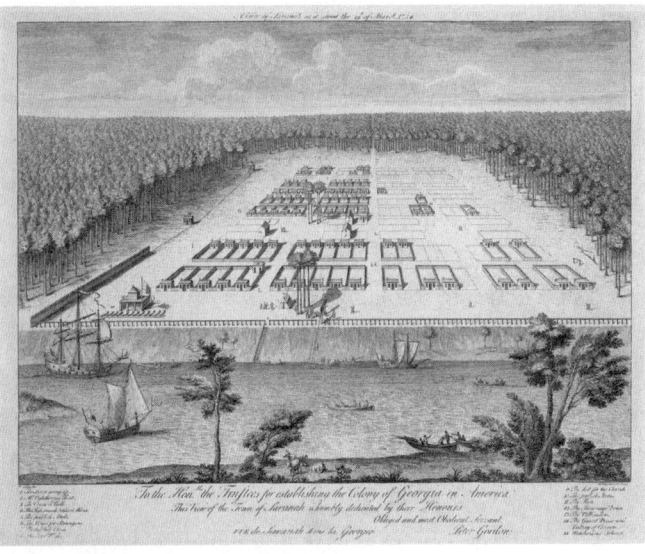

Großflächige Rodung der indigenen Wälder im heutigen
Savannah, Georgia, 1734

So war die Ausweitung der besetzten Gebiete getrieben von dem Interesse und dem Durst nach immer mehr und immer »neuen« Rohstoffen. Sie sollten den europäischen Drang zur *Modernisierung* stillen, buchstäblich ihre Öfen, Maschinen und Motoren füllen. Zu diesem Zweck bewegten sich die europäischen Schiffe allmählich von den Küsten immer weiter und tiefer in die Binnenregionen der Landmassen, die im Gegensatz zu den vielen Küstenregionen, bislang vor den Kolonialist*innen relativ geschützt geblieben waren. Insbesondere eine Erfindung ermöglichte, sich anders als mit vorherigen Schiffsarten, entlang der Flüsse tief in das Landesinnere zu bewegen: die des Dampfschiffs, das sich unabhängig vom Wind fortbewegen konnte. Mithilfe von Dampfern konnten im *19. Jahrhundert* »endlich« weite Teile der von Europäer*innen als *Afrika* und *Asien* bezeichnete Regionen von ihnen erreicht und unterworfen werden.

Zur *Jahrhundertwende* um *1800* waren »nur« ungefähr 35 % der Welt von Europäer*innen unterworfen. Dieses Verhältnis veränderte sich rapide mit der englischen Industrialisierung, die auch Innovationen im Bereich der Feuerwaffen hervorbrachte. Sie halfen den fremden Menschen, Teile des heutigen *Nigerias*, *Sudans*, *Kenias*, *Burmas* und *Chinas* zu unterwerfen, die mit vorherigen Technologien schwer zu erreichen und besiegen waren. Dampfschiffe ermöglichten es, die Menschen zu transportieren, sie mit Waffen zu bestücken, ihre Versorgung zu gewährleisten, Kriege gegen lokale Bevölkerungen und Machthabende zu unterstützten und am Ende dieses teuflischen Zyklus Rohstoffe aus dem Landesinneren über die Meere in die fernen europäischen Kolonialmetropolen zu exportieren. Die Schiffe wurden regelrecht selbst zu Waffen umfunktioniert, die das Land gewaltsam und gnadenlos penetrierten und es entlang der Flusslinien ausbluten ließen. Sie ermöglichten es, die koloniale Gewalt in die Binnenregionen, die Meerlosregionen zu katapultieren und damit den modernen Kolonialismus nicht nur zu einer Erfahrung werden zu lassen, die Bewohner*innen von Inseln und Küstenregionen kannten.

Die Expansion europäischer Kolonialimperien mittels Schiffen führte dazu, dass sie auf andere Naturen stießen, darunter für sie fremde Wald-, Baum- und damit Holzarten. Sie gerieten damit nicht nur ins Auge und Bildungsinteresse der fremden Menschen, sondern auch unter ihre Kontrolle. Die Kolonialist*innen lernten, sich schnell an den Wäldern zu bedienen. Sie erklärten den Urwäldern des *Nicht-Europas* einen Krieg, den ihre eigenen Naturen längst verloren hatten. Wie Zeugnisse aus einer anderen Zeit, einer Zeit vor dem weißen Menschen, ragten diese bei der Invasion der Europäer*innen in die Weiten des für sie fremden Himmels und die Tiefen der für sie fremden Erde. Mit ihrer Landung fielen jedoch auch diese Bäume und Wälder Wurzel um Wurzel, Stamm für Stamm und Ast für Ast der Logik der Europäer*innen zum Opfer. Sie mussten lernen, für das Wachstum und den Profit der Invasor*innen zu weichen. Demnach musste sich das Holz der Kolonien einem Schicksal beugen, dem schon die Wälder Europas ausgesetzt waren, bevor sie letztlich fast vollständig ausradiert wurden und in künstlicher Gestalt die Karten grün färbten. Den Urwäldern der kolonisierten Territorien drohte dieselbe Zukunft.

Bis zur Ankunft der weißen Menschen lebten die einheimischen Bewohner*innen der kolonialisierten Territorien – ähnlich wie auch die Menschen in Europa vor der Industrialisierung – in Abhängigkeit von ihrer Umwelt. Jedoch pflegten sie andere Verhältnisse zur Natur, die nicht nur von Angst, Begierde, Unterwerfung und Kontrolle geprägt waren. Sie lebten andere Leben und schrieben andere Geschichten innerhalb dieser Umwelten, die ihnen mancherorts nicht im Wege standen, sondern das Leben erst ermöglichten. Dies zeigte sich vor allem in der Verwertung der eigenen Umwelt. Wogegen die gesellschaftliche Rolle von Wäldern sich in Europa mit den Jahren auf Abholzung und Erholung reduzierte, so besaßen sie in vielen anderen Teilen der Welt über die *Jahrhunderte* hinweg komplexere gesellschaftliche Rollen. Menschen vielerorts sehen Bäume und Wälder bis in die *Gegenwart* als heilig an. Sie wurden als Versammlungsorte und *Orient*ierungshilfen genutzt, mit religiöser Bedeutung und heilenden Kräften verbunden. Sie wurden von den Wurzeln bis zu ihren Kronen verwertet, selbst ihre Blätter in der Zubereitung und dem Servieren von Nahrung benutzt. Sie konnten demnach auf andere Art und Weise in die Wertesysteme dieser Menschen integriert werden. Gleichzeitig führt diese Art Mensch-Baum-Beziehung zu einem Erhalt der Biodiversität. Sie sind Teil ihrer Leben, denen mit Respekt und Bewunderung begegnet wird. Mit der Landung der Europäer*innen wurden viele dieser Beziehungen allerdings gewaltvoll durcheinandergebracht. Die Bäume wurden, genau wie auch die Menschen, aus ihren Ordnungen gerissen und in eine neue Welt geworfen.

Die Wälder der Kolonien begannen mit den Wochen, Monaten, Jahren, *Jahrzehnten* und *Jahrhunderten* der Fremdregentschaft zu schrumpfen. Sie verschwanden zunächst von den Küsten, bis sie mit der Bewegung der europäischen Eindringlinge und Mörder*innen in das Landesinnere gleichermaßen im Inland schwanden. Die Bäume wurden aus den Wäldern verschleppt, bis es keine Wälder mehr auf den Karten gab und sie damit nie die Möglichkeit hatten, auf den Satellitenbildern von heute zu landen. Die Baumbevölkerungen der zu Kolonien erklärten Ländereien mussten sterben, weil ihre Überbleibsel auf der anderen Seite der Welt begehrt wurden. Als Folge wurden Milliarden von Bäumen aus den dortigen Böden gerissen, zerstört und für unterschiedliche Zwecke, etwa das Färben von Textilien oder den Ölgewinn, missbraucht. Letzterer wurde vor allem aus Bäumen aus den Kolonien *Westafrikas* ermöglicht, um Palmöl und Erdnussöl herzustellen.

Die Bäume wurden buchstäblich zu einem Treibstoff für die europäische Industrialisierung. Um Schiffe zu reparieren, die auf der langen Überfahrt von Europa in die fernen Kolonien Schaden erlitten hatten, fällte beispielsweise die portugiesische Krone in *ihren* sich gegenüberliegenden *Atlantikkolonien Brasilien* und *Angola* massenhaft Bäume. So mussten die Bäume herhalten, um die Wunden zu lindern, die sich aus diesem Dominanzverhältnis ergaben – die ihre eigene Unterwerfung erst ermöglichten.

Als die Portugies*innen auf ihrer Expedition nach *Indien* – was anders als heute, von Europäer*innen als grober Sammelbegriffe für weite Teile der Regionen östlich von Europa verwendet wurde, ähnlich wie der Begriff *Orient* – auf einen

Küstenstreifen stießen, den sie zunächst fälschlich als Teil einer Insel verstanden, tauften sie diesen Landstrich, unabhängig und entgegen indigener Namen, *Ilha Vera Cruz* (*Insel des Heiligen Kreuzes*). Der Küstenstreifen, den man* erst später als Teil einer größeren *kontinentalen* Landmasse verstand, wurde in Europa bekannt für eine glutfarbene Baumart, die von großer Bedeutung für den europäischen *Subkontinent* werden würde. Sie wurde über mehrere *Jahrzehnte* hinweg von *1503–1533* zum wichtigstes Exportgut dieses Landstrichs, bis die Küsten geköpft vor ihnen lagen. Schließlich tauften die Portugies*innen dieses Stück Land mit dem portugiesischen Namen *Terra do Brasil*, das *Land des Brasilholzbaums*. »Brasa« bedeutet »Glut« auf Portugiesisch und beschreibt die Farbe des geschnittenen Holzes dieser Baumart. Die Bezeichnung lebt heute im Begriff der Siedler*innenkolonie *Brasilien* weiter.

Massenabbholzung an den Küsten des heutigen *Brasiliens*, *1515*

Die Küste und das Landesinnere, die gemäß dem *Vertrag von Tordesillas* bis zum heutigen *Meridian* von *46° 37' westlicher Länge* in das Anspruchsgebiet der Portugies*innen fielen, wurden zu einer lukrativen Mine für das kleine europäische Küstenkönig*innenreich. Das Holzmonopol der Portugies*innen blieb jedoch nicht unumkämpft. Die Portugies*innen stießen wie an vielen anderen Orten, die sie kolonialisierten, auf Widerstand der indigenen Menschen. Die Gegenwehr kam aber auch von anderen Europäer*innen, die ein ähnliches Interesse an dem sogenannten *Brasilholz* entwickelten. Das Holz war aufgrund seiner rötlichen Farbeigenschaften, die auch schon indigene Menschen zu nutzen wussten, vor allem für die Färbung von Stoffen in der florierenden europäischen Textilindustrie heiß begehrt. Die Farbpracht aus den Kolonien, die das begrenzte europäische Farbverständnis und -spektrum erweiterten und herausforderten, waren – wie so oft – zum Statussymbol der Eliten geworden. Diese sehnten sich nach Farben, die ihre eigenen Naturen nicht hergaben und zum Teil einer Luxusindustrie wurden, die die Privat- sowie Staatskassen zu füllen vermochten.

Andere europäische Nationen, die ähnliche Textilinteressen verfolgten, scheuten sich nicht, den Portugies*innen ihr Ausbeutungsmonopol streitig zu machen. Dies führte zwischen *1602* und *1663* zu unzähligen Konfrontationen zwischen den niederländischen Handelskompanien und dem portugiesischen Imperium, als deren Folge *1630* die bis dahin schon fast kahl geschorenen portugiesisch besetzten Gebiete, wenn auch nur temporär, in die Hände – das heißt vielmehr in die Messer, Sägen, Äxte und Schusswaffen – der niederländischen *Westindien-Kompanie* fielen.

Die Besatzungsreihenfolge dieser Küsten beziehungsweise der Wechsel der weißen Unterdrücker*innen ähnelte denen vieler Teile der Welt, die nicht nur Opfer einer singulären europäischen Kolonialmacht wurden, sondern gleich mehrerer. Dazu zählt auch Eelam, das ähnlich wie Teile des heutigen *Brasiliens* zur gleichen Zeit, in der die Portugies*innen an den Küsten des *südlichen* Abya Yala wüteten, von Portugies*innen buchstäblich niedergestampft wurde. Ihr Boden wurde mit all seinem Leben platt gedrückt, bevor er von den Niederländer*innen eingenommen wurde, um weiterhin entsprechend ihrem Eigenbedarf und Wirtschaftsinteressen ausgebeutet zu werden.

Im sogenannten *Terra do Brasil*, das nun zu *Nederlands Brazilië* oder *Nieuw Holland* unbenannt wurde, setzten die weißen Siedler*innen das fort, was die Portugies*innen angefangen hatten. Zwanzig lange Jahre rodeten sie die Bestände der Wälder, die das Wüten der Portugies*innen überlebt hatten, und verschifften im Zuge dessen mehr als dreitausend Tonnen *Brasilbaumholz* zurück in deren Kolonialmetropole. Mit der Expansion des europäischen Menschen weiteten sich auch die vielen Leerstellen aus, die wie tiefe Wunden bereits in den Böden Europas klafften. In den Niederlanden kam das sogenannte *Brasilholz* wie geplant in der lokalen Textilindustrie zum Einsatz, die dank der vielen kolonialen Besitztümer schnell zur innovativsten und dominantesten Europas wurde. Die Wälder, die nun an den Küsten des *Nicht-Europas* fehlten, hingen damit in anderer Gestalt an den Körpern der weißen Menschen. Sie bedeckten, dekorierten und wärmten ihre blasse Haut. Ihre Form war so sehr abstrahiert worden, dass nicht mehr zu erkennen war, wer welchen Preis und vor allem wo für dieses europäische Luxusprodukt zahlen musste.

Mehrere *Jahrhunderte* später ist die Baumart vom Aussterben bedroht. In einem zynisch anmutenden Akt erklärte *Brasilien*, also der Nachfolgestaat der portugiesischen Siedler*innenkolonie, die Baumart *1978* zu seinem Nationalsymbol. Die Dezimierung dieser Bäume und der vielen natürlichen Wälder, die mit der Invasion der Europäer*innen im *16. Jahrhundert* angefangen hat, ist trotz gegenwärtiger und aufwendiger staatlicher Aufforstprogramme und Exportverbote nicht wiederherzustellen. Die Zeit lässt sich nicht mehr zurückdrehen. Die Siedler*innenkolonie, die noch immer nach dieser ausgebeuteten Lebensform benannt bleibt und die Kolonialmetropolen, die sich mittlerweile mit den synthetischen Farbstoffen begnügt, sowie die Wälder, die sie zu Friedhöfen verwandelt, längst vergessen und damit hinter sich gelassen haben, sind zu weit fortgeschritten, als dass das Überleben dieser Baumart auf natürliche Art noch möglich sein könnte. Es wurden zu viele Bäume ermordet und verschleppt, um deren Friedhöfe künstlich wieder aufzuforsten und damit das europäische Gewissen zu entlasten. Der Boden bleibt belastet.

Forstprogramme wurden von verschiedenen europäischen Kolonialmächten in fast allen Teilen der kolonialisierten Welt zu unterschiedlichen Zeiten und in unterschiedlichem Maße eingeführt: ob in *Französisch-Nordafrika*, *Deutsch-Südwestafrika*, *New South Wales* oder *Chōsen* (*Korea* unter *Japanischer* Herrschaft). Dabei ging es den Kolonialisierenden selten darum, die jeweiligen Naturen der Regionen in ihren Spezifitäten und Komplexitäten zu verstehen. Vielmehr verfolgte ihr Handeln die gleichen Muster wie eh und je: Sie stülpten ihre eigenen Interpretationen und Ordnungssysteme über bestehende und funktionierende Ökosysteme, um sie dann nach ihren

Wertvorstellungen neu zu gestalten. So folgte die Kolonialförsterei dem gleichen Prinzip der Unterwerfung und Fremdbestimmung der besetzten Landschaften. Ein besonderer Fokus fiel hierbei auf die Trockenlandschaften der Kolonien.

Heute wird davon ausgegangen, dass 40 % der Erdoberfläche aus ariden Landschaften, wie zum Beispiel Savannen und Wüsten bestehen. Weite Teile Europas zählen dazu. Europäische Kulturschaffende und Forscher*innen haben es geschafft, über *Jahrhunderte* das menschliche Verständnis und die Beziehungen zu diesen Landschaften, vor allem derjenigen außerhalb Europas, nachhaltig und negativ zu manipulieren. Als Folge ihrer Deutungshoheit über die Naturen werden Trockenlandschaften bis in die *Gegenwart* von vielen Menschen noch immer als *unfruchtbare* Regionen missverstanden, die keine funktionalen Lebensräume darstellen. Sie werden zu einem öden, *tristen* und *verschwendeten* Lebensraum entstellt, der zusätzlich eine Bedrohung für angrenzende fruchtbarere Böden darstellt. Lange wurden sie nicht als natürliche Bestandteile und Entwicklungen der Ökologie dieses Planeten angesehen, sondern als Resultat menschlicher Misswirtschaft. Hierfür wurden vor allem kolonialisierte Bevölkerungen, insbesondere indigene und nomadische Völker, verantwortlich gemacht. Sie hätten die Erde unter ihren Füßen mit ihren Lebensformen ruiniert. Die vermeintlichen »Fehler« der einheimischen Menschen, die als gegensätzlich zum zivilisatorischen Fortschrittshandeln der weißen Menschen verstanden wurden, mussten von Letzteren korrigiert werden, woraufhin sie Regeln zur Reparatur dieser Landschaften einführten.

In ihrem Buch *Arid Lands* argumentiert die Geografin und Umwelthistorikerin Diana K. Davis, dass der menschliche Versuch, Trockenlandschaften zu »reparieren«, nicht nur diesen betreffenden Teilen der Welt ihre Lebendigkeit abspricht, sondern ihnen auch langfristige und irreparable Schäden zufügt, die das Ökosystem zerstören können. Davis bettet gegenwärtige Aufforstungsprojekte innerhalb arider und semiarider Zonen in einen kolonialen Kontext, der die *moderne* Umweltpolitik diesbezüglich als eine Fortsetzung der Kolonialherr*innenschaft entlarvt. Ihr Buch erforscht unter anderem, wie die heutzutage noch weitverbreitete Annahme und Rhetorik um eine vermeintliche *Desertifikation* der Welt, die weltweite Verwüstung, auf einem fatalen Missverständnis des Planeten, seiner komplexen Ökosysteme und Biodiversität, durch den europäischen Menschen beruht. Die daraus resultierenden Entwicklungsprojekte negieren daneben auch, wie kolonialisierte und indigene Menschen seit Jahrtausenden diese als *minderwertig* und *leblos* betrachteten Landschaften erfolgreich und nachhaltig bewohn(t)en.

Die Politiken dieser Kolonialzeit werden heute noch von vielen entkolonialisierten Zentralstaaten fortgesetzt. Beispielsweise in *Algerien*, wo nach Davis die Regierung in den *1970er*-Jahren versuchte, die vermeintliche Ausbreitung der Sahara durch einen 1500 *Kilometer* langen Baumwall einzudämmen. *2010* beschloss dagegen die *indische* Regierung ein Drittel der Landesfläche des *Subkontinents* aufzuforsten. Das Projekt wurde »Green India« genannt. Hierzu wurden *2016* in einem Massenspektakel 49,3 Millionen Baumsetzlinge von 800 000 Freiwilligen im nördlichen Bundesstaat Uttar Pradesh gepflanzt. Beide Projekte verfolgten Ziele, die Teil großer nationaler Narrative sind, die nicht nur das eigene Land von dem eigenen Fortschritt und der eigenen Kompetenz überzeugen sollen, sondern auch die restliche Welt. Solche Projekte waren und sind typisch für viele sich entkolonialisierenden Staaten. Obwohl die meisten dieser Projekte zum Scheitern verurteilt sind, erfreuen sie sich dennoch in vielen Ländern der Welt großer Beliebtheit, etwa in *Brasilien*, *China*, *Namibia*, Oman, Äthiopien oder *Indonesien*.

Das Buch *Land. Milk. Honey.*, das in Verbindung mit dem *Israel*-Pavillon der 17. Internationalen Architekturbiennale in Venedig 2021 veröffentlicht wurde, bespricht detailliert, wie der israelische Staat Aufforstungsprogramme aus der britischen Mandatszeit von Palästina fortsetzte und als Teil seines nationalen Gründungsmythos verstand. Dabei enteignete die junge Staatsmacht nicht nur palästinensisches Land für die künstlichen Wälder, sondern unterband auch palästinensische Landwirtschaft, Tierzucht und nomadische Lebensgewohnheiten, vor allem von beduinischen Völkern. Sie standen gemäß dem Wunsch des *israelischen* Staats nach Wäldern und der biblischen Idee eines »Land(s), in dem Milch und Honig fließen« im Weg. So sprach der israelische Staatsgründer und erste Premierminister David Ben-Gurion schon in der zweiten Knesset-Eröffnungsrede im Jahr *1949* davon, dass durch die Aufforstung des Staatsgebietes die »Wildnis zum Blühen« gebracht werden müsse. Die neuen Wälder sollten zum einen der menschlichen Nutzung durch *israelische* Staatsbürger*innen dienen und zum anderen der Sicherheitspolitik des neuen und umstrittenen Staats.

Die meisten dieser ökologischen Kampagnen beabsichtigen, die vermeintliche Verbreitung von ariden Landschaften einzudämmen und gleichzeitig landwirtschaftlich nutzbare Flächen für die wachsenden menschlichen Bevölkerungen zu generieren. Als Demonstration der staatlichen Souveränität vieler entkolonialisierter Länder nehmen sie einen hohen Platz in der politischen Agenda der neuen unabhängigen Staaten ein. Diese mehr oder weniger *unabhängige* Forstpolitik, die aus den neuen Hauptstädten diktiert wird, reiht sich fast nahtlos in eine Umweltpolitik ein, die von Europäer*innen im *19. Jahrhundert* in Forstschulen Frankreichs und später auch des Deutschen Reichs für die Kolonien entwickelt wurden und die Beziehung des Menschen zu ihrer*seiner Umwelt nachhaltig beeinflussen. In der europäischen Forschung war der Forstbestand und -zustand innerhalb der Kolonien schließlich von großem Interesse. Denn auch die Möbel, mit denen sie ihren *zivilisatorischen* Fortschritt durch *modernes* Design und Ästhetik zum Ausdruck brachten, als auch die Holzkohle, mit der sie die kalten Winter in Europa überstanden, wurden zunehmend mit Holz aus den Kolonien produziert.

Der europäische Anspruch, über der Natur zu stehen, führte dazu, dass ganze Baum- und Pflanzenwelten, von einer Kolonie in die andere verschifft und verpflanzt wurden und damit ganze für sich geschlossene und stimmige Ökosysteme auf den Kopf gestellt wurden. Heute kann man* an vielen Orten dieser Welt anhand der vorhandenen Baumarten diese historischen Verflechtungen nachverfolgen. So hat eine Studie von *2019* herausgefunden, dass die Ökologie in *Guyana*, einer ehemaligen britischen Kolonie, sich gänzlich anders ausgestaltet als die des benachbarten Venezuelas, einer ehemaligen spanischen Kolonie, und die des angrenzenden Brasiliens, einer ehemaligen portugiesischen Kolonie. Dies ist kein Einzelfall. Die Geschichten der Verbreitung verschiedener Nutzbäume und -pflanzen auf der Welt, ob die der Ölpalme, des Teakbaums, der Teepflanze, der Kautschukpflanze oder der Erdnuss weisen alle auf erhebliche imperiale und koloniale Eingriffe hin. Diese Interventionen in die Natur führten dazu, dass die Umwelt von einem Ort an einen anderen transportiert wurde. Europäische Wirtschaftsinteressen produzierten auf diese Weise gewissermaßen neue Naturen. Eine Folge dieser Einschnitte in die Landschaft war, dass in manchen Regionen, in denen benachbarte Gebiete von unterschiedlichen europäischen Kolonialregimen regiert wurden, sich trotz ähnlich klimatischer und geografischer Ausgangsbedingungen, merklich andere Nutznaturen entwickelten. Noch heute lässt sich anhand dieser Beschaffenheit der Umwelt von (ehemaligen und gegenwärtigen) Kolonien erkennen, wer, wie lange und wann dieses Stück Erde beherrscht hat. Man* kann an den Naturen des *Nicht-Europas* erkennen, welche materiellen Bedürfnisse zu dieser Zeit in Europa vorherrschten und was für Naturen sie im Zuge dessen anderswo aufbauten und hinterließen.

Die frühe spanische und portugiesische Kolonialisierung der *Karibik* und Abya Yalas führte dazu, dass vor allem die Baum- und Pflanzenwelt dieser Inseln und dieses *Kontinents* sich mehr als die anderer Inseln und *Kontinente* auf dem Rest der Welt, ob der kolonialisierenden oder der kolonialisierten, verbreitet haben. Ihre Extraktion fand so früh und systematisch statt, dass sie beinahe bis in alle Teile der Welt, Kulturen und

Ökonomien tiefe Spuren hinterlassen hat. Dieser weltumspannende Abtransport der Naturen dieses Erdteils war so tiefgreifend, dass heute vielerorts kaum noch Kenntnis darüber herrscht, dass viele dieser Nutzpflanzen und -bäume keineswegs indigenen Ursprungs sind – sondern aus dem Ausbluten anderer Landschaften entstammen. Der Blick zum Boden erlaubt es uns bis heute, die Richtungen der europäischen Schiffe zu erkennen; die Orte, von denen ihre Schiffe aufbrachen und die Orte, an denen sie anlegten. Wir können nachvollziehen, wie sie den Boden ihrer Kolonien mit sich von Kolonie zu Kolonie, von Kolonie zu Kolonialmetropole schleppten.

Diese Verschleppungen führten dazu, dass die europäischen Kolonialist*innen verschiedene Organismen, ob Pflanzen, Tiere, Bakterien oder Viren aus Europa in die neu eroberten Territorien des *Nicht-Europas* brachten. Als Folge des Zusammenspiels aus geplanten Entführungen sowie dem unabsichtlichen Mitschleppen von Tieren sowie Viren wurden vielerorts ganze Biotope in Mitleidenschaft gezogen, wenn nicht sogar zerstört. Die Natur des *Nicht-Europas* war gegen die vielen europäischen Eindringlinge nicht gewappnet. Als Christopher Columbus *1492* auf der von den indigenen Taíno bewohnten Insel Ay-ti landete, die er kurzerhand in *La Isla Española*, die »Insel Spaniens« (heutiges *Haiti* und *Dominikanische Republik*), unbenannte, fing der Prozess und die Epoche an, die von Wissenschaftler*innen als das »Große Sterben« beschrieben wird. Die Region, die heute als *Karibik* bekannt ist, erhielt ihren Namen zur Zeit der spanischen Kolonialperiode. Der Name bezieht sich auf die indigenen Bewohnerinnen der sogenannten *Kleinen Antillen*. Die Taínos, die die Inselwelt der Region bewohnten, überlebten diese Invasion größtenteils nicht. Von bis zu 1 Million Taínos lebten nach nur 25 Jahren spanischer Okkupation nur noch ungefähr 32 000. Ihre Ermordung und Versklavung sowie die vielen Krankheiten, die mit der spanischen Kolonialisierung an Land geschwemmt wurden, vernichteten die indigene Bevölkerung von Ay-ti fast vollständig. 2019 veröffentlichte ein Forschungsteam des University College London (UCL) eine Studie, die bestätigte, dass mit der europäischen Kolonialisierung der sogenannten *Karibik* und Abya Yala 90 % der vorkolonialen lokalen Menschenbevölkerung gestorben seien – tatsächlich aber getötet wurden. Von vormals geschätzten 64 Millionen Einwohner*innen des *Kontinents* und seiner Inselwelten starben ungefähr 56 Millionen indigene Menschen als direkte Folge der europäischen Invasionen. Sie wurden entweder zu Opfern der vielen brutalen europäischen Völkermorde und Versklavung oder fielen den europäischen Viren zum Opfer, die die weißen Menschen an Bord ihrer Schiffe mit in die für sie unbekannte Welt schleppten.

Zu diesen Viren gehörten die Masern, Pocken, Influenza und Beulenpest, die schon seit Langem Europa plagten und dort große Teile der Bevölkerung niedergestreckt hatten. Sie verbreiteten sich mit der Ankunft der Europäer*innen rapide in der *Karibik* und Abya Yalas, dessen indigene Bevölkerung keine Möglichkeit hatte, in so kurzer Zeit Immunresistenzen für diese fremden Krankheiten zu entwickeln. Das »Große Sterben« war ein großes Töten, das sich auch in die Zeitrechnung schlich. Diese teilt sich in die Zeit vor Kolumbus und nach Kolumbus, in die Zeit der indigenen Menschen und die Zeit der Europäer*innen, der der Ermordeten und der der

Mörder*innen. Die Entvölkerung der Inselwelten und des *Kontinents* führte laut den Wissenschaftlern des UCL darüber hinaus dazu, dass nicht nur ganze Völker und Kulturen verschwanden, sondern auch die indigene landwirtschaftliche Produktion vielerorts zum Stillstand kam. Parallel dazu wurden Tausende Menschen aus den *afrikanischen* Kolonien versklavt, um auf Plantagen Abya Yalas zu arbeiten. Als Folge dessen regenerierten sich langfristig die Bäume und Vegetationen der vormals von indigenen Menschen besetzten und kultivierten Ländereien, die nun brachlagen. Diese Regeneration der Umwelt, die den europäischen Völkermorden folgte, hatte unmittelbare Auswirkung auf das globale Klima der Zeit. Die zuvor bewirtschafteten Landschaften nahmen mehr Kohlenstoff aus der Atmosphäre auf und führten genug CO_2 ab, um den Planeten abzukühlen. Es kam zu einem Temperaturabfall, der als »Kleine Eiszeit« bezeichnet wird. Die Eiszeit, die von Europäer*innen verursacht wurde, kam wie ein Bumerang auf Europa zurück. Sie führte zu starken Temperaturstürzen, die schwerwiegende Folgen für die Landwirtschaft und die allgemeinen Lebensumstände der europäischen Bevölkerung hatten. Laut den Forscher*innen an dem UCL waren außerdem ökonomische und gesellschaftliche Umbrüche die Folge, welche allesamt auf das Morden in den Kolonien auf der anderen Seite des *Atlantiks* zurückzuführen seien. Europa war natürlich nicht die einzige Region, die von den europäischen Machenschaften negativ betroffen war. Vor allem waren es die anderen, die den Preis für das Handeln Europas zahlen mussten und unter seiner unermüdlichen Habgier zu leiden hatten, die so welterschütternd war, dass sich dadurch sogar das globale Klima schlagartig veränderte.

Auch ein halbes Jahrtausend später leben indigene Menschen noch mit den Konsequenzen dieser europäischen Invasionen. Das Morden und Sterben hat sich unweigerlich in ihre Familien, Kulturen und Naturen eingebrannt. Sie sind bis heute nicht vergessen. Als im *Frühjahr 2020* die Covid-19-Pandemie auch die indigenen Bevölkerungen Amazoniens erreichte, bezeichnete die dortige Bevölkerung das Virus kurzerhand als das Virus der weißen, das wie unzählige vorherige Viren der weißen, ihr Überleben bedrohte. Tatsächlich wurde auch die Covid-19-Pandemie erst durch weiße Goldgräber und Holzfäller aus den Küstenregionen *Brasiliens,* die seit *Jahrzehnten* im Raubbau in der Region tätig sind, in das isolierte Innenland und die Dschungelgebiete geschleppt. Die augenscheinlichen historischen Parallelen führten dazu, dass indigene Völker den derzeitigen italienisch-deutschstämmigen Präsidenten der Siedler*innenkolonie *Brasiliens* Jair Bolsonaro bezichtigten, das Virus – ähnlich wie die ersten europäischen Kolonialist*innen – als Waffe gegen sie zu instrumentalisieren. Sie warfen ihm vor, mithilfe von Covid-19 die Dezimierung der indigenen Völker vorantreiben zu wollen. Das Motiv bestehe darin, dass das Töten es dem europäischen Siedler*innenstaat erlauben würde, leichter an die von ihnen begehrten Rohstoffe zu gelangen, die in den geschützten Siedlungsgebieten der überlebenden indigenen Völker vermutet werden. Seit dem Machtantritt des Präsidenten Bolsonaro im *Jahr 2019* wurde die Entwaldung Amazoniens um 70 % beschleunigt. Seither machte sich der europäischstämmige Staatsführer auch mit offen rassistischen Anfeindungen gegen die indigenen Menschen der Siedler*innenkolonie einen Namen. Ein Jahr nach der Ankunft von Covid-19 in *Brasilien* wurde dem weißen Präsidenten in einem Untersuchungsbericht des brasilianischen Senats Verbrechen gegen die Menschlichkeit gegen die indigene Bevölkerung vorgeworfen. In dieser staatlichen Untersuchung wurde dem offen faschistischen Bolsonaro vorgeworfen, dass er im Virus »eine Möglichkeit sah«, indigenen Menschen im Sinne seiner Wirtschaftsinteressen zu schaden. So kam es auch, dass unter den mehr als 660 000 Covid-19-Toten in *Brasilien* (Stand Mai 2022), indigene Menschen disproportional häufig vertreten sind. Eine Koalition verschiedener indigener Gruppen nahm die ungleiche Betroffenheitsrate der indigenen Bevölkerung zum Anlass, 2021 eine Klage gegen den weißen Präsidenten *Brasiliens* beim Internationalen Strafgerichtshof in Den Haag einzureichen. Sie werfen ihm einen Völkermord vor. Damit setzen sie die europäischen Siedler*innen von heute mit dem Handeln ihrer Vorfahr*innen von damals in eine direkte Verbindung. Sie beanspruchen damit aber auch die Rechtsinstitutionen einer Weltordnung, die im *15. und 16. Jahrhundert* nicht existierte und ein Novum der kolonialen Verhältnisse der Welt ist. Die indigenen Gruppen versuchen, diese Institutionen zu ihren Gunsten zurechtzubiegen und sich dabei einer *Vergangenheit* zu widersetzen, in der es weder Rechtssprüche, Untersuchungen noch Gerechtigkeit für die vielen Verbrechen gegen sie gab.

Neben europäischen Viren brachten die Kolonisator*innen der vergangenen *Jahrhunderte* auch europäische *Nutzpflanzen* und *Zuchttiere* mit. Sie versuchten, diese dort zu kultivieren beziehungsweise für die landwirtschaftliche Arbeit einzusetzen und gleichzeitig die dortigen Landschaften von indigenen Menschen, Tieren und Vegetationen aktiv zu »befreien«. Damit bemühten sich die Europäer*innen, ihre eigenen Konsumgewohnheiten und die damit verbundenen europäischen Lebenswelten in die Kolonien zu übertragen und dort zu etablieren. Es folgte die Erkenntnis, dass sie es sich langfristig nicht leisten würden können, ihre Ernährungskulturen über den Weg des Imports mit Schiffen aus Europa aufrechtzuerhalten. Anstatt die Konsumgewohnheiten nach den anderen Gegebenheiten auszurichten, versuchten europäische Menschen die fremden Naturen den eigenen Bedürfnissen anzupassen.

So gingen sie auch im Falle der Weinreben vor, die zwar ursprünglich nicht aus Europa selbst stammten, dort aber schon seit *Jahrhunderten* angebaut wurden, und ihr Beiprodukt, der Wein, hatte sich über diese Zeitspanne zu einem populären Kulturgut entwickelt. Mit dem Beginn der Kolonialisierung Abya Yalas im *15./16. Jahrhundert* importierten die Spanier*innen und Portugies*innen diese europäische Weinkultur in die kolonialisierte Welt. Dort sollte sie vor allem dem Verzehr der weißen Kolonialist*innen dienen und den Genuss garantieren, auf den man* im Ausland nicht zu verzichten bereit war. Weinregale in europäischen Supermärkten spiegeln bis heute diese Geschichte wieder. Neben europäischen Weinen sind vor allem Weine aus Ländern wie *Chile, Argentinien, Südafrika, Australien, Neuseeland* und den *USA (Kalifornien)* unter den heutigen Europäer*innen beliebt. All diese Produktionsländer vereint, dass sie aus dem europäischen Siedler*innenkolonialismus heraus gewachsen sind und die lokalen Weinkulturen direkt auf die landwirtschaftlichen Interventionen der Europäer*innen zurückzuführen sind. Diese waren zwangsläufig mit der Zerstörung von vorkolonialen Naturen verbunden. Es waren

Versuche, die europäische Präsenz und Kultur in den Kolonien zu naturalisieren.

Auch der niederländische, britische und französische Kolonialismus waren geprägt von Versuchen, den europäischen Weinanbau in die kolonialisierte Natur zu integrieren. So wuchs der lokale Weinanbau in Teilen *Französisch-Nordafrikas* – dessen fruchtbare Küstenregion als Départment der Kolonialmetropole einverleibt wurde und das heutige *Algerien* bildet – ab *1880* rasant an. Dieser Ausbau war mit ökologischen und ökonomischen Ereignissen verbunden, die sich Jahre zuvor auf der anderen Seite des Mittelmeers abgespielt hatten. Dort hatte um *1860* eine Läuseepidemie eingesetzt, die große Teile der europäischen Weinreben zerstörte. Sogar das damals größte Weinimperium der Welt Frankreich fiel dieser Pflanzenlaus zum Opfer. Ein Drittel der Weinanbaugebiete der Kolonialmacht lagen am Ende vernichtet da. Das verantwortliche Insekt wurde von Deutschen mit dem Namen *Reblaus* bezeichnet. Es war kein indigenes Lebewesen der europäischen Natur. Es trug bis dahin auch noch keinen europäischen Namen. Die Pflanzenlaus, die von selbst den *Atlantik* nicht hätte überqueren können, war erst durch die europäische Kolonialisierung des *Nordens* Abya Yalas und den Versuch, den europäischen Weinanbau außerhalb Kontinentaleuropas voranzutreiben, mit einem Schiff nach Europa gelangt. Dort verbreitete sich die Laus mit einer solchen Geschwindigkeit, dass die lokalen Weinreben keine Chance hatten, eine Resistenz gegen das zerstörerische Lebewesen zu entwickeln. Die sogenannte *Reblaus* aus *Nordamerika* traf damit auf eine für sie ungeschützte und unvorbereitete Natur. Und genauso wenig war die Reblaus für die europäische Natur gemacht.

Erst durch die vielen Einflussnahmen, die die europäischen Menschen auf der gesamten Welt durchzusetzen versuchten, potenzierte sich die Möglichkeit solcher Kollisionen von Ökologien, die sich zuvor unabhängig voneinander entwickelt hatten und nicht auf diese anthropogene Verzerrung der Biotope und Karten vorbereitet hätten sein können. Für die Europäer*innen bedeutete diese Entwicklung eine Katastrophe hinsichtlich ihrer Anbaukulturen und Wirtschaft. Vielleicht war sie aber vielmehr ein Ausdruck von Widerständen der Naturen, über die sich die Europäer*innen erhoben hatten.

Die weißen Menschen begannen das Insekt schnell als Pest zu bezeichnen und es als *invasiv* und *schädlich* einzuordnen. Adjektive, die eher zur Umschreibung für Europäer*innen passen. Als Folge des Imports der *Reblaus* lagen über Jahre hinweg große Flächen der europäischen Weinproduktion brach. Dies führte zu weitläufigen staatlichen Wirtschaftskrisen, die auch als »Reblauskrise« oder »Reblauskatastrophe« bezeichnet wurde. Dramatische Auswirkungen hatte diese auf Regionen und Länder, deren Wirtschaft vom Weinanbau abhängig war. Diese Insektenkrise machte sich auch in *Französisch-Nordafrika* bemerkbar. Denn der europäische Weinanbau begann sich in Richtung der anderen Seite des Mittelmeers zu verlagern.

Die Weinkrise führte in Frankreich unmittelbar zu einer Massenauswanderung von verarmten Weinbauern und anderen Menschen, die ihren Lebensunterhalt damit bestritten. Sie zogen aus den französischen Metropolen in die französischen Kolonien. Besonders betroffen von den Migrationsströmen war die französische Kolonie *Algerien*, die seit *1948* keine formelle Kolonie mehr war, sondern Teil der Metropole selbst. Alleine zwischen *1871* und *1900* sollen mehrere Hunderttausende Französ*innen aus Frankreich nach *Französisch-Algerien* übergesiedelt sein. Die Mehrheit dieser Kolonialsiedler*innen fand dort eine Beschäftigung in der Kolonialsiedlungs-Landwirtschaft, die sich hauptsächlich auf die Weinproduktion konzentrierte. Hierzu wurden 400 000 *Hektar* algerischen Bodens für den Weinanbau enteignet und zweckentfremdet, sodass der hohe Weinbedarf in Frankreich durch Exporte aus der Kolonie, gedeckt werden konnte. Das Land wurde den Alkoholbedürfnissen Europas untergeordnet. Das Schuften auf den Weinfeldern oblag vor allem den von den Kolonialsiedler*innen enteigneten indigenen Arbeiter*innen. Als Folge dieser Massenauswanderung und der damit verbundenen systematischen Umwälzung des Bodens entwickelte sich *Französisch-Algerien* in nur wenigen *Jahrzehnten* von einer Region, die bis dahin keine eigene Weinindustrie vorzuweisen hatte – und auch keinen signifikanten Alkoholkonsum unter den einheimischen Menschen kannte – zum größten Weinexporteur der Welt.

»Land der großen landwirtschaftlichen Produktion.« Französisches Propagandaposter zur landwirtschaftlichen Ausbeute *Französisch-Algeriens*, 1930

Der Profit dieser Industrie war selbstverständlich nicht für die lokale Bevölkerung bestimmt. Stattdessen bereicherten sich die europäischstämmigen Menschen am Boden des besetzten Landes und den Früchten, die sie selbst eingeführt hatten. Als Folge dieser Kolonialmigration wuchs die Zahl der Siedler*innen in *Französisch-Algerien* derart dramatisch an, dass zur Hochzeit 10 % der Bevölkerung aus Menschen aus der Metropole bestanden. Im algerischen Befreiungskrieg gegen die französische Kolonialmacht wurden deshalb häufig landwirtschaftliche Betriebe, die einen zentralen Bestandteil des Kolonialapparats darstellten, Ziele des antikolonialen Widerstandes. Somit öffnete sich ein endloser Kreislauf der Zerstörung, der sich mit der Zeit verselbstständigte. Die Zerstörungen hoben sich nicht gegenseitig auf. Sie begannen sich zu summieren.

Die Nutzbäume waren von diesem Kreislauf genauso wenig ausgeschlossen. Mit dem Anbau von fremden Monokulturen im Sinne der europäischen Kolonialförsterei wurden nicht nur die einheimischen Naturen zerstört, sondern auch die Nutzbäume selbst, die ohne großen Aufwand in diesen fremden Naturen nur schwer überleben konnten. Gemäß der Geografin Diana K. Davis gingen Naturforscher*innen Europas davon aus, dass die optimale Bewaldung der kolonialen Landschaften ein Drittel ihrer Fläche einnehmen solle. Dieses Verhältnis wäre die ideale Grundlage für das menschliche und wirtschaftliche Wachstum, wie sie bestimmten. Thesen wie diese mehr als 100 Jahre alte Behauptung werden auch heute noch, wie im Falle der »Green India«-Kampagne, als korrekt betrachtet. Sie basieren auf Forschungen zur europäischen Natur, die zum Leitbild der Gestaltung der Welt wurde. Frankreich erprobte solche Theorien zunächst im annektierten *Algerien*, das für sie als schrecklich verwüstet galt, so Davis. Von dort aus wurden diese Prinzipien allmählich in andere Kolonien exportiert und dort ausprobiert. Damit übertrug die Kolonialförsterei Annahmen über eine europäische Natur auf die *nicht-europäische* Natur, die nun nach den Maßstäben Europas und seiner Natur geformt – oder besser gesagt: verformt – werden sollte. Die Gewalt und Schäden jener Politik sind unermesslich. Und sie wirken sich bis in die *Gegenwart* auf den Fortbestand der vielen Lebewesen dieser Ökosysteme mit aus.

Einer dieser Schäden ist die Vertreibung von verschiedenen Lebewesen aus deren ursprünglichen Habitaten. Dies geschah beispielsweise mit der Ziege in *Britisch-Palästina*. Die Natur *Palästinas* entsprach nicht den Erwartungen, die die christlichen Europäer*innen verbanden mit dem biblischen Versprechen eines »Land(es), in dem Milch und Honig fließen« sollten. Als die Brit*innen mit der Zerschlagung des Osmanischen Kolonialreichs *Palästina* als Mandatsgebiet 1922 übernahmen, versuchten sie die dortige Umwelt nach diesem biblischen Bild zu (ver)formen. Die Ziege mitsamt den vielen arabischsprachigen Menschen, die von der Ziegenzucht lebten, wurde für diesen vermeintlichen Widerspruch zwischen dem, was die Bibel versprach, und dem, was europäische Christ*innen vorfanden, verantwortlich gemacht. Der von den Europäer*innen als »karg« beschriebene Zustand der Natur des *Mittelmeerlands* sei ihnen zuzuschreiben. Es folgten restriktive Eingriffe der britischen Kolonialbehörden gegen die Ziegenbevölkerung des Landes, die ihre Bewegungen und ihren Fortbestand und damit gleichzeitig den der arabischsprachigen Bevölkerung *Britisch-Palästinas* einzudämmen versuchten. Mit dem Abzug der Brit*innen lebte diese lebensfeindliche Politik auch im Nachfolgestaat *Israel* weiter, in der die Aufforstung zum Teil einer Staatswaffe gegen palästinensische Tiere und Menschen wurde.

Ähnlich ergeht es Elefant*innen, die heute noch immer unter derartigen politischen Einschnitten in ihre Umwelt leiden. Während Savannenelefant*innen von verschiedenen Aufforstungsprogrammen betroffen sind, werden Waldelefant*innen durch die globale Abholzung tropischer Wälder beeinträchtigt. Beide Handlungsmuster sind Teil menschlicher Naturunterwerfungslogiken, die die Manipulationen der Lebensräume dieser Tiere zugunsten der Menschen zum Ziel hatten. Gepaart mit der systematischen Ausbeutung und Tötung von Elefant*innen, ist ihr Fortbestand gefährdet. Um diesem von ihnen veranlassten Aussterben entgegenzutreten, fingen Kolonialist*innen vor allem im 19. *Jahrhundert* an, Reservate in betroffenen Gebieten zu errichten. In ihnen bezweckten sie, die Idee einer »ursprünglichen« und »wilden« vorindustriellen Natur zu präservieren. Das Präservieren war Teil einer kolonialen Herr*innenschaftslogik, die Naturen in künstliche, von Menschen geschaffene Räume verbannt und dabei den Menschen gleichzeitig von der Verantwortung befreit, mit der Natur außerhalb dieser Reservate gerecht umzugehen. Die Spezies, die sich nun um das Konservieren der Elefant*innen sorgt, ist die Spezies, die für ihr Aussterben verantwortlich ist.

In den Reservaten sollten die Naturen in einer Zeitlosigkeit gehalten werden, das heißt vom europäischen Menschen unberührt bleiben. Dies stellt tatsächlich einen Widerspruch in sich dar, denn diese sogenannten *unberührten Naturen* wurden von menschlicher Hand umzäunt und geordnet. Für die Schaffung dieser Reservate, die von der Abwesenheit von menschlicher Gewalt gezeichnet sein sollten, mussten ganze Landstriche von ihren indigenen Menschen entvölkert werden, um als enteignetes Land zu Reservaten für indigene Tiere erklärt zu werden. Der Zyklus dieser Gewalt setzte sich kontinuierlich fort.

Diese paradoxen Verhältnisse existieren in vielen Teilen der kolonialisierten Welt. In *Nord*-Abya-Yala wurde zum Beispiel die einheimische Bisonbevölkerung Opfer einer *Jahrzehnte* andauernden systematischen Auslöschungskampagne von europäischen Kolonialsiedler*innen. Das vielleicht perfideste daran ist, dass die Europäer*innen – anders als im Falle der Elefant*innen – kein wirkliches Interesse an dem Bison als Lebewesen hatten. Die Lebewesen waren weder in ihrer Nahrungskette noch in ihrer Handelskette integriert. Es ging den Europäer*innen beim Bisonmorden tatsächlich darum, den indigenen nordamerikanischen Menschenvölkern die Lebensgrundlage zu rauben. Für Letztere war der Bison ein elementarer und zentraler Bestandteil ihrer Lebensführung. Das Fleisch der Bisons diente als Proteinquelle für die indigenen Menschen, wogegen ihr Fell für Kleidung und Behausungen genutzt wurde und selbst die Knochen und Hörner der Tiere als Werkzeuge verwertet wurden. Die europäischen Siedler*innen versuchten mit ihrem Vorgehen gegen die Bisons die indigenen Nationen zu schwächen, ihren Widerstand zu ersticken und damit ihre Vernichtung zu vereinfachen. So gingen die vielen europäischen Völkermorde an den indigenen Völkern des *Nordens* Abya Yalas letztlich mit den Artenmorden an den indigenen Bisons einher.

Ähnliche Formen der multidimensionalen Vernichtungskampagnen waren Teil der meisten Kolonialprojekte weltweit. Sie leben gegenwärtig noch als militärische Taktik der »Verbrannten Erde« weiter und finden Anwendung, wenn vor allem Staatsarmeen gezielt die Landschaften, Felder und Zuchttiere von besetzten und kolonialisierten Bevölkerungen zerstören, um damit ansässigen Menschen ihre Existenzgrundlage zu nehmen und ihre Widerstandskraft zu brechen. Ein Beispiel für diese Art der Politik, die sich bis in das 21. *Jahrhundert* fortsetzt, ist die Türkei, die *jahrzehntelang* in vielen Teilen Kurdistans diese Taktik systematisch verfolgte. Der türkische Staat geht so vor, um durch die Verbrennung kurdischer Felder, Wälder und Dörfer, den populären Widerstand gegen den aus Ankara befehligten kolonialen Status quo zu brechen.

Anfang des *19. Jahrhunderts* (über)lebten nur noch wenige Bisons im *Norden* Abya Yalas. Parallel dazu war die Vernichtung und Unterwerfung von indigenen Völkern durch Europäer*innen fast vollkommen abgeschlossen. Damit konnte sich allmählich die Beziehung von weißen Menschen zu den Bisons erholen. Es gab keinen direkten Grund mehr, sie zum Kollateralschaden in der Konfrontation von Mensch zu Mensch werden zu lassen. Damit trat ein Wandel in der Handhabung der Bisons ein. Der weiße Mensch wandte sich von der Idee der Ausrottung plötzlich zur Idee der Konservierung dieser Spezies. Ähnlich wie überlebende indigene Menschen zu der Zeit in Reservate vertrieben wurden, wo sie geschützter leben sollten – oder eher: aus den fruchtbaren Gebieten in öde Landschaften vertrieben wurden, von wo aus man* sie aus der Ferne kontrollieren konnte –, so wurden die Bisons ebenfalls in Nationalparks und -reservaten »unter Schutz« gestellt.

Der Wandel in der Politik der europäischen Menschen zu Abya Yalas Bison führte letztlich zu einer Geburtenzunahme der bis dahin fast komplett ausgerotteten Bisonbevölkerungen der Region. Das Ziel dieser Konservierungsstätten konnte also erfüllt werden. Man* hielt künstlich eine Form der Natur aufrecht, die der Mensch anderswo großflächig zu zerstören bereit war. Die ursprüngliche Bevölkerungszahl der Bisons, die noch vor der Invasion der Europäer*innen existierte, konnte allerdings nicht mithilfe dieser Schutzprogramme wiederhergestellt werden. Auch sie konnten sich nie wieder von den europäischen Völkermorden erholen. Das getötete Leben kam auch nach einem Wandel der Politik, einer polierten Rhetorik und Populationsstatistik nicht zurück. Die Bisons und die indigenen Völker blieben weiter vom Erdboden verschluckt. Nur der Schmerz und die Erinnerungen an diese Geschichten verblieben auf der Erdoberfläche haften. Sie klaffen auch *Jahrzehnte* später in der Form von Wunden in den betroffenen Landschaften und dem Leben weiter. Als 2016 der Bison zum ersten nationalen Säugetier der sogenannten USA erklärt wurde, ist der Bison ironischerweise zu einem Staatsymbol der gleichen Siedler*innenkolonie (v)erklärt worden.

Auch die*der Elefant*in in Liesel Burischs Videoinstallation im Humboldtforum lebte in der Nähe oder sogar in einem Nationalpark. Der Ort, an dem die*der Elefant*in im Sterben liegt, wird mit Samburu angegeben. Der im Kernland *Kenias* gelegene Distrikt ist nach dem gleichnamigen halb nomadischen Volk der Samburu benannt. Er ist auch die Heimat des *1948* – das heißt noch während der britischen Kolonialzeit – gegründeten Samburu-Nationalreservats. Das Reservat ist heute einer der größten und beliebtesten Safariparks des Landes und über seine Grenzen hinaus bekannt für seine großen Elefant*innenherden. Diese Reservate, die der europäische Kolonialismus hinterlassen hatte, wurden von den Folgestaaten – ähnlich wie deren Forstprojekte – häufig ohne Hinterfragung der Politik weitergeführt. Sie wurden nicht entkolonialisiert. Sie spielen heute vor allem im internationalen Tourismus dieser ehemaligen Kolonien eine wichtige Rolle. Damit stellen sie daneben eine wichtige Arbeitsplatzgarantie für die lokale Bevölkerung dar und helfen der Ökonomie von strukturschwachen Regionen. In Ländern wie *Kenia, Tansania* oder *Sri Lanka*, die vom Wildtiertourismus leben, wird das nationale Bruttosozialprodukt maßgeblich von den Reservaten gestützt. Der künstliche Erhalt der Natur wurde damit zu einem Geschäftsmodell vor allem für arme Länder. Die Reservate sind auf diese Weise schnell zum Teil eines neuen nationalen Selbstverständnisses geworden und zentraler Bestandteil aufwendiger Tourismuskampagnen, die Besucher*innen in der kapitalreichen Welt anzuwerben versuchen. Doch trotz staatlichem Schutzstatus und eigenen Parkbehörden, die den Erhalt der Reservate kostspielig sichern, jagen dort noch immer illegale Tierwilderer.

Elefant*innen und viele andere Tiere sind dadurch nicht einmal in *Reservaten* vor dem Menschen sicher. Bei derartigen Übergriffen werden den Elefant*innen oft die Stoßzähne am lebendigen Leibe ausgerissen und die entzahnten Tiere grausam dem Tode überlassen. Erst 2016 verbrannte *Kenia* mehr als 105 Tonnen Elfenbein, also 5 % des weltweiten Bestandes, um demonstrativ den Kampf gegen den weltweiten Elfenbeinhandel zu erklären. Was hiermit verbrannt wurde, war nicht nur ein von Menschen begehrter Rohstoff, sondern die sterblichen Überreste von mehr als 6000 Elefant*innen, die von Menschen ermordet wurden, deren massive Zähne zu Türmen gestapelt wurden, um vor laufenden Kameras verbrannt zu werden. Dem Morden folgte mit Verspätung die Kremierung, die als Schlagzeile in die Welt kommuniziert wurde.

Heute existieren weltweit mehr als 200 000 Naturreservate. Sie bedecken eine Fläche, die fast so groß ist wie die gesamte Fläche im *Süden* Abya Yalas. Die Naturen, die vermeintlich von menschlichen Einflüssen ferngehalten werden, sind keine Naturen, die vom Menschen befreit wurden. Sie werden noch immer vom Menschen bestimmt und verwaltet. Die Elfenbeinwilderei in Reservaten *Kenias* oder der illegale Gold- und Holzabbau in Reservaten zerstören nicht nur den Lebensraum der indigenen Menschen, sondern auch den der vielen Tiere, die ihn gemeinsam mit den Menschen teilen. Dies zeigt deutlich, dass Reservate nicht von den *jahrhundertealten* Extraktionsinteressen und -linien der Menschen geschützt sind. Sogar im sogenannten Schutzzustand werden sie ihren Kapitalverhältnissen unterworfen.

Zoos der *Moderne* und Reservate teilen dahingehend einiges miteinander. Sie stehen typologisch, politisch und wirtschaftlich in Beziehung zueinander und sind beide Bestandteile einer europäischen Industrielogik, die sich der Natur überordnet und die Natur der Welt zu einem Rohstoffarsenal für den menschlichen Gebrauch umdeutet. Neben der imposanten Zurschaustellung fremder Welten verfolgen Zoos ein ähnlich zynisches Ziel wie die europäischen Reservate in den Kolonien: nämlich den »Schutz« von vom Aussterben bedrohter Tiere.

Zoos weltweit begründen ihr Weiterbestehen mit dem Argument, dass sie dabei helfen würden, Tiere künstlich zu präservieren, sie vor dem drohenden Verschwinden zu bewahren. Weltweit nehmen Zoos an verschiedenen Zuchtprogrammen teil, die die künstliche Fortpflanzung von bedrohten Lebewesen vorantreiben, um damit den Artenerhalt zu garantieren. Ein in den Medien weltweit immer wieder besprochener Fall ist der der Pandabevölkerung. Ihre mediale Besprechung ist ein Garant für Online-Clicks und -Views sowie hohe TV-Einschaltquoten. Dabei ist es den Betrachter*innen anscheinend egal, ob es sich dabei um das sehr lukrative Geschäft des Ausleihens dieser Tiere durch den *chinesischen* Staat an ausländische Zoos handelt, das als *Chinas* Panda-Diplomatie bezeichnet wird. Schließlich führen die unzähligen Fortpflanzungsversuche, die in Gefangenschaft stattfinden zu niedlichen Pandababys. Wie bereits Elefant*innen in Zoos sind Pandas Publikumsmagnete, die hohe Besucher*innenzahlen und damit Geldeinnahmen für den Zoo, das Land und den Staat versprechen.

Diese Paarungsschauspiele verschweigen allerdings, dass das Aussterben der Tiere direkt vom Menschen verursacht wird. Anstatt mit den Habitaten anderer Lebewesen gerechter umzugehen, entscheiden Menschen sich dazu, diese Tiere in Gefängnisse zu sperren, sie dort künstlich am Leben zu erhalten, um sich selbst über die Nachhaltigkeit des Umgangs mit dieser Welt und all ihrem Leben zu täuschen. Fragen, die wir uns selbst darüber stellen, wo wir leben wollen, wie wir leben wollen, mit wem wir leben wollen, sind Fragen, die wir nur uns selbst zugestehen. Es sind Grundsätze, die wir anderen Lebewesen aktiv und mit Freude verwehren.

Das Narrativ, dass Zoos bedrohte Tierarten schützen, verschleiert, dass mit der Verschleppung von Tieren aus ihren Heimaten, der Trennung von ihrem sozialem Umfeld und der Gefangenschaft in Zoos ihre Entwicklung gestört wird. In der Gefangenschaft werden die Psychen von vielen Tieren so schwer belastet, dass sie an mentalen und physischen Krankheiten leiden, die nicht einmal mit »authentischeren« Naturkulissen geheilt werden können. Nebenbei wird ihre Intelligenz unterfordert, ihre Physik bleibt in den Gehegen weitgehend unausgelastet, und ihr soziales Verhalten wird manipuliert und unterbunden. Innerhalb von Zoos wird das Selbstbestimmungs- und Freiheitsrecht von Tieren permanent mit Füßen getreten und die Tiere ihrer Autonomie beraubt. Zoos schützen nicht, sie schränken Tiere stattdessen in ihrer freien Entfaltung ein.

Diese Erfahrungen ist vielen geflüchteten Menschen nicht fremd. Als Amma gemeinsam mit ihren Kindern in der Bundesrepublik ankam, landeten sie, Stunden nachdem sie ihr Asylgesuch gestellt hatte, in einem zentralen Aufnahmelager in der Nähe von Frankfurt am Main. Es war das erste von vielen Asyllagern, das sie durchlaufen würden und wo über Jahre hinweg ihre Freiheitsrechte eingeschnitten wurden. Als Asylbewerberin fand sie sich mit ihren Kindern hinter Zäunen und Mauern wieder, die im Zusammenspiel mit der Residenzpflicht ihren Bewegungsradius stark einschränkten und sie in einem Zustand der Immobilität gefangen hielten. Doch bevor sie auch nur einen Schritt auf deutschem Boden gemacht hatte, dämmerte ihr, dass sie etwas zurückgelassen hatte.

Amma hatte zwar die Kamera bei ihrer Flucht dabei, doch hatte sie ähnlich wie Appa in der Aufregung des Aufbruchs etwas Wichtiges vergessen in ihre Koffer zu packen: die Fotoalben mit den vielen Fotos, die ihr gemeinsames glückliches Leben vor dem Krieg und Völkermord dokumentierten. Sie ist bis heute aber vor allem bestürzt darüber, etwas anderes verloren zu haben: die vielen Fotos, die Appa so liebevoll von ihrem ersten Kind geschossen hatte und die sie sorgfältig beschriftet und in eine ästhetische Sinnordnung gebracht hatte, bevor sie sie in die Albumseiten geklebt hatte.

Das Kind, das anders als sein Vater nicht außerhalb der Kameraobjektive aufwachsen sollte; das Kind, das als erstes Kind eine ununterbrochene Fotochronologie seines Leben besitzen sollte, stürzte in die Bildlosigkeit. Der Fotostand war wieder bei 0. Wie auch bei den Eltern des Kindes. Sie alle hatten ihre letzten materiellen Erinnerungen von sich und ihrem Leben in der Heimat vergessen. Ihre Erinnerungen und Geschichten waren gelöst aus der materiellen Festigkeit und standen für Menschen mit Dokumenten und mit materiellen Erinnerungen gewissermaßen zur Debatte. Sie wurden auf eine Art angefochten, wie es Geschichten und Erinnerungen, die durch Fotos bezeugt werden können, selten werden.

Neben ihren Passbildern, waren die einzigen Fotos, die sie von sich besaßen, die Fotos, die Amma von sich und ihren Kindern geschossen hatte, als Appa ihnen bereits vorausgereist war. Es waren die Bilder, die sie ihren Körpern ins Exil vorausgeschickt hatten. Die wenigen Bilder, die die Flucht aus dem Krieg überlebt hatten und versuchten, die Kulissen, Farben und Töne von dort mit denjenigen im europäischen Exil visuell zu verbinden, gewissermaßen eine Brücke zwischen der Konfliktregion und dessen vielen Geflüchtetenlagern schlugen.

Die Bilder, die Amma zurückließ, unterschieden sich von den Bildern, die sie überlebt hatten. Sie waren nicht von einer beklemmenden Leere, Ungewissheit und Trauer gezeichnet. Sie erinnerten nicht an die Schwere der Trennung und die Sorge vor der Gewalt, sondern an das Leben trotz aller Konflikte. Sie blieben gemeinsam mit dem Haus, das Amma nie wieder betreten würde, zurück im zunehmenden Bombenhagel. Ihre Spuren verwischten sich dort.

Appa wartete mit den ihm zugeschickten Fotos in einem Asyllager auf die Wiedervereinigung mit seiner Familie. Erst Monate später, nachdem die Familie nicht nur in Eelam, sondern auch im deutschen Asylsystem getrennt worden war, konnten die Fotografierten endlich ihre Abbilder, die sie unentwickelt in die Ferne geschickt hatten, zum ersten Mal in ihren Händen halten, sie näher betrachten und ihre Gesichtsausdrücke auf ihnen studieren.

Der Verlust der Bilddokumente beeinflusste Shanthynee und Varatharajah auf unterschiedliche Art und Weise. Während Amma besessen von der Idee war, den Bildern nachzujagen, ihre Spuren bis in die *Gegenwart* zu verfolgen, um die Bildordnung zu restaurieren, die Chronologie zu reparieren und die Vorstellung über sich selbst und ihre *Vergangenheit* vor der Flucht zu stabilisieren, schlug Appa einen anderen Weg ein. Die relative Dokumentlosigkeit der geflüchteten Familie nahm er zum Anlass, die Panasonic-Kamera, die er sieben Jahre zuvor als Tourist in München erstanden hatte und die seine Frau auf ihrer Flucht aus Eelam für ihn mitgebracht hatte, zum Einsatz zu bringen. Er wollte die vielen Leerseiten mit neuen Bildern füllen, die über den Verlust der alten trösten, vielleicht auch hinwegtäuschen sollten. Durch die Wiedervereinigung mit seiner Familie und der *japanischen* Kamera wurde Appa unverzüglich wieder zum Dokumentaristen, zu dem er nach der Rückkehr von seiner Reise nach *Süd*deutschland geworden war.

In den verschiedenen Asyllagern, in denen meine Familie interniert wurde und in die ich wenig später hineingeboren wurde, ging er dieser Tätigkeit nach. Appa war einer der wenigen Lagerinsass*innen, die eine Kamera besaßen. Die Kamera beziehungsweise die Bilder, die sie produzierte, wurden zu erneuten Objekten der Begierde, von denen nicht nur seine Familie Gebrauch machen wollte. Auch die vielen anderen jungen tamilischen Männer, die alleine geflohen und die ohne Bildmaterialien von sich gekommen waren, wollten Dokumente von sich haben. Diese gedachten sie, an ihre Verwandten in Eelam oder *Sri Lanka* zu schicken, um diese davon zu überzeugen, dass es ihnen trotz des Exils in den Asyllagern gut gehe. Sie wollten, dass sich ihre Liebsten weniger Sorgen um den Zustand der Geflohenen machten, sondern sich eher darum kümmerten, selbst Schutz vor dem Gewaltzyklus in der Heimat zu suchen. Andere wiederum wollten Bilder von sich, um damit Hochzeitsarrangements mit tamilischen Frauen in die Wege zu leiten, die häufig noch in Eelam lebten. Manche wollten aber auch nur schöne Bilder für sich selbst, zur eigenen Erinnerung haben.

Appa verlor keine Sekunde, um die Panasonic-Kamera im Asyllager zum Einsatz zu bringen. So entstand für uns eine neue Art der Fotografie: die Asylfotografie. Appa setzte in den deutschen Asyllagern die Tradition fort, die er schon mit seiner Kamera in Nelliyadi verfolgt hatte. Er begann Fotos von und für diejenigen zu schießen, die klassischerweise außerhalb der Fotos und Medien standen, deren Alltag und Leben kaum eine Form der autonomen Dokumentation und Wertschätzung fand. Die Fotos zeigten das, was in vielen westlichen Asyldiskursen selten in Betracht gezogen wurde: dass auch asylsuchende Männer aus derzeitigen oder ehemaligen Kolonien Menschen sind; dass asylsuchende Menschen selbst in Notsituationen zu leben versuchen; den Alltag zu meistern versuchen, Freude auch im Unglück suchen und tatsächlich finden können. Die Fotos bewiesen auch, dass die bautechnisch und städteplanerisch designte Inhumanität der Asyllager, ob in Deutschland oder anderswo, Menschen nicht daran hindert, kreative Wege zu finden, sich innerhalb dieser Mauern und Zäune selbst zu humanisieren und sich der Gewaltlogik der Asylarchitektur und -gesetzgebung zu widersetzen. Auch wenn Geflüchtetenlager nur für die Lebenserhaltung von biologischen Körpern konzipiert sind und in diesem Sinne das Konzept des »Nackten Lebens« nach dem italienischen Philosophen Giorgio Agambens fördern, so heißt das nicht, dass die Menschen, die nur auf Kalorienzahlen und andere bürokratische Werte reduziert werden, sich dieser Logik zwangsläufig unterwerfen. Auch die Menschen, die von Essenspaketen und -gutscheinen lebten, fanden Möglichkeiten, sich selbst in den Zwängen dieses Systems gerecht zu werden. Die Asylfotografie verdeutlichte daneben, dass weiß-bürgerliche Konzepte wie das der »Nicht-Orte« vom französischen Anthropologen Marc Augé häufig lediglich die Realitäten von oben mitdenken und gar nichts über die Art aussagen, wie Gruppen, die von der Mitte dieser Gesellschaft am Rand gehalten werden, diese Ränder erfahren und belebbar machen. Auch Asyllager waren Orte, in denen das Leben zwar rechtlich und ökonomisch pausiert wurde, sozial, kulturell und vor allem politisch aber dennoch stattfand.

Mit der Rückkehr von Appas *japanischer* Kamera nach Deutschland entstanden in kürzester Zeit Hunderte von Fotos, die das Leben im Asyl dokumentierten. Sie gaben den Orten, Menschen und Leben eine materielle Erinnerungsform, die den rechtlichen Schwebezustand des Asyls überdauerte. Dieser Wartezustand zog sich vor allem für tamilische Geflüchtete immer weiter in die Länge. Dies war mit dem Inkrafttreten einer rechtlichen Maßnahme verbunden, die tamilische Geflüchtete abstrafen sollte.

5

zur luft

Mein Blick hat sich mittlerweile vom Foto in meiner Hand gelöst. Ich schaue nach oben und betrachte die schiefe weißen Decke über mir. Sie versperrt mir die Sicht zum Himmel und steht im farblichen Kontrast zum Laminatboden, auf dem ich sitze. Die neuen Lichtverhältnisse, auf die sich meine Augen im Blick auf die weiße Decke einstellen, verändern meine Wahrnehmung des Bilds, seiner Farben, seiner Gefühle. Ich frage mich, wie das Bild wohl unter freiem Himmel aussehen, auf mich wirken würde. Ich frage mich, wie der Himmel wohl an dem Tag im Elefantenhaus in München aussah. Ob etwas, und wenn ja, was oder wie viele Wolken über dem Gefängnis, das im neobyzantinischen Stil gebaut wurde, flogen. Wie sie, die Wolken, den Elefant*innen und uns am Boden gesinnt waren. Wie die Decke über uns damals aussah. War sie rund, schief, gerade, vielleicht dunkel, hell, orange, grau oder weiß, als sie die Sicht nach oben verdeckte? Raubte der Deckel, der die Elefant*innen und die vielen Besucher*innen vermeintlich vor der Witterung *Mitteleuropas* schützen sollte, ihnen eigentlich nur das Gefühl einer Existenz, indem er ihnen die Sicht auf den Himmel, die Sonne, den Mond und das Licht nahm? Auf dem Foto ist kein Segment des Himmels zu sehen, und doch war er da. Er war über mir und blickte auf mich zurück.

Um diese Hintergründe der neuen Gefahr von oben einzuordnen, müssen wir uns auf der Karte und in der Zeit bewegen. Der *moderne* Luftkrieg wird auf das Jahr *1911* datiert, als das Italienische Reich gegen eine andere Kolonialmacht um die Vorherrschaft im heutigen *Libyen* kämpfte. Die kriegerische Auseinandersetzung hat unter dem Namen *Italienisch-Türkischer Krieg* Einzug in die europäische Geschichtsschreibung gehalten. Zu dieser Zeit regierte das Osmanische Reich bereits seit mehreren *Jahrhunderten* weite Teile der *maghrebinischen* Küste und des Landesinneren. Die Unterwerfung des *Maghreb* seit *1551* fand damit parallel zu den frühkolonialen Projekten der Portugies*innen, Spanier*innen und Niederländer*innen in den Abya Yalas sowie verschiedener Teile der sogenannten *Afrikas* und *Asiens* statt und endete mit der italienischen Invasion *Libyens* im Jahr *1911*. Es folgte der Verlust Tunesiens an Frankreich *1881* sowie Ägyptens an Großbritannien *1882*. Damit überdauerte die Osmanische Herr*innenschaft die meisten frühkolonialen europäischen Expansions- und Unterwerfungsbestrebungen, die, anders als in den Besetzungen des Osmanischen Kalifats, in vielen Teilen der Welt zu stetig wechselnden europäischen Kolonialregimen führten.

Im Angesicht dieser langen und beständigen Imperialverwaltung im *Maghreb* sowie der ideologischen Ausrichtung des Osmanischen Reichs wird die Fremdherr*innenschaft des Kalifats über weite Teile *Nordafrikas* und *Westasiens* noch heute in einem anderen Licht betrachtet als die der Europäer*innen. Der Geschichtsprofessor Mostafa Minawi schrieb dazu in seinem Buch *The Ottoman Scramble For Africa*, dass Debatten über das Osmanische Reich häufig auf die Frage reduziert werden, ob das Reich imperial oder nicht gewesen sei. Nach Minawi führe dieser eingeschränkte Debattenfokus dazu, dass die viel wichtigeren Fragen unterschlagen werden, wie zum Beispiel, welche Geschichtsschreibung wir produzieren, wenn wir im Zeitalter des Hochimperialismus das Osmanische Reich aus einer solchen Epoche und Technikanalyse herausließen. Die Machtbestrebungen des Osmanischen Reichs auf dem *afrikanischen Kontinent*, welcher bis *1880* hauptsächlich noch an den Küstengebieten kolonialisiert war, beeinflussten und kollidierten mit dem Handeln europäischer Imperialmächte. Sie führten zu Interessenkonflikten, die die Geschichte der Regionen nachhaltig prägten. Tatsächlich war das Osmanische Reich neben der europäischen Siedler*innenkolonie *USA* als einziges nicht europäisch-christliches Land zu Bismarcks sogenannter »Kongo- Konferenz« (*1884–85*) nach Berlin geladen. Als einer von fünfzehn teilnehmenden Staaten setzte das Kalifat seine Signatur unter den mehrheitlich europäischen Vertrag, der das Schicksal des *afrikanischen Kontinents* und seiner vielen Lebewesen besiegelte.

Der schwedische Schriftsteller und Historiker Sven Lindqvist schrieb in seinem *2001* erschienenen Buch *A History of Bombing*, dass die italienische Eroberung des letzten Besitztums des Osmanischen Reichs auf dem *afrikanischen Kontinent* den Italiener*innen nebenbei dazu diente, das »50-jährige Jubiläum eines vereinten Italiens zu feiern«. Die Bildung des modernen italienischen Nationalstaats, in den die Territorien von Sardinien, Sizilien, die Küstengebiete des Adriatischen Meers bis in die Alpen unter einer Flagge vereint wurden, fiel auf das Jahr *1861*. Zehn Jahre später sollte mit der Gründung des Deutschen Reichs ein ähnlicher Prozess nördlich der Alpen stattfinden. Beide Nationalstaatsgebilde formierten sich aus europäischer Perspektive relativ »spät« im Vergleich zu ihren politischen und geografischen Nachbar*innen. Um sich in der Epoche des europäischen Hochimperialismus diplomatisch und ökonomisch zu etablieren, übernahmen das Italienische König*innenreich sowie das Deutsche Reich deshalb schnell imperiale Handlungsstrategien, die schon von Brit*innen, Französ*innen, Niederländer*innen, Dän*innen, Spanier*innen und Portugies*innen erfolgreich erprobt und umgesetzt wurden.

Die neuen Flaggen der beiden nationalstaatlichen Vereinigungen umsegelten demzufolge schnell die Meere und schlugen dabei tödliche Wellen. Sie stießen an die Küsten des sogenannten *Roten Meeres*, des *Golfs von Adens* bis an die des sogenannten *Arafurasees und Korallenmeers*. Die Expansion fand jedoch nicht nur statt in von Europa aus fernab gelegen Territorien. Mit der Eroberung des benachbarten *Libyens 1911* expandierten die Italiener*innen in ihrer unmittelbaren Nähe. *Tripoli* lag weniger als 297 *Kilometer* von Lampedusa und 583 *Kilometer* von Palermo entfernt. Dadurch wanderte die einheimische Bevölkerung *Libyens* von den Händen einer Kolonialmacht aus dem *östlichen Mittelmeer* in die Hände einer anderen Kolonialmacht aus dem *nördlichen Mittelmeer*. *Libyen* wurde so zur dritten Kolonie des Italienischen Reichs, die der Besetzung *Eritreas* (1882) und *Somalias* (1889) folgte und infolgedessen Italien als ebenbürtige Imperialmacht des *Nordens* etablierte. Anders als *Eritrea* und *Somalia* wurde die neue libysche Kolonie nicht nur als reine Kolonie gesehen, sondern als »quarta sponda« beschrieben, als die »vierte Küste Italiens«.

Sie wurde ähnlich wie *Algerien* für Frankreich oder das heutige *Taiwan* und *Chōsen* (heutiges *Korea*) für *Japan* Teil des eigenen Staatsterritoriums und war damit für die Kolonialmetropole von noch größerer Bedeutung als formelle Kolonien. Für diesen Teil des *Maghreb* war sie dagegen nur eine von vielen Kolonialisierungserfahrungen, die auf die der Türk*innen und Araber*innen folgte.

Während des *Italienisch-Türkischen Kriegs* flog der junge italienische Kampfpilot Giulio Gavatti im November *1911* in einer Taube einen Angriff auf Ain Zara. Das Angriffsziel war ein Ort *südlich* von *Tripolis*. Dieser wurde damals vom Piloten noch als eine *Wüstenoase* beschrieben. Heute ist von dieser *Wüstenoase* nichts mehr übrig. Sie ist mit der drei Millionen Einwohner*innen großen Hauptstadt – und seit dem Fall des Gaddafi-Regimes von *2011* noch immer umstrittenen und umkämpften Metropole – *Tripoli* verschmolzen. Damals diente dieser grüne Fleck inmitten der Wüste noch als Stützpunkt für die Armee des Osmanischen Reichs und ihrer einheimischen Verbündeten. Von dort aus wehrten sie die italienische Invasion ab. Das Flugzeug, das Gavatti an diesem Tag zum Angriff flog, hieß Taube. Es war ein modernes Motorflugzeug, das ein Jahr zuvor von dem österreichischen Piloten und Entwickler Igo Etrich entwickelt worden war. Die Taube war so erfolgreich, dass sie sich schnell zu einem der beliebtesten und meistgeflogenen Flugzeugtypen des österreichischen und deutschen Luftraums entwickelte.

Igo Etrichs Flugzeugmodell »Taube« beim Start auf dem Flughafen Köln-Longerich, *1913/1914*

Den Namen Taube verdankte das Flugzeug seiner Flügelkonstruktion, die der eines Vogels ähnelte. Im Flug sahen seine Konturen tatsächlich wie die eines überdimensionierten Tieres in der Luft aus. Aus heutiger Sicht mag das romantisch klingen, aber für viele Menschen, ob in Europa oder in *Libyen*, war ein motorisierter Vogel dieser Größe ein ungewöhnlicher, wenn nicht sogar bedrohlicher Anblick. Mit dieser Furcht beschäftigt sich die visuelle Künstlerin und Forscherin Heba Y. Amin in ihrem 2020 erschienen Buch *The General's Stork*. Hierin untersucht sie den Fall eines 2013 im ländlichen Ägypten verhafteten Wanderstorchs, den die ägyptischen Behörden aufgrund eines am Bein angebrachten elektronischen Trackinggeräts der Staatsspionage verdächtigten. Amin nutzt die Geschichte des Storchs, um zu verdeutlichen, wie unsere Beziehung zu und Wahrnehmung vom Himmel und allem, was sich über unseren Köpfen hinwegbewegt, variiert, je nachdem, wo wir uns befinden: das heißt, in welchen Himmel wir blicken. Auch wenn der Himmel als Ganzes erscheint und das bloße Auge keine topografischen Grenzen in ihm auszumachen kann, so spiegeln sich in ihm die Geschichten und *Gegenwarten* des Landes, das er bedeckt. Denn mit der Eroberung des Himmels durch den Menschen wurde der Raum über unseren Köpfen zu einer Erweiterung der Landschaften, auf der wir uns bewegen. Damit wurde der Himmel zur Erweiterung eines militärischen Territoriums, den manche beherrschen und durch den manche beherrscht werden.

Dies bedeutete eine klare Zäsur in der Menschheitsgeschichte, aber auch in den Geschichten anderer Lebewesen. Denn der Eintritt der Menschen in den Himmel zementierte die Unterordnung aller anderen Lebewesen. Für Lebewesen, deren Heimat der Himmel ist, war diese Veränderung ein besonders spürbarer Eingriff. Sie mussten nicht nur lernen, ihren Himmel mit den Menschen zu teilen, sondern auch erdulden, wie ihre Physik und Flugfähigkeit zum Vorbild genommen wurde, um diese bautechnisch nachzuahmen. Mit dieser Nachahmung wurde die Beziehung der Menschen zum Himmel naturalisiert. Auch der Name von Igo Etrichs Motorflugzeug ist eine Anspielung auf dieses suggerierte Natürliche. Tatsächlich war aber das, was im *November 1911* über dem Himmel von Ain Zara angeflogen kam, kein fliegender Vogel, sondern vielmehr eine vermeintlich fliegende Pflanze. Die Konstruktion dieses Flugzeugs war nämlich keiner Taube oder einem anderen europäischen Vogel nachempfunden, sondern dem einer Pflanze: einem Palmensamen aus Java.

Der im Lateinischen als *zanonia macrocarpa* bezeichnete und auf Deutsch auch als *Java-Gurke* bekannte Pflanzensamen, stammt von der heute zu *Indonesien* gehörenden Insel Java. Es war der deutsch-niederländische Botaniker Carl Ludwig Ritter von Blume, der die *Java-Gurke* einem europäischen Publikum erstmals *1825* vorstellte. Blume stieß auf die Pflanze, als er schon mehrere Jahre in dem von den Niederländer*innen kolonialisierten Teil des heutigen *Indonesiens* lebte und als sogenannter Naturforscher arbeitete.

Der junge Deutsch-Niederländer kam im damaligen *Batavia*, der heutigen Hauptstadt Indonesiens Jakarta, kurz nach Abschluss seines Studiums mit einem Forschungsauftrag an. Im Alter von 27 Jahren erhielt er eine führende Position in den von den Kolonisator*innen wenige Jahre zuvor gegründeten *Botanischen Gärten* von Bogor. Auf einer dieser Forschungsmissionen im ländlichen Java verschlug es ihn auf den Gunung Parang, einen fast tausend *Meter* hohen Berg. Dort stieß er auf einen für ihn ungewöhnlich erscheinenden Pflanzensamen, den Einheimische auf Sundanesisch als Aroy Kitjubung bezeichneten. Unabhängig davon, dass die Pflanze schon einen von Menschen ausgewählten Namen hatte, fühlte sich Blume verpflichtet, diesen zu ignorieren und, statt den sundanesischen zu übernehmen, ihr einen lateinischen Namen zu geben: *zanonia macrocarpa*. Er entnahm die Pflanze ihrer Umgebung und versetzte sie auf eine Reise.

Die javanische Aroy Kitjubung war aber längst nicht die einzige Pflanze, der ein solches Schicksal widerfuhr. Sie war nur eine von Tausenden von tropischen Gewächsen, die von Blume aus ihrer lokalen Umgebung gerissen wurden, in Laboren seziert, erforscht, entfremdet und danach in europäischen Enzyklopädien katalogisiert wurden. So wie Blume waren Hunderte, wenn nicht sogar Tausende Naturforscher*innen der verschiedenen europäischen Kolonialmächte in den europäischen Kolonien unterwegs, um ihre Umwelt festzuhalten und damit ihren eigenen Herr*innenschaftsanspruch über die unterworfenen Gebiete und Regionen zu sichern. Diese enorme Wissensproduktion diente der Zurschaustellung des jeweiligen Kolonialerfolgs und des jeweiligen Reichtums. Denn auch in ihrem Forschungs- und damit *Zivilisationsanspruch* konkurrierten die verschiedenen Kolonialregime miteinander. Gleichzeitig wurde das Wissen über die Flora tatkräftig ökonomisiert, um den Profit für die Kolonialmächte maximieren zu können. Dies führte zwangsläufig zu einer ökologischen Neuordnung der Welt, in der nicht nur Elefant*innen verschleppt, sondern ganze Böden inklusive all ihrer Lebewesen abgebaut, abgepackt und verfrachtet wurden.

Auch Blume kam bei seiner Rückkehr in die Niederlande nicht mit leeren Händen zurück. Er hatte mehr als 3000 tropische Pflanzen mit an Bord seines Schiffes genommen, die nach einer mehrwöchigen Überfahrt von Java in die Niederlande mit ganz neuen Namen in Europa ankamen. Wie genau er diese Pflanzen über mehrere Wochen an Bord eines Schiffes hielt, ist unklar. In welchem Zustand die Pflanzen dort ankamen, ist genauso ungewiss. Was jedoch unbestreitbar ist: Die meisten tropischen Pflanzen zur Zeit von Blume hatten die lange Überfahrt nach Europa nicht überlebt und waren auf See verstorben. Die salzige Luft, das wenige Licht, das Fehlen an frischem Wasser sowie die oftmals mangelhafte Pflege für die Pflanzen wurde ihnen schnell zum Verhängnis. Sie kamen tot in Europa an. Dies wurde zu einem großen Problem für europäische Botaniker*innen und andere Pflanzenliebhaber*innen, die viele Ressourcen in die Erforschung, den Transport und künstlichen Erhalt der kolonialen Umwelt investierten. Aber es wurde vor allem zu einem Problem für die

Regierenden, die mit der Handhabung der kolonialen Flora den eigenen weißen »Überlegenheitsanspruch« legitimieren wollten.

Diese Frustration verbindet die Botaniker*innen der Epoche mit Pflanzenliebhaber*innen aus kühleren Klimazonen der Gegenwart, denn auch deren scheinbar unschuldige Vorliebe für sogenannte exotische Pflanzen ist das Resultat einer kolonialen Ästhetik, Logik und Logistik. Auch heute noch, also in Zeiten moderner Kühl- und Bewässerungsketten sowie Düsenjets, ist der Transport und die Haltung tropischer Pflanzen außerhalb ihrer natürlichen Klima- und Bodenbedingungen schwierig und aufwendig. Dies sollte uns jedoch nicht verwundern oder gar frustrieren. Denn die Domestizierung von *nicht-menschlichem* Leben, vor allem tropischem Leben außerhalb der Tropen, ist alles andere als natürlich. Und dennoch ist die ökologische Neuordnung der Welt, die aus dem Kolonialismus entsprang, heute zu unserem Alltag geworden. Sie zeigt sich zum Beispiel in den vielen Palmen, die die Straßen Londons zieren oder an den minimalistisch dekorierten Wänden von vielen Cafés, die mit Kunstdrucken von tropischen Pflanzen verziert sind, deren Bilder direkt aus botanischen Enzyklopädien aus der Kolonialzeit stammen. Wir nehmen diese koloniale Neuordnung der Welt nicht mehr als solche wahr und stellen die daraus resultierenden Sehgewohnheiten nicht mehr infrage. Sie lassen das als natürlich erscheinen, was alles andere als natürlich ist – sondern ganz im Gegenteil mit Gewalt verbunden ist.

Das nach seinem Erfinder benannte *Wardian* Case, *1852*

Nur zwei Jahre nach Blumes Ankunft mit vielen toten Pflanzen gab es einen Durchbruch in der europäischen Transportwissenschaft. Der Londoner Arzt Nathaniel B. Ward, der selbst Tausende von tropischen Pflanzen aus den europäischen Kolonien sammelte und verzweifelt darum kämpfte, sie im weit entfernten und von der Industrialisierung versmogten London am Leben zu erhalten, entdeckte durch Zufall das ökologische Potenzial eines geschlossen Glasbehälters. Dieses später nach ihm benannte Wardian Case wurde zum Vorläufer des Terrariums und später auch Aquariums. Das *Wardian Case* ermöglichte eine buchstäblich weltbewegende Innovation: Es ermöglichte den Transport von tropischen Pflanzen und Böden aus den Kolonien in die fern gelegenen sogenannten *Mutterländer*. Gleichzeitig erlaubte der *Wardian Case* die langfristige Haltung einer *nicht-europäischem* Fauna innerhalb kälterer und urban verschmutzer klimatischer Bedingungen.

Es erlaubte den weißen Männern, das tropisches Klima einzufangen und unter einer Glashaube einzusperren. Damit durchbrach das *Wardian* Case eine natürliche Ordnung, die bis dahin die globale Fauna strikt nach klimatischen und topografischen Bedingungen unterteilte und bis zu einem gewissen Grad voneinander zu trennen wusste. Mithilfe dieser Transportmöglichkeit wurden Pflanzenarten aus allen Teilen der kolonialisierten Welt auf eine lange Reise nach Europa geschickt, wo sie in verschiedenen europäischen Forschungsinstituten oder Botanischen Gärten landeten. Diese Entwicklung und all ihre Folgeentwicklungen ermöglichten das, woran sich Botaniker wie der deutsch-niederländische Blume lange abarbeiteten, nämlich die für Europäer*innen fremde Welt, die Welt, die als beängstigend und unberechenbar gilt, die es zu beherrschen gilt, buchstäblich begeh-, begreif-, halt- und fassbar zu machen. *Wardian* Cases ermöglichen es den Europäer*innen Forschungsvorhaben zu realisieren, die der Welt letztlich ihre Biodiversität raubten und zugleich die Verbreitung von europäischen Monokulturen in den vielen Kolonien ermöglichten.

Was in Europa oft als harmlose Erforschung der Umwelt betrachtet wird, war alles andere als frei von Zerstörungen. Die penible Erforschung der Naturen durch weiße Menschen zeugte letztlich wieder vom Gefügigmachen der Naturen und war Teil der gleichen Systematik, die zur Unterwerfung von allem *nicht-europäischem* Leben führte. Sie verbindet die Erforschung von Pflanzen in Java mit der Erfindung von Terrarien und schließlich mit dem Bau eines Motorflugzeuges, das *Jahrzehnte* später das Zeitalter des Luftkriegs mit der Bombardierung einer Wüstenoase in *Libyen* einläutete.

An dem besagten *Novembertag 1911*, als der junge italienische Pilot mit seinen bloßen Händen vier jeweils eineinhalb Kilogramm leichte Bomben von seinem Schoß aus aus dem Motorflugzeug in Richtung der auf dem Wüstenboden stationierten türkischen und arabischen Truppen abwarf, und dabei mehr Schrecken verbreitete, als tatsächlichen Schaden anzurichten, öffnete sich fast automatisch ein neues Tor zur Hölle. Mit dem Abwurf der vier handgroßen Bomben leistete Gavatti Pionierarbeit für eine Form der Zerstörung, die über *Jahrzehnte* hinweg schon mit Heißluftballons und Zeppelinen erprobt worden war, jedoch erst mit den motorisierten Flugzeugen ihr wirksamstes Zerstörungspotenzial erreicht hatte. Auch wenn die Bomben an diesem Tag ihr Ziel verfehlten, etablierte sich hiermit eine neue Art der Kriegsführung, die durch das Erobern des Himmels versucht, die Unterwerfung von Land, Lebewesen und Natur durchzusetzen. Diese Art der Kriegsführung und Fortbewegung wurde mit den Jahren ausschlaggebend dafür, wer wen, wo und wann besiegte und wer über wen wie lange regierte. Der Himmel war von diesem Tag an ein Spiegelbild des Bodens geworden. Und all das wurde maßgeblich von der Erforschung und Vereinnahmung kolonialisierter tropischer Naturen bestimmt.

Die Flugeigenschaften des europäischen Motorflugzeugs, das später das osmanische *Libyen* angriff, waren dem Aroy-Kitjubung-Palmensamen aus Java nachempfunden. Die Art, wie sich der Samen aufgrund seiner Flügel fortbewegte und damit auch fortpflanzte, beeindruckte die europäischen Forscher*innen so sehr, dass sie Studien darüber anfertigten. Igo Etrich, der österreichische Pilot und Entwickler, nahm die Ergebnisse zum Anlass, um eine Flugzeugtragfläche in Form des Flugsamens der Aroy Kitjubung zu bauen. Dem Flugzeugmodell, das *1903* seinen ersten erfolgreichen Kurzflug absolvierte, folgte eine Patentanmeldung und die rasche Weiterentwicklung des Prototyps zu einem Motorflugzeug. Etrichs Erfolgsmodell wurde aber fälschlicherweise nicht nach der javanischen Pflanze benannt, nach deren Form das Motorflugzeug konstruiert wurde, sondern nach einem den Europäer*innen bekannten und demnach nahbareren Lebewesen, nämlich der Taube. Denn wie erklärt man* einem europäischen Publikum, dass der fliegende Vogel, der den europäischen Himmel besetzt, tatsächlich eine fliegende Pflanze ist, die fern der eigenen Kulturlandschaft, also fern des eigenen Referenzrahmens, wächst und gedeiht?

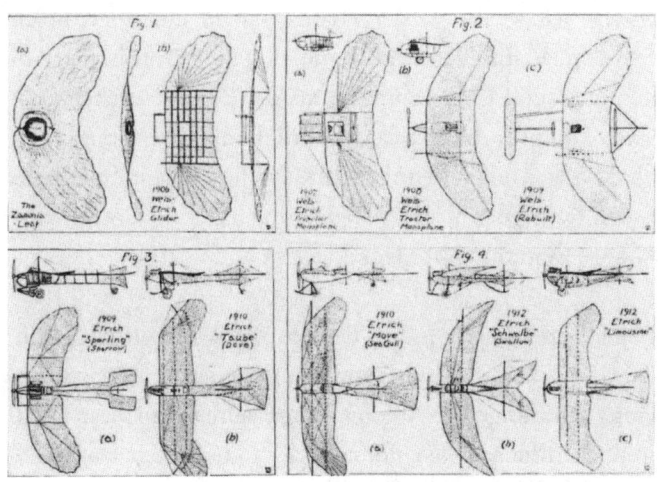

Die Entwicklung der Etrich-Flugzeuge zusammengefasst in der britischen Zeitschrift Flight International, *1915*

Die Verfremdung und Verformung einer Pflanze zu einem Vogel ist mehr als eine falsche Übersetzung. Sie ist direkt mit der Geschichte der europäischen Namensgebung für die Aroy Kitjubung, *zanonia macrocarpa*, verbunden. Dieses Beispiel steht pars pro toto für zahlreiche weitere Einmischungen von Europäer*innen, in denen sie die Existenz bestimmter Lebewesen, die Teil einer anderen Sprach- und Kulturlandschaft sind, mit ihren Namen und Wissensordnungen ersticken. Mit Namen, die aus fremden, toten und fernen europäischen Sprachräumen stammen. Es steht sinnbildlich für das europäische Selbstverständnis und den damit einhergehenden Herr*innenschaftsanspruch. Dieser bezieht sich nicht nur auf Land, Meer und alle Lebewesen, die diesen Planeten bewohnen, sondern auch auf Wissens- und Ordnungskategorien, wie sich auch schon bei Georges Cuviers *Dickhäutern* gezeigt hat. Heute ist der Pflanzensamen nur über diesen fremden lateinischen Begriff und all seine europäischen Ableitungen und Übersetzungen, inklusive der deutschen *Java-Gurke*, weltweit bekannt. Aroy Kitjubung, den Namen, den die Pflanze von einheimischen Menschen bekommen hatte, ist ein Name, der nirgends Bedeutung hat außer dort, wo die Pflanze weiterhin mit Menschen lebt und wächst.

In der Beziehung zwischen Pflanze und Waffe wird deutlich, dass die Unterscheidung zwischen zivilen und militärischen Unternehmungen im Kolonialismus kaum möglich ist. Ebenso vermeintlich zivile koloniale oder anderweitige Unternehmungen, wie hier die *Naturforschung*, sind systemstützend. Sie stehen im direkten Zusammenhang mit der Fremdherrschaft und sind nur möglich durch die Unterdrückung der anderen. Egal ob Soldaten, Siedler*innen, Unternehmer*innen, Händler*innen, Forscher*innen oder Tourist*innen, sie alle beteiligten sich an und profitieren in unterschiedlichem Maße von der Unterwerfung, Kontrolle und Ausbeutung der Umwelt in den Kolonien. Sie benötigen dieses Machtverhältnis, um dort auf diese Art tätig und zweck*orient*iert agieren zu können. Zu dieser Umwelt gehören natürlich auch alle Lebewesen dieser Naturen, inklusive der Menschen, die nicht als *gleichwertig* in der Kolonialkategorie des Menschen gelten, oder sogar ganz außerhalb dieser stehen.

Dieser Prozess der Unterwerfung der Natur hat jedoch nicht erst mit dem Kolonialismus oder der Industrialisierung begonnen. Forscher*innen gehen davon aus, dass der Ursprung dieser Unterwerfung Tausende Jahre zurückliegt und irgendwann zwischen vor 23 000 bis 12 000 Jahren stattfand. Genauer lässt sich der Wechsel von nomadischen und Jäger*innen-Sammler*innen-Gesellschaften zu landwirtschaftlichen Gesellschaften gegenwärtig nicht datieren. Dieser Wandel war mit der Domestizierung von Natur und anderen Lebewesen verbunden. Dabei wurde die Natur den menschlichen Bedürfnissen mit Gewalt unterworfen und angepasst, Wälder gerodet, um Platz für Anbauflächen zu schaffen, und menschliche Siedlungen gebaut, die sich auf ganz andere Nahrungsketten stützten. Im Kolonialismus ging es gleichermaßen darum, die Welt, um die Kolonialmächte herum gefügig zu machen, Wohlstand auf Kosten aller anderen zu akquirieren und zu monopolisieren. Hierzu war man* auch zum Import beziehungsweise Export von Hunderttausenden Pflanzen aus den Kolonien bereit, die zu zivilisatorischen Studienzwecken in Europa landeten.

Die Forschungsergebnisse, die der Extraktion und dem Studium der kolonialen Naturen folgte, ermöglichten es den Kolonialmächten, ihre Machtstellung gegenüber dem Rest der Welt sogar weiter auszubauen. Die technischen Neuerungen, die in der Eroberung *Libyens* zum Einsatz kamen, markierten einen Wendepunkt in der Weltgeschichte. Sie waren wegweisend für die Art, wie Menschen Kriege führen sowie Land und Meere beherrschen würden. Mit ihr lernten die Erde und ihre Lebewesen menschliche Gewalt neu zu spüren. Sie veränderte, wie Menschen den Himmel betrachten und wie der Himmel auf uns zurückschaut.

Auch wenn die italienische Luftwaffe im *Libyenkrieg 1911* nur einen geringen Anteil an den italienischen Streitkräften ausmachte – nur aus neun Flugzeugen und elf Piloten bestand, im Vergleich zur 67 000 Soldaten starken Armee und der mit 259 Schiffen ausgestatteten Marine –, so waren es vor allem diese elf italienischen Piloten, die in die Geschichtsbücher eingingen. Wie Sven Lindqvist in seiner Geschichte der Luftbombardierung nachzeichnet, war der italienische Feldzug von so vielen technischen Innovationen geprägt, dass die Kolonialist*innen mit der Einnahme nicht nur das fünfzigjährige Jubiläum ihres Nationalstaats feiern, sondern sich vor allem als technische Pionier*innen der Imperialwelt einen Namen machen konnten. Um die Bedeutung dieses Feldzugs für Italien und die kolonialisierte Welt besser einzuordnen, lohnt ein weiterer Blick in die *Vergangenheit*, weg von Tripoli in Richtung Adua, im *Norden* des heutigen Äthiopiens.

Als am *1. März 1896* in Adua eine Schlacht zwischen dem Abessinischen Reich (heutiges Äthiopien) und dem Italienischen Königreich begann, waren die Italiener*innen gerade dabei, ihre Vormachtstellung im sogenannten *Horn von Afrika* voranzutreiben. Diese Kolonialexpansion war Teil des sogenannten europäischen *Wettlaufs um Afrika*, der in der Kongo-Konferenz in Berlin *1884* formalisiert wurde. Er führte dazu, dass in nur wenigen Jahren der gesamte *Kontinent*, von den Küsten bis in die Berge – mit Ausnahme des Abessinischen Reichs – von Europäer*innen im Wettstreit mit sich selbst und den Türk*innen kolonialisiert wurde. Wenige Jahre vor der Schlacht von Adua hatte Rom schon die Kontrolle über die Küstenstreifen erlangt, die heute als *Eritrea* und *Somalia* bekannt sind. Der südeuropäische Nationalstaat hatte dort begonnen, seine ersten Übersee-Kolonien aufzubauen. Als das Abessinische Reich die eigene Autonomie von den Italiener*innen gefährdet sah, da sie im *Osten* und *Norden* näherrückten, griffen sie die weißen Eindringlinge in Adua an. Sie besiegten die Italiener*innen in einer niederschmetternden Schlacht, deren Name für manche wie ein Fluch und andere ein Versprechen zu wirken begann. Der Sieg der abessinischen Völker hinterließ tiefe Spuren, die weit über den kleinen Ort und das Jahr *1896* hinaus Wirkung zeigen wird.

Die Nachricht über die italienische Niederlage verbreitete sich wie ein Lauffeuer auf der ganzen Welt und erreichte über Rom hinaus andere europäische Kolonialmetropolen. In Italien entwickelte sich die Erkenntnis über diese Niederlage schnell zu einem nationalen »Trauma« für die Kolonialgesellschaft. Der Sieg der abessinischen Völker über die italienischen Kolonialist*innen wurde als Sieg der Schwarzen Menschen über die weißen Menschen interpretiert; einem Sieg der Kolonialisierten über die Kolonialisierenden. Er bestärkte nicht nur das Abessinische Reich in seiner Position auf der umkämpften Weltkarte, sondern brachte auch das rassistische Weltbild des weißen Europas über das *Schwarze Afrika* ins Wanken. Es befreite die Schwarzen Menschen von den inhumanen europäischen Annahmen, dass die »weiße Rasse« unbesiegbar sei und über allen anderen Lebewesen stehe, Annahmen, mit denen die europäischen Mächte sie zu indoktrinieren versuchten.

Der Sieg des abessinischen Volks inspirierte antikoloniale Widerstandsbewegungen und andere Schwarze Befreiungsbewegungen, die bis in die *Gegenwart* den Sieg über Italien als Zeugnis der eigenen Wehrhaftigkeit verstehen. Dieser Erfolg bestärkte und emanzipierte außerdem die kolonialisierte Welt weit über die Küsten des *Kontinents* hinaus. Gleichzeitig prägte er ähnlich wie schon die *Haitianische* Revolution und Jahre später der Sieg *Japans* über Russland das Selbstwertgefühl vieler *nicht-weißer* Menschen weit über die Grenzen der unmittelbar betroffenen Körper und Geografien hinaus.

Dieses Narrativ verschweigt allerdings das Gewaltsystem des Abessinischen Reichs nach innen. Die Forscher*innen Ayantu Tibeso und J. Khadijah Abdurahman schrieben dazu in ihrem Text »Tigray, Oromia, and the Ethiopian Empire« von 2021, dass der Schwarze Pan-*Afrikanische* Mythos um den Sieg gegen das Italienische Reich darüber hinwegsieht, dass das Abessinische Reich – ähnlich wie auch das *Japanische* Reich – sich im *19. Jahrhundert* längst den Ideen der europäischen Nationalstaaten verschrieben hatte. Die Nordabessinier*innen ahmten die Logiken der weißen Menschen nach, um der eigenen Kolonialisierung durch die weißen Menschen zu entfliehen. Die Konsolidierung des Staatsterritoriums, die kurz vor der Schlacht in Adua im späten *19. Jahrhunderts* stattfand, führte zu einer sogenannten »inneren« Kolonialisierung: das heißt der Unterwerfung und Unterdrückung von Menschen, die in angrenzenden Regionen lebten und vom abessinischen Kaiser Menelik II. in das Amharische Reich einverleibt wurden. Sie wurden darin zu Machtminderheiten gemacht. Die gewaltvolle Untergliederung von Ethnien wie der Oromo und Tigray in das Amharische Reich im *19. Jahrhundert* führt demnach heute noch zu ethnischen Konflikten, Kriegen und Spannungen im Nachfolgestaat Äthiopien. Diese werden von Außenstehenden aufgrund des Platzes, den man* dem symbolbeladenen Sieg des *ostafrikanischen* Reichs über Italien zuschreibt, bis heute ignoriert.

Dieser Sieg im Jahr *1896* blieb indessen von der italienischen Imperialmacht nicht ungesühnt. Der Expansionsdurst und das Rachegefühl des weißen Volks würde anderswo neue Opfer suchen. Mit der Eroberung des benachbarten *Libyens* versuchten Italiener*innen die nationale Schande von Adua aus ihrer eigenen Geschichtsschreibung und der anderer zu tilgen. Sie wollten damit ihren – von ihnen so wahrgenommenen – rechtmäßigen Platz in der Riege der Imperien unter Beweis stellen. Der italienische Historiker Andrea Ungari beschreibt den italienischen Eroberungskrieg in vom Osmanischen Reich besetzten *Libyen* als »Kriegstheater«. Darin versuchte die *Mittelmeer*macht, ihre modernisierte und neu aufgerüstete Militärtechnik zum Einsatz zu bringen. Seit der Niederlage in Adua hatte Italien über Jahre hinweg großflächig in die neueste Militärtechnik investiert. Hierfür hatten sie neue Methoden erdacht, um Territorien einzunehmen und Populationen zu dezimieren, unterdrücken und beherrschen. Viele der Techniken, die die Italiener*innen in dem fünfzehn Jahre später stattfindenden Krieg in Libyen anwendeten, waren allesamt Resultate der europäischen Industrialisierung und noch nie zuvor auf diese Art zur Verwendung gekommen. Sie bahnten damit den Weg für den Luftkrieg und neue Formen des Bodenkrieges. Sie wurden gewissermaßen zu Wegweiser*innen für eine Zukunft, die den Himmel von *1911* mit dem von heute verbindet.

Zu diesen Erneuerungen gehörten wie Sven Lindqvist in *A History of Bombing* erklärte, die ersten Nachtangriffe, die mit Flugzeugen unternommen wurden sowie die ersten Feuerbomben, die aus Flugzeugen auf die *libysche* Erde geworfen wurden. Das Flugzeug wurde in diesem Krieg zum ersten Mal selbst als Waffe genutzt, die abschrecken sollte. Hierzu flogen die italienischen Piloten Tiefflugmanöver, um mit dem augenscheinlich vom Himmel zu stürzen drohenden Luftkörper der örtlichen Bevölkerung Angst und Schrecken einzujagen.

Doch die italienische Luftwaffe wurde auch vor Herausforderungen gestellt. Die Bodenbeschaffenheit Libyens, für die die europäischen Flugzeuge nicht entworfen waren, zwang die Invasor*innen auf der ihnen gegenüberliegenden *Mittelmeer*küste eine 100 *Meter* lange künstliche Start- und Landebahn aus Holz zu bauen. Es war ihr Versuch, den sandigen Untergrund für die Flugzeugreifen zu befestigten, die aus *Kautschuk* der Kolonien hergestellt worden waren. Auf diese Weise wurden die vielen Rohstoffe, die Europäer*innen aus den Kolonien extrahierten, als Waffen in oftmals dieselben Kolonien zurückgetragen. Ihr Naturreichtum wurde in umgestalteter Form gegen ihre Bewohner*innen gerichtet.

Der Krieg zwischen Italien und dem Osmanischen Reich gebar vielleicht auch eine der ersten militärischen Luftaufnahmen, die während eines aktiven Kriegs geschossen wurden. Dies geschah unter der Führung des italienischen Flugkapitäns Carlo Piazza, der auch Kommandant von Giulio Gavatti und seines Flieger*innenbataillons war. Der Kapitän aus Norditalien war zuvor mit Aufklärungsflügen an Bord der 1909 entwickelten französischen Blériot XI an der Kriegsführung der Königlichen Italienischen Armee in Libyen beteiligt. Die Aufklärungsflüge von Piazza dienten dazu, mit dem Blick von oben taktische Fehler der Kolonialarmee aus der Vogelperspektive zu erkennen und ihren Vormarsch effizienter zu gestalten. Viele der Fehler, die die Italiener*inner in der Metropolregion *Tripoli* begingen, basierten auf falschen Annahmen der Umwelt, die sich in realitätsfernen Karten spiegelten. Sie waren die Grundlage für die Bewegungen der italienischen Soldaten, die *orient*ierungslos in Richtung Tod liefen.

Schlechte Karten der Kolonialist*innen, die anders als die indigenen Menschen keine Beziehung zu dem Land hatten, das sie für sich als Kolonien beanspruchten, hatten unter anderem zur Niederlage in Adua geführt. Um solchen Fehleinschätzungen entgegenzuwirken und die Verluste der Italiener*innen niedrig zu halten, versuchte Piazza die Karten zu präzisieren, die der Eroberung und Kontrolle dienten. Hierzu befestigte der Pilot eine Kamera an seiner Blériot XI, mit der er den Boden unter sich zu fotografieren versuchte. Die 9×12-Kamera, die aus dem Bestand der italienischen Besatzungsarmee in *Tripoli* stammte, übertrug das Bild auf eine fotografische Platte. Doch war die Technik der Kamera damals noch nicht ausgereift genug, um mehrere Bilder auf einmal zu schießen. So musste Piazza die Blériot XI nach jeder Aufnahme wieder landen, um die Kameraplatte manuell auszutauschen. Erst nach diesen komplizierten Handgriffen konnte er wieder mithilfe des Flugzeugs in den Himmel aufsteigen, um neue Bilder der Erdoberfläche unter ihm zu schießen. Die effiziente Nutzung der Luftfotografie für militärische Zwecke war damit stark eingeschränkt. Später entwickelte Piazza aufgrund dieses »Dilemmas« eine neue Kamera und Methodik, die dieses technische Problem lösen wird – und die es (Kampf-)Pilot*innen letztlich ermöglichen wird, mehrere Abbilder von Luftbildern auf die Kameraplatte zu bannen, ohne dass das Flugzeug ständig wieder zu Boden gebracht werden muss.

Die Beziehung zwischen Luftbildfotografie und Kartografie kann bis ins Jahr *1858* zurückverfolgt werden. Damals nahm der französische Fotograf Gaspard-Félix Tournachon, der unter dem Pseudonym Nadar bekannt ist, die Kamera unweit von Paris an Bord eines Heißluftballons. Damit konnte er aus fast 80 *Metern* Höhe die erste Luftaufnahme produzieren. Die Kameratechnik dieser Zeit, die für den Boden gemacht war und nicht den Himmel, zwang ihn, eine Dunkelkammer mit an Bord des Heißluftballons zu nehmen, um die sensible Technik richtig zu bedienen und das Bild rechtzeitig und unbeschadet entwickeln zu können.

Von Beginn an wurde die Luftbildfotografie verwendet, um das Kartieren und die Vermessung von Orten zu erleichtern und gleichzeitig zu verbessern. Damit sollte der menschlichen (Über-)Blick aus der Horizontalen in die Vertikale gehoben und die Kontrolle und Segmentierung des Bodens effizienter gestaltet werden. Die Abbilder der Welt, die die Europäer*innen damit zu produzieren hofften, sollten mit dem fliegenden Auge realitätsnäher werden. Diese Nähe konnte nur mit Distanz zum Boden gewährleistet werden. Für diesen Zweck wurde die Luftfotografie von dem französischen Fotografen schon *1855*, also drei Jahre vor dem ersten Kameraflug, patentiert. Nach ihrem ersten Flug wurde die Kamera in kürzester Zeit an verschiedene menschliche Fluggeräte gebunden, um sie in die Luft heben zu können. Zunächst lernte die Kamera das Fliegen mithilfe des Wasserstoffs der Heißluftballons. Später mit der Windkraft, die Flugdrachen in der Luft hielten, um danach mit der Kraft von mit Pressluft betriebenen Raketen in die Höhen zu steigen. Schließlich wurde sie von Flugzeugpropellern und -motoren getragen, die mit mehr Präzision gesteuert werden konnten als alle zuvor erprobten Techniken. Flugzeuge ermöglichten es dem europäischen Menschen, Kameras zielgerichteter einsetzen zu können.

Im Versuch, der Kamera das Fliegen beizubringen, gehörten auch Tierversuche zu den von europäischen Menschen verwendeten Methoden. Sie nutzten die Tiere, um sie als Erweiterung des menschlichen Auges zu instrumentalisieren. Hierfür griff der deutsche Apotheker Julius Neubronner *1907* auf Tauben zurück, die er mit für sie spezifisch entwickelten Miniaturkameras versah. Die Minikamera wog insgesamt nur

70 *Gramm* und schoss Bildserien in einem 30-Sekunden-Intervall. Der deutsche Erfinder schnürte die Apparate um die Oberkörper der Tauben und ließ sie mit diesem zusätzlichen Gewicht in den Himmel fliegen. Er erweiterte damit den europäischen Nutzungsrahmen der Taube, die schon seit Längerem von weißen Menschen als Kommunikationsboten gefügig gemacht wurden. Neubronner erhoffte sich mit dem Rückgriff auf Tauben, Einblicke in ihre Perspektive auf die Welt zu erlangen. Es war ein Versuch, den Menschen das Gefühl zu geben, durch die Augen der Tiere die Welt erblicken zu können, und damit den Menschen mit Fähigkeiten auszustatten, die den eigenen Körper überstiegen.

Die Luftbildfotografie diente bis zum sogenannten *Zweiten Weltkrieg* hauptsächlich der militärischen Vermessung und Verwaltung der Welt. Sie ersetzte Stück für Stück vorherige Landvermessung- und Kartierungsmethoden, die bislang hauptsächlich auf bodenbasierten Zeichnungen fußten und damit mehr Raum für menschliche Fehleinschätzungen und Missinterpretationen ließen. Diese verschwanden mit der Luftfotografie nicht gänzlich, sie konnten damit aber korrigiert, ergänzt und erweitert werden. So wurde die Fotografie aus der Vogelperspektive ausgiebig genutzt, um die Kolonien wahrheitsgetreuer in den europäischen Blick und damit ein europäisches Verständnis zu rücken. Sie wurde verwendet, um die Landschaften des *Nicht-Europas* in europäische Karten und dadurch in die europäische Fremdverwaltung zu zwängen. Dabei half sie zusätzlich, die kolonialen Grenzziehungen zu formalisieren und in die Landschaft zu transferieren.

Die Kolonialist*innen nutzten die Luftfotografie vor allem in für sie schwer zugänglichem Terrain, wie etwa in Wüsten-, Gebirgs- oder Dschungelregionen. Von der Anglo-Italienischen Grenzkommission für Somaliland, wurden *1929* beispielsweise große Direktionsmarkierungen im Boden angebracht. Die Kommission beabsichtigte mit Luftaufnahmen den Grenzverlauf zwischen dem *Britischen Protektorat Somaliland* und der *Italienischen Kolonie Somaliland* aufzuschlüsseln. Die Markierungen sollten für die Pilot*innen vom Himmel aus sichtbar sein und ihnen dabei helfen, ihren Beobachtungsflug über das Land, das kartiert und abgegrenzt werden sollte, besser zu navigieren. Diese Art von Navigationshilfe war notwendig, da die Flugzeuge ihrer Zeit mit keinen eigenen Navigationssystemen ausgestattet waren und Pilot*innen deshalb stark von Sichtverhältnissen und Merkmalen am Boden abhängig waren.

Die Praxis begann neun Jahre zuvor in der Siedler*innenkolonie *USA*. Damals wurden mit dem Beginn der transkontinentalen Luftpost europäische Siedler*innen von der *Pazifikküste* zum ersten Mal mit den Siedler*innen an der *Atlantikküste* kommunikativ verbunden. Um die Piloten über das von den weißen größtenteils unbesiedelte (und dennoch beanspruchte) Land zwischen den Küsten navigieren zu können, wurden deshalb im Auftrag der Siedler*innenregierung gelb angestrichene Pfeile aus Beton auf das indigene Land gesetzt. Sie zogen eine vom Himmel sichtbare Linie zwischen Ramaytush (*San Francisco*) und Manna–hata (*New York*) und ermöglichten es damit den weißen Pilot*innen, ihr Ziel nicht zu verfehlen.

Das Land wurde damit nicht nur in eine Karte gezwängt, sondern die Karte im Land eingezeichnet. Wie im Falle von *Libyen* halfen die neuen Kartierungsmethoden vor allem aber der effizienteren militärischen Kriegsführung: angefangen mit der Invasion bis zur permanenten Okkupation. Sie erlaubten es Kolonialist*innen, sich in der Fremde besser zu *orient*ieren; Wege zu durchlaufen, die weder von ihnen noch für sie gezeichnet wurden, und dabei Gefahren zu umgehen, die ihr Durchschreiten erschwerten – ihren Körpern topografisch im Wege stehen.

Indem sie Merkmale auf eine Karte zu setzen begannen, Daten, Koordinaten und Bezugspunkte schufen, topografische Elemente mit fremden Namen aus ihrer eigenen Sprach- und Weltordnung verfremdeten, konnten die Kolonialist*innen ihren *Orient*ierungssinn in der Fremde schärfen und damit den Einheimischen ihren Heimvorteil streitig machen. Die neuen Karten der weißen Menschen legten die Naturen und Siedlungsmuster der Bewohner*innen zwar detailgetreuer frei. Gleichzeitig entzogen sie der Landschaft die Lebewesen, die Teil dieser Naturen waren und die sie bevölkerten. Sich auf diesen Karten wiederzufinden, in ihnen verortet zu sein, wurde gleichbedeutend mit einer Erfassung, was wiederum dazu führte, dem Blick und dem Handeln der Kartenleser*innen ausgesetzt zu sein. Es ermöglichte den Kolonialisierten, gesucht und gefunden zu werden, und erschwerte gleichzeitig das Vermögen, sich vor den Kartierenden und Kartenabhängigen zu verstecken. Mit den Karten wurde die Jagd am Boden durch den Blick aus dem Himmel erleichtert.

Das Kartieren war ein subjektives Unterfangen, das zum einen bestimmte Landschaftsmerkmale übertrug, zum anderen aber auch andere bewusst überging. Bestimmte Charakteristika wurden auf den Karten unsichtbar gemacht und damit aus der Realität der Nutzer*innen getilgt. Die Karten wurden zu den Augen der Fremden, und alles, was sich nicht in ihren Karten wiederfand, lag außerhalb ihres Blicks. Ungenau gezeichnete Karten erschwerten andererseits militärische Vorhaben sowie Planungsmöglichkeiten für aufwendige koloniale Infrastrukturprojekte, die die Landschaften der Kolonien durchziehen und damit das Land besser verwaltbar machen sollten. Insofern bildeten Karten nicht nur einen Blick auf einen Ort, eine Landschaft und Natur ab, sie hielten das Potenzial, diesen Blick und das sich daraus generierte Verständnis zu steuern, die Bewegungen der Menschen zu diktieren und dadurch Orte und Bewegungsrichtungen nach den jeweiligen Interessen zu verformen. Mit der Luftfotografie versuchte die*der Mensch eine mehrdimensionale Welt auf ein ein- oder zweidimensionales Blatt Papier zu überführen. Ähnlich wie die Bodenfotografie, diente sie dazu, dem Menschen etwas verständlich zu machen, wozu der menschliche Körper nicht aus sich selbst in der Lage wäre.

Karten waren entsprechend als maßgebliches Werkzeug an der Landschaftsausbeutung der Kolonien beteiligt. Sie verorteten die Materialien, die es für die Kolonialmetropolen zu extrahieren galt. Als zum Beispiel *1898* die *USA* im *Spanisch-Amerikanischen Krieg* die iberische Krone besiegte, übernahm die Siegermacht koloniale Territorien der Verlierer, die sich weit außerhalb Spaniens und der Siedler*innenkolonie *USA* befanden. Im Zuge dessen geriet unter anderem eine Inselwelt unter ihre Kontrolle, die Tausende *Kilometer* entfernt auf der *anderen* Seite des *Pazifiks* lag und seit dem *16. Jahrhundert* von der spanischen Krone kolonialisiert wurde: die sogenannten *Philippinen*. Die Inseln, die nach dem damaligen spanischen König Philipp II. benannt wurden, erhielten nach der Übernahme durch die *USA* zwar keinen neuen Namen, dafür aber neue Karten. Die neuen europäischstämmigen Kolonialherr*innen machten sich daran, penibel das Land ihrer neu erworbenen Kolonie zu vermessen, um damit den Abbau der einheimischen Rohstoffe erfolgreicher zu gestalten. Hierfür wurden Karten hergestellt, die die veralteten und als ungenau empfundenen spanischen Karten ersetzen sollten. Die neuen Karten der neuen weißen Kolonialist*innen bildeten das ab, was ihrem spezifischen Augenmerk galt. Sie zwängten sogar das auf ihre Karten, was bislang unentdeckt geblieben war.

Die Kartierungsmethoden, die von den Italiener*innen in *Libyen* erprobt werden konnten, hatten weitreichende Auswirkungen auf alle nachfolgenden kriegerischen Auseinandersetzungen. Der ersten improvisierten Luftbombardierung *1911* folgten wenig später Luftbombardierungen der französischen Kolonialarmee im benachbarten *Marokko (1912–1914)* sowie weitere in verschiedenen britischen Kolonien.

Um einen im *Frühjahr 1920* ausgebrochenen antikolonialen Aufstand in *Britisch-Irak-Mesopotamien* gegen die neuen Herrscher*innen aus London zu beenden – die der fast vier *Jahrhunderte* andauernden türkischen Fremdherr*innenschaft aus *Istanbul* (bis *1876* Konstantinopel) folgte –, befahl der damalige Kriegsminister Winston Churchill, die Unabhängigkeitsbewegung mithilfe der Royal Air Force in ihre Schranken zu weisen. Über mehrere Jahre hinweg bombardierte die britische Luftwaffe mit nur wenigen Flugzeugen gezielt Dörfer und Siedlungen, die sich der britischen Fremdverwaltung verweigerten und für die Unabhängigkeit kämpften. Hierbei etablierte sich die Taktik, dass die imperialen Luftwaffen nicht mehr nur für die Invasion von fremdem Gebiet zum Einsatz kamen, sondern auch als strategisches Kontrollinstrument gegen die Bevölkerungen der eigenen Kolonien eingesetzt wurden. Die Luftbombardierung diente zunehmend dem Zweck, die Fremdverwaltung und territoriale Integrität der Gebiete als Kolonien zu schützen.

Die Luftwaffe wurde als so sinnvoll für die Wahrung des politischen und ökonomischen Status quo wahrgenommen, dass nunmehr die gesamte Kolonialarmee unter dem Befehl der Royal Armed Forces in *Britisch-Irak-Mesopotamien* stehen sollte. Ähnliche Luftbombardierungen, die als Reaktionen auf antikoloniale Widerstandsbewegungen auf den Boden zu regnen begannen, folgten Jahre später in *Britisch-Burma* (1932) sowie im *Britisch-Raj* (1932). Aufgrund eingeschränkter technischer und logistischer Möglichkeiten, waren die Imperialmächte in den ersten *Jahrzehnten* des modernen Luftkriegs noch gezwungen, mit wenigen Flugzeugen maximale Zerstörung in den Kolonien zu verursachen.

Die Kolonien wurden von den Europäer*innen als Labore für ihre technischen Experimente missbraucht – ob für Bomben, Kameras, Flugzeuge oder andere grausame Techniken –, in denen sie ihre Zerstörungskraft fern der Heimat mit der Überzeugung auszutesten versuchten, dass die vielen namenlosen Verbrechen an Natur, Boden und Lebewesen in den

Kolonien für die weißen Menschen unbedeutsam und ohne Konsequenzen sein würden. Im heutigen *Sambia*, das während der britischen Kolonialherr*innenschaft noch *Nordrhodesien* hieß, kam es *1927* beispielsweise zu einer der größten Luftkartierungen, die die damalige Welt je zu Gesicht bekommen hatte. Hierfür wurde von den Brit*innen ein kleines Flugzeug in den Himmel geschickt, um die Kolonie aus der Luft weitflächig zu fotografieren. Da das Flugzeug aber nur begrenzte Benzinkapazitäten hatte, musste es nach kurzer Zeit immer wieder zu Boden kommen. Diese technischen Grenzen erschwerten das Vorhaben, das Land großflächig abzufotografieren. Um dem Defizit entgegenzuwirken entschieden sich die Brit*innen kurzerhand dafür, die *sambische* Landschaft der fremden Technik unterzuordnen und anzupassen. Hierfür wurden indigene Arbeiter*innen gezwungen, Tausende *Quadratkilometer* der einheimischen Natur für das britische Flugzeug zu roden, das das ihnen gestohlene Land von oben vermessen sollte. Die für das Fotografieflugzeug zerstörte Natur schlich sich damit in die fotografischen Abbilder des Landes und somit in die daraus resultierenden Karten.

Die Geografin Elizabeth Haines schrieb, dass das primäre Motiv hinter der kostspieligen Kolonialkartografie *Britisch-Nordrhodesiens* der Mineralabbau gewesen sei. Das Unterfangen im heutigen Sambia war von so großer Bedeutung, dass es auch außerhalb der Kolonie aufmerksam verfolgt wurde und als Schablone für weitere Luftkartierungsmaßnahmen anderswo gelten sollte.

Mithilfe der Karten ließ sich über die Zukunft der Ländereien spekulieren, was letztlich bedeutete, vom Reichtum zu träumen, den die Kolonialist*innen aus den Kolonien ziehen konnten. Diese spekulative Beziehung lebt weit über die Hochphase des formellen industriellen Kolonialismus und der imperialen Kriegsführungen des 20. Jahrhunderts hinaus. Heute noch geht jedem Infrastrukturprojekt auf der Welt, egal wo, die Vermessung von Land und Boden voraus. Kartografisches Wissen, dass sich mit der Luftfotografie verfeinerte, erlaubte nicht nur einen besseren Überblick über das Land, sondern auch eine strategische Steuerung und technische Verformung dessen. Es beförderte einen technokratischen Blick auf die Welt. Wie der Rhetorikprofessor Timothy Barney schrieb, waren große Teile des *afrikanischen* und *asiatischen Kontinents* und ihrer Inselwelten nach der politischen Loslösung von Europa – die keinesfalls mit einer ökonomische Unabhängigkeit von den kolonial-kapitalistischen Verhältnissen zu verwechseln ist – »massiven Entwicklungsexperimenten« ausgesetzt.

Entwicklungsakteur*innen diente das kartografische Wissen über das Land gewissermaßen als eine Anleitung, um Entwicklungsprojekte, die fast simultan mit der sogenannten *Entkolonialisierung* einsetzten, besser planen und umsetzen zu können. In Barneys Forschung zur Verbindung von Entwicklungsarbeiten der *1945* gegründeten Vereinten Nationen schreibt er, dass auch nach der sogenannten Unabhängigkeit die neuen Staaten, geführt von neuen Eliten – tatsächlich meist die alten Eliten –, ein Interesse daran hatten, dieses *moderne* kartografische Vorgehen fortzuführen. Die Kontrolle und das Verständnis über das Land aus dem *Vogelblick* wurde als Zeichen der (europäischen) *Modernität* verstanden, der man* sich selbst zugehörig fühlen wollte. Sie glaubten damit eine »nationale Identität« für Staaten bilden zu können, die vor der Kolonialisierung als solche nie existierten und nur durch die Machenschaften von Europäer*innen auf diese Weise entstehen konnten. Hierfür nutzten sie den imperialen Blick auf das Land und das territoriale Verständnis, das auf Linien basierte, die von Fremden fast willkürlich über den Boden gezogen worden waren. Gleichzeitig schloss diese Art der Selbstbetrachtung indigene Selbstverständnisse, Beziehungen sowie Kartierungen von Boden und Land weiterhin aus. Damit führten die neuen Staatseliten eine Praktik fort, die nicht auf der eigenen Geschichte fußte und dennoch mit den Jahren zunehmend zur eigenen wurde.

***

Die Gewalt in den Kolonien wurde auf der anderen Seite des *Atlantiks* schnell repliziert. Die weißen Menschen in den vielen nun »unabhängigen« europäischen Siedler*innenkolonien studierten aufmerksam die Machenschaften ihrer europäischen Vorfahr*innen. Im Zuge dessen flogen zehn Jahre nach der Bombardierung von Ain Zara mehrere Piloten an Bord mehrerer Flugzeuge Attacken über Greenwood, einem Schwarzen Stadtteil der Siedler*innenstadt *Tulsa* im sogenannten US-Bundesstaat *Oklahoma*. Die Luftangriffe vom Frühling *1921* waren Teil einer rassistischen Terrorwelle gegen die wirtschaftlich autonome Schwarze Bevölkerung der Stadt, die zur Zeit des Massakers 10 % der Gesamtbevölkerung des mehrheitlich weißen Orts ausmachte. Mit dem Beginn der anti-Schwarzen Pogrome kam es innerhalb kurzer Zeit zur brutalen Ermordung von mehr als 300 Schwarzen Menschen und der Inhaftierung von mehr 6000 in eigens errichteten Internierungslagern. Während dieses grausamen Mordens, in dem die Schwarze Bevölkerung den weißen Terrorist*innen schutzlos ausgeliefert war, flogen die weißen Piloten im Tiefflug über den Stadtteil Greenwood. Sie warfen Dynamit auf die Schwarze Bevölkerung herab. Als Folge der Zerstörung, die 18 Stunden lang andauerte, waren am Ende mehr als 1500 Gebäude zerstört und bis zu 10000 Schwarze Menschen obdachlos. Die Luftbombardierung gegen die Schwarze Bevölkerung von Tulsa wurde zur ersten Luftbombardierung einer US-amerikanischen Stadt.

Nahezu 40 Jahre nach der verlorenen Schlacht von Adua (*1896*) kehrte Italien mit neuen Waffen *1935* gestärkt ins Äthiopische Reich zurück. Dabei wollte das *Mittelmeerreich* das zum Abschluss bringen, was es als »nationale Schande« für das weiße Volk verstand. Für diesen Angriffskrieg gegen das letzte von Europäer*innen noch nicht eroberte Territorium des *afrikanischen Kontinents* (neben *Liberia*) nutzten die *Südeuropäer*innen* sowohl ihre *ostafrikanischen* Kolonien als auch den von den Brit*innen kontrollierten *Suezkanal*, um den Nachschub für ihre Invasion zu sichern. Auch Adolf Hitler rüstete Mussolinis Truppen großzügig mit Waffen auf, um das Äthiopische Reich erfolgreich zu besiegen. Die Italiener*innen fielen mit den modernsten Waffen ihrer Zeit in das Gebiet ein. Hierzu zählte selbstverständlich ihre berühmt wie berüchtigte Kampffliegerflotte. Diese flog im Laufe der feindlichen Invasion zahlreiche Angriffe, um etliche äthiopische Dörfer und Städte dem Boden gleichzumachen. Als *1935* der damalige italienische Premierminister Benito Mussolini das Äthiopische Reich angriff, flogen mehr als 450 feindliche Kampfflugzeuge in das abessinische Reichsgebiet. Sie besiegelten damit das Schicksal der amharischen Dynastie, die weder über eine eigene Luftwaffe verfügte, noch großartige Luftabwehrsysteme, um sich angemessen gegen die vom Himmel fallenden italienischen Geschosse zu wehren.

Als am 29. *März 1936* die im *östlichen* Teil des Abessinischen Reichs gelegene und mehrheitlich vom Volk der Harari bewohnte Stadt Harar unter einem zweieinhalbstündigen italienischen Bombenregen fiel, war die Stadt mit vormals 40 000 Einwohner*innen in kürzester Zeit bis auf die Grundfesten zerstört. Die *New York Times* berichtete am Tag darauf, dass an dem Angriff mehr als 70 italienische Kampfflieger beteiligt gewesen waren und mehrere Krankenhäuser, Moscheen, Kathedralen sowie der städtische Palast und Heiligengräber von Brandbomben vollständig zerstört worden waren. Selbst das britische Konsulat von Harar war vor den Bomben der Italiener*innen nicht sicher gewesen. Vor dem Angriff wurden die lokalen Krankenhäuser, die jeweils vom ägyptischen, schwedischen und äthiopischen Roten Kreuz betrieben wurden, von außen als solche gekennzeichnet, um die italienischen Pilot*innen im Himmel davon abzuhalten, diese anzugreifen. Doch gab es keine Gnade in diesem Invasionskrieg gegen das letzte Stück Land des *Kontinent*s, dass nicht von Weißen bestimmt wurde. Die Bomben sollten nicht nur die gebaute Kultur der indigenen Menschen zerstören. Sie sollten die Menschen am Boden demoralisieren und damit ihren Widerstand gegen die Invasor*innen, die sowohl vom Himmel als auch vom Land kamen, ersticken.

Mithilfe dieser bestialischen Attacken sollten die betroffenen Menschen an ihre Ohnmacht im Angesicht der feindlichen Übermacht erinnert werden. Sie sollten daran erinnert werden, wie klein und unbedeutend sie vom Himmel aus erscheinen und wie einfach es war, die verschiedenen Punkte auf dem Boden von oben herab zu eliminieren.

Wenige Monate nach der Bombardierung von Harar hatte Italien den Krieg gewonnen. Mit der Einnahme der Hauptstadt Finfinne/Addis Abeba hatte Mussolini den Feldzug abgeschlossen, an dem sein Land *Jahrzehnte* zuvor gescheitert war. Noch vor dem Überfall auf das Äthiopische Reich schrieb Mussolinis Kolonialminister Emilie De Bono, dass »jede zukünftige Invasion des Landes davon abhängig wäre, eine starke Luftwaffe zu haben, um der Hauptstadt des (Äthiopischen) Reichs und anderen wichtigen Städten Terror« bringen zu können. Die Aussage des Ministers, der zum Oberbefehlshaber dieses invasiven Kriegs wurde, unterstreicht welche Signifikanz *moderne* Kriegsflugzeuge in nur wenigen Jahren für die imperiale Kriegsführung erlangt hatten. Auch der Marschall Pietro Badoglio, der De Bono als militärischen Leiter des Kriegs ablöste und den Einsatz von Giftgas gegen die äthiopische Bevölkerung befahl, schwärmte in einem Briefwechsel mit Mussolini von den Vorzügen des Luftkriegs. Darin schrieb er, dass es Italiens Kriegsvorteil sei, die Äthiopier*innen von der Luft attackieren zu können, ohne dabei selbst attackiert zu werden. Die Dominanz des Himmels war damit das Erfolgsrezept zum Sieg am Boden. Acht Monate nach dem Beginn der italienischen Invasion auf das Äthiopische Reich waren mehrere Hunderttausende Äthiopier*innen den italienischen Kriegshandlungen zum Opfer gefallen.

Badoglio wurde daraufhin zum Herzog von Addis Abeba ernannt.

Die Lektionen, die sowohl die Kolonialisierenden als auch die Kolonialisierten aus diesen vielen Luftkriegen zogen, hatten verheerende Konsequenzen für die gesamte Welt. So auch auf Europa. Als ein Jahr nach der Eroberung des Äthiopischen Reichs geschätzte 59 italienische und deutsche Kampfflieger auf Bitten der spanischen Nationalist*innen ihre tödliche Luftfracht über der baskischen Kleinstadt Gernika abwarfen, kam die willkürliche Zerstörung, die die Europäer*innen längst in den Kolonien erprobt hatten, auf ihrem Grund und Boden an. Die äthiopischen Behörden hatten nach der italienischen Luftbombardierung von Harar schon davor gewarnt, dass die Vernichtung einer offenkundig schutzlosen und zivilen Stadt, die im eigentlichen Kriegsgeschehen keine relevante Rolle spielte, einen kriegerischen Präzedenzfall darstelle. Dieser brachte große zivile Opferzahlen mit sich, und – so die Warnung der Äthiopier*innen – europäische Städte würden in Zukunft im Falle eines Kriegs auf europäischem Boden mit den gleichen Angriffen auf zivile Städte rechnen müssen.

Die Worte des amharischen Regimes hallten nach, als bis zu 140 italienische und deutsche Pilot*innen mit mehreren Erkundungsflügen über die Stadt den Bombenregen ankündigten. Italienische und deutsche Truppen unterstützten den Spanischen Bürgerkrieg im Baskenland aufseiten der spanischen Nationalisten unter Francisco Franco. Dabei erkundeten sie mit ihren Augen und Kameras achtsam die vielen Ziele, die sie später mit mehreren Dutzend Tonnen an Bomben in Ruinen verwandeln würden. Für diese Zerstörung, die

70 % von Gernika innerhalb kürzester Zeit zerstörte, benötigten die beiden Luftwaffen weniger als 150 Menschen. Obwohl die Luftbombardierung der baskischen Stadt nur eine von etlichen Flächenbombardierungen während des Spanischen Bürgerkriegs war, schrieb sie sich tiefgründiger in das europäische Bewusstsein ein. Als die Deutschen und Italiener*innen ihre tödliche Fracht über dem Ort abwarfen, fand in der Innenstadt gerade ein Wochenmarkt statt. Die Opferzahlen der Brandbomben waren immens hoch. Das Ziel der Bombardierenden war bewusst, so viele baskische Zivilist*innen wie möglich zu töten. Damit folgte der *moderne* Krieg der Europäer*innen selbst in Europa längst nicht mehr den fragwürdigen »Kriegsregeln«, die sie für sich selbst als sogenannte *zivilisierte Menschen* setzten – und die nur für sie selbst galten. Die subjektiven Unterscheidungen, die sie als Teil dessen zwischen *zivilen* und *militärischen* Zielen zogen, die zwischen unangreifbar und angreifbar, zwischen moralisch und ethisch verwerflich und verantwortbar entschieden, die außerhalb von Europa nie galten, lösten sich mit der Entwicklung der europäischen Waffen auch zunehmend in Europa selbst auf. Die*der weiße Mensch war durch die Waffen des *totalen Kriegs* ähnlich verwundbar wie der *nicht-weiße* Mensch. Er blutete ähnlich wie die sogenannten *Unzivilisierten*. Die Flächenbombardierungen unterschieden nicht zwischen den soziokulturell konstruierten politischen Kategorien: Männer im kampffähigen Alter, Frauen, Kinder, ältere Menschen, etc. Der Bombenhagel löste diese Kategorien auf. Plötzlich konnten in Europa auch diejenigen sterben, die nicht als »legitime« Ziele galten.

Das, was bis heute jedoch oft als »willkürliche Zerstörung« in Kriegen bezeichnet wird, unterliegt allem anderen als einer Willkür. Die Zerstörungen die Harar, Gernika und vieler Orte, an die sich Nicht-Betroffene heute nicht erinnern, weil sie für sie »zu klein« oder »zu peripher« sind, waren nicht wahllos. Die totale Zerstörung war das Ziel und unterlag weitreichenden militärischen Planungsgedanken, die den absoluten Terror vom Himmel beabsichtigten. Die Bombardierung von Gernika dient bis heute als Mahnmal, um die weißen Menschen an die Zerstörung einer »zivilen« und weißen Stadt aus der Luft zu erinnern.

Die Nachricht der Zerstörung verbreitete sich schnell in Europa und seinen fernab mittlerweile vielen weißen Satellitenstaaten. Dies war besonders den aufkommenden weißen Massenmedien und der erfolgreichen Propaganda der Gegner*innen der spanischen Nationalist*innen zu verdanken. Sie schickten die vielen Fotos, die von der zerstörten Stadt und dem Leid produziert worden waren um die Welt. Das Gedenken und die vielen moralischen Fragen, die dieses Massaker von weißen gegen weiße unter den weißen Menschen aufkommen ließ, wurde darüber hinaus durch ein Gemälde in die Welt getragen.

Wenige Wochen nach der Bombardierung stellte der spanische Maler Pablo Picasso ein monochromes Ölgemälde fertig, das er dem Massaker in der baskischen Stadt widmete und nach ihr benannte. Das kubistische Antikriegsgemälde war eine Auftragsarbeit für die Spanische Republik, die noch während des Bürgerkriegs namhafte spanische Künstler*innen beauftragte, Werke für den spanischen Pavillon für die im selben Jahr stattfindende Pariser Weltausstellung anzufertigen. Das überdimensionale Werk wurde später zum Hauptausstellungsobjekt des spanischen Pavillons. Innerhalb von nur acht Monaten wurde die Weltausstellung in Paris – die seit der ersten Weltausstellung von Paris im Jahr 1855 schon die siebte war und die Stadt nachhaltig in ihrem Stadtbild prägte – von mehr als 37 Millionen hauptsächlich weißen Menschen besucht. Eine große Zahl von Menschen bekamen somit Picassos Arbeit kaum zu Gesicht. Nach dem Ende der Ausstellung reiste das Gemälde um die weiße Welt, von Europa bis in die europäischen Siedler*innenkolonien, und konnte zu einem Sinnbild für die Gräueltaten werden, die der baskischen Bevölkerung von Franco und seinen Verbündeten angetan wurden.

Für linke Europäer*innen entwickelte sich die Stadt, ihre Einwohner*innen sowie Picassos Gemälde und die unzähligen fotografischen Zeugnisse dieser Zerstörung zu antifaschistischen Antikriegssymboliken, die der illegitimen Kriegsopfer gedachten und ihr Leid illustrierten. Das Konzept der *Illegitimität* eröffnet dabei Spielraum für die Möglichkeit *legitimer* Opfer. Der Opfer, deren Leben, Sterben und Überleben weder einer Nachricht, eines Gemäldes, eines Fotos oder einer Ausstellung wert war. In diesem Sinne bleiben die vielen *nicht-europäischen* Orte, die der Vernichtung Gernikas vorangingen und die dortige Bombardierung erst ermöglichten, aus der europäischen Geschichte ausgeschlossen. In der dominanten Geschichtsschreibung, das heißt in der europäischen Weltlesung, wurde nicht etwa Harar zur Blaupause für die »sinnlose Ermordung« von Zivilist*innen durch Flächenbombardements, sondern Gernika. Das Gedächtnis der Europäer*innen fing mit Europa an. Es hörte auch mit Europa auf.

***

Militärische Beobachtungsflüge konnten in kriegerischen Zusammenhängen schon im *Ersten Weltkrieg* des 20. *Jahrhunderts* geflogen werden. Mit verbesserter Technik erreichten sie ein neues Hoch während des *Zweiten Weltkriegs*. Bombardierungen aus der Luft gingen häufig militärische Spähflüge voraus. Sie sollten Verhältnisse und Veränderungen am Boden und in der Luft studieren und das feindliche Territorium den eigenen Waffen offenlegen. Die unzähligen Fotos vom Boden und von der Luft, die den Raum zwischen dem Flugkörper und dem Boden füllten, die diesen Erkundungsflügen folgten, wurden nach der Entwicklung vom jeweiligen Militär in Mosaiken zusammengesetzt. Damit ergaben sich großflächige Bilder von urbanen Landschaften, die als Bildkarten dienten und die Zerstörung vom Himmel ausgehend effizienter gestalten sollten.

Diese Technik verbreitete sich mit den Jahren schnell unter den verschiedenen Imperialmächten der Welt. Auch im *Japanischen* Reich im Jahr *1943*, das zu dieser Zeit seine territoriale Blüte erreicht hatte. Es erstreckte sich – je nach Karte und Lesart – im vermeintlichen *Westen* bis an die Grenzen *Bengalens* und im vermeintlichen *Süden* bis zum heutigen *Papua-Neuguinea* und kleineren Nachbarinseln des *Südpazifik*, darunter auch die bis *1919* noch vom Deutschen Reich kolonialisierten *Pazifikinseln Palau, Mikronesien* sowie das *Bismarck-Archipel*. *Japans* Kolonialexpansion beschleunigte sich mit der Ausbreitung des sogenannten *Zweiten Weltkriegs*, der offiziell *1939* mit dem deutschen Beschuss von Danzig begann und Monate später mit voller Gewalt die europäischen Kolonien *Ost-* sowie *Nordafrikas* erreichte. *Japan* trat diesem Krieg zwei Jahre später bei.

Tatsächlich waren die Kriege dieser Zeit, die von weißen Menschen zum *Zweiten Weltkrieg* erklärt wurden, viel mehr europäische Imperialkriege, als dass es sich bei ihnen um »Weltkriege« im wörtlichen Sinne handelte. Namentliche Unterscheidungen wie diese sind bedeutungsvoll und gründen auf ein bestimmtes Weltverständnis. Der Begriff »Weltkrieg« entspringt einer europäischen Nomenklatur, die einer Geschichts- und Kartenlesung unterliegt, in der Europa zum Mittelpunkt der Welt, der Zeit, der Bewegungen und der Karten erklärt wird. Erst durch diese Lesart, die den europäischen Menschen zentriert, werden europäische Erfahrungen als gleichbedeutend mit denen der gesamten Welt verstanden. Damit wird Europa zur Welt und Europäer*innen zum Synonym für die Menschheit. Nach diesem Muster ist das, was in Europa geschieht von universeller Bedeutung. Gleichzeitig bleibt das, was anderswo, fern Europas, geschieht, »nur« von lokaler Relevanz. Allerdings waren die sogenannten *Weltkriege* keine Kriege, die die Gesamtheit der Welt gleichermaßen betrafen, berührten und interessierten. Und wenn sie denn die kolonialisierte Welt und Völker involvierten, dann nicht aus freiem Willen und Interesse, sondern lediglich in dem Verhältnis von europäischen Kolonialsubjekten und Kolonialterritorien. Es waren wenn überhaupt erzwungene Involvierungen, die wenig über die autonomen Aspirationen und Wünsche der kolonialen Lebewesen, die zu Kollateralschäden der Imperialmächte wurden, aussagten.

Mit dem Beitritt *Japans* in diesen europäischen Krieg expandierten zwar die Orte, von denen aus die Zerstörungen ausgingen, doch blieben die Kriege das Wüten der dominanten Imperialmächte – nicht das der kolonialisierten Völker. In diesem Sinne nutzte *Japan* seinen Kriegseintritt, um die europäische Vormachtstellung in *Asien* und im *Pazifikraum* infrage zu stellen. Für *Japan* war dieser Kampf zwischen den »weißen Rassen« die Chance, das eigene Kolonialprojekt weiter voranzutreiben, das auf der europäischen Seite der Welt als Folge der eurozentrischen Geschichtserzählung schnell ausgeblendet wird. *Japans* Wettrennen mit den sogenannten europäischen »Herrenrassen« führte dazu, dass es die Herr*innenschaft über alle sogenannten *asiatischen* Völker beanspruchte und die europäische Fremdherr*innenschaft mit der eigenen ersetzen wollte.

Am 27. September *1940* schloss sich das Inselreich im sogenannten Dreimächtepakt einem faschistischen Kriegsbund an, der zwischen Berlin, Rom und Tokio bestand. Dieser folgte dem *1936* in Berlin unterzeichneten Antikominternpakt, der zunächst zwischen dem Deutschen und dem *Japanischen* Reich geschlossen wurde und sich mit der grenzüberschreitenden Bekämpfung der Kommunistischen Internationalen befasste. Mit *Japans* Entschluss, sich vier Jahre später der faschistischen Achse Berlin-Rom anzuschließen, trat die *ostasiatische* Kolonialmacht als einziges *nicht-weißes* und nichtkolonialisiertes Land offiziell – und vor allem aus eigenem Willen – dem großen Imperialkrieg bei.

Mit dem Kriegseintritt begann die militärische Offensive *Japans* gegen die französischen, niederländischen und britischen Kolonialbesitztümer in *Südostasien* und dem *Pazifikraum*. Als sich *Japan 1941* dafür entschied, den US-Marine Stützpunkt *Pearl Harbor* auf Hawaii, einer *Pazifikinsel*, die von der europäischen Siedler*innenkolonie *USA 1898* annektiert und kolonialisiert wurde, mit einem spektakulären Selbstmordanschlag anzugreifen, machte sich *Japan* schließlich auch die *USA* zum Kriegsgegner. Einen Tag nach dem Angriff erfolgte die gegenseitige Kriegserklärung. Dadurch wurde der *Pazifikraum* zum zweiten Kriegsschauplatz neben Europa. Der sich dadurch ausbreitende *Pazifikkrieg*, der zuvor nur den kriegerischen Konflikt zwischen *China* und *Japan* umfasst hatte, wurde für *Japan* ein militärischer Wendepunkt. Die ruhmvollen und siegreichen Jahre des Kolonialreichs und die rapide Ausdehnung des *japanischen* Herr*innenschaftsgebietes kamen zu einem langsamen, aber sicheren Ende. Bis dahin hatte die *japanische* Regierung Kriege, Massaker und Völkermorde vor allem auf dem Boden von anderen Menschen ausgetragen. Die Gewalt fand mehrheitlich in für *Japaner*innen* sicherer Distanz statt. Die *japanische* Gesellschaft konnte damit das meiste, was in ihrem Namen anderen Menschen fern des Inselreichs angetan wurde, ausblenden. Die Insellage des Reichs und die daraus resultierende Isolation und Distanz zu den besetzten Gebieten und unterdrückten Menschen erleichterte diesen Prozess. Bis heute hat sich daran wenig geändert. Die vielen Gräueltaten des *japanischen* Imperialismus und Kolonialismus werden weder in *Japan* noch in Europa detailliert gelehrt und besprochen. Doch mit der Kriegserklärung der Siedler*innenkolonie *USA* gegen die wachsende *ostasiatische* Kolonialkonkurrenz erreichte die Gewalt, die *Japan* in die Welt trug, zunehmend die Heimatfront. Damit blieb auch *Japan* nicht von der Gewalt verschont, die es in die Welt exportierte.

In den Jahren seit der Luftbombardierung von Ain Zara ließen die Imperialmächte zahllose Flugzeuge in die Luft steigen, um damit die vielen Böden unter ihnen mit dem Schatten der gleichen Flugzeuge zu strafen. So gestaltete sich die Entwicklung von anfangs 1,5 *Kilogramm* schweren Bomben, die in einer kleinen Lederbox an Bord eines Flugzeugs genommen wurden, zu *tonnen*schweren fliegenden Kriegsschiffen, die spezifisch für die Zerstörung von Boden, Land und Lebewesen konstruiert wurden. Anders als bei der Taube, die weder für diese Art der Fracht noch der generellen Kriegsnutzung konzipiert war und damit die Menschen zwang, die Bomben eigenhändig aus den fliegenden Maschinen zu werfen, waren die späteren Militärflugzeuge speziell für den

Japanische Militärkarte von *Britisch-Ceylon* zeigt Angriffsziele auf die Insel aus einer Dokumentation der *japanischen* öffentlich-rechtlichen Rundfunkgesellschaft NHK, *1942*

Japanische Luftbombardierung des Hafens von Tirukōṇamalai, die allererste Luftbombardierung Eelams, *1942*

Krieg entworfen worden und darauf ausgerichtet, schwere Bomben zum Fliegen zu bringen. Diese ließen sie Minuten später mit mehr oder weniger mechanischer Präzision in Richtung des Bodens fallen. Der Luftkrieg wurde damit zum elementaren Bestandteil der modernen Kriegsführung der Imperialmächte.

Die Kontrolle des Himmels wurde ausschlaggebend für die Kontrolle der Erde. Die Kampfflugzeuge veränderten insgesamt räumliche Verhältnisse von Staatskriegen und -konflikten. Luftflotten erlaubten ähnlich wie bereits die Dampfschiffe eine tiefere und einfachere Penetration in feindliches Staatsterritorium. Damit konnte der Raum über dem feindlichen Staatsterritorium ungestörter durchdrungen und erobert werden. So verschob sich mit dem Einsatz der Kampfflugzeuge das Kriegsgebiet folglich vom Rande der Staatsterritorien zunehmend in das *Inland*. Im Zuge dessen verschwamm zwangsläufig das Konzept der Kriegsfront. Während kriegerische Handlungen zuvor meist weit entfernt von dicht besiedelten Städten stattfanden, veränderte sich dieses Raumverhältnis mit den fliegenden Kriegsschiffen. Sie trugen die Kriege aus Grenz- und Konfliktgebieten zuneh-

Japanische Kampfflieger über dem *Indischen Ozean* auf dem Weg nach Ceylon, *1942*

mend in die (Haupt-)Städte. Diese waren zwar seltener Teil umstrittener Territorialkonflikte, von ihnen gingen jedoch die Befehle für die Kriegsführung aus. Auch die Entwicklung und Produktion der Waffen wurde von dort koordiniert.

Die Konzentration von Macht in Städten und der Urbanisierung des Landes nahm mit der Schaffung zentralistischer Nationalstaaten nur noch zu. In der Hoffnung maximalen Schaden zu verursachen, fingen die Imperialmächte deshalb an, die gnadenlose Bombardierung von Städten voranzutreiben, um mit diesen urbanen Vernichtungskampagnen die feindliche Kapitulation zu erzwingen. Sie schmissen über den Köpfen der Lebenden ihre tödliche Fracht herab, um damit den Boden in Massengräber zu verwandeln und ihre gebaute Umwelt, die einheimische Baukultur, in Schutt und Asche zu legen. Bei diesen Abwürfen unterschieden die fliegenden Kriegsschiffe der Imperialmächte vor allem in den Kolonien, wie im Falle der Stadt Harar, selten zwischen militärischen und zivilen Zielen. Die maximale Zerstörung war Teil eines Kalküls.

Kriegsflugzeuge erlaubten es, Distanzen und Hindernisse anders zu überwinden, Kriege an Orte zu tragen, die sich fern des eigentlichen Kriegsgeschehens befanden. Die Zerstörung konnte mithilfe der Kampfflugzeuge zu fast jeder Zeit und an fast jedem Ort plötzlich vom Himmel in den Alltag hereinbrechen. Die vielen Kolonialbombardierungen zeigen, dass der Kriegsterror aus der Luft deutlich weniger menschlichen Aufwand benötigte, um effizient Bevölkerungen in Angst und Schrecken zu versetzen sowie Städte und wichtige Infrastrukturen in Schutt und Asche zu legen als der Bodenterror. Es war eine für die Angreifer*innen ökonomischere und effizientere Lösung, ihre Feind*innen zu unterminieren.

Mit der Bombardierung von Gernika wurde die grenzenlose Destruktionskraft der imperialen Luftwaffen in die Zentren der Kolonialmetropolen katapultiert. Die Flugzeuge zerrten die Zerstörung von der europäischen Unsichtbarkeit in die europäische Unmittelbarkeit – in den Himmel über Europa. Der technische Albtraum, den Europa selbst geschaffen hatte, flog plötzlich versteckt hinter den weißen Wolken und dem blauen Himmel direkt über ihre eigenen Städte und eigenen Köpfe hinweg. Die Menschen Europas konnten ihnen in die Augen blicken; sie in der Luft beobachten, wie sie durch den Himmel streiften, ihre Ladeklappen öffneten und kleine Sprengkörper in Richtung des Bodens und damit in Richtung ihrer Körper abwarfen. Von dort aus konnten sie zuschauen, wie sich die kleinen länglichen Punkte im Himmel mit jeder Millisekunde, mit jedem *Meter* in ihren Augen vergrößerten, bis sie plötzlich hell aufleuchteten und den Bomben nach einem ohrenbetäubenden Klang und einer Druckwelle nur noch Stille folgte.

***

Der Zugang zum Himmel konnte zwischen Leben und Tod entscheiden, denn wer den Himmel kontrollierte, kontrollierte die Erde unter jenem Himmel. Die Militarisierung und darauf folgende Nationalisierung des Himmels hatte zur Folge, dass Staaten das Luftmonopol erhielten und damit entscheiden konnten, wer Zugang zur Luftfahrt und zum Himmel hatte. Sie konnten auch darüber entscheiden, wer wie, wann, wohin und wie weit gehen darf. Dies betraf nicht nur die militärische Luftfahrt, sondern auch die zivile, die von den gleichen Staaten dominiert wurde wie auch die militärische, die neben Militärbasen auch zivile Flughäfen bauten und nationale Fluggesellschaften hochzogen. Dies schuf Abhängigkeiten unter der Zivilbevölkerung, die vom Zugang zur Luftfahrt abhängig war. Die daraus resultierenden Schwierigkeiten verstärkten sich vor allem bei der Flucht vor einer Staatsgewalt, wo sich die Probleme meistens als unausweichlich herausstellten. Auch meine Familie sah sich mit diesem Dilemma konfrontiert.

Angesichts der Anzahl von tamilischen Geflüchteten, die vor dem Mord an ihrem Volk in die Bundesrepublik flohen, führte die CDU/CSU-Regierung unter Helmut Kohl eine antitamilische politische Maßnahme ein: die sogenannte »Tamilen-Regulierung«. Diese rassistische Regulierung wurde am 15. Juli 1985 eingeführt und stellte einen rechtlichen Präzedenzfall in der Bundesrepublik dar. Sie verwehrte von da an explizit nur tamilischen Geflüchteten aus Eelam und Ilankai, die kein gültiges Einreisedokument für die Bundesrepublik mit sich führten, die Einreise in die Bundesrepublik über den größten Flughafen der DDR, den Schönefelder Flughafen. Dies war ein direkter Eingriff in das deutsche Asylrecht, das in der unmittelbaren Post-Shoah-Zeit entwickelt worden war und Deutschland unter anderem von seinen Verbrechen auf der »Weltbühne« reinwaschen sollte. Die »moralisch integerere Nation«, die behauptete, aus ihren Fehlern gelernt zu haben, begann sich selbst zu untergraben.

Bis dato war der Schönefelder Flughafen in Ostberlin das Eintrittstor für Tausende von fliehenden Menschen aus der sogenannten »Zweiten« und »Dritten Welt« gewesen. Es waren vor allem palästinensische Geflüchtete aus dem *Libanonkrieg*, Menschen, die vor den Folgen der Islamischen Revolution in Iran flohen, sowie Menschen die aufgrund ethnischer Konflikte und einer Hungersnot in *Ghana* nach Berlin flohen und sich die deutsch-deutsche Teilung zu eigen machten, um über die DDR vereinfacht weiter in den *Westen* zu gelangen. So auch meine Eltern und Zehntausende Tamil*innen, die seit der Verbrennung ihrer Bibliothek *1981*, vor allem aber nach dem Völkermord von *1983* in hohen Zahlen von *Colombo* aus über Moskau nach Berlin strömten.

Anfang bis Mitte der *1980er*-Jahre stellten Tamil*innen die größte Geflüchtetengruppe, die das geteilte Land erreichte. Die Ankunft dieser melaninreichen Menschen war für die deutsche Gesellschaft schwer zu ignorieren und führte schnell zu negativen Schlagzeilen. Die BRD-Gesellschaft reagierte mit aufrührerischen Artikeln im Sinne des Kalküls der DDR-Regierung unter Erich Honecker, welche die ankommenden Tamil*innen bewusst in den *Westen* weiterreisen ließ, um durch sie den sozialen Frieden in der BRD zum Wanken zu bringen. Diese Art der staatlichen Instrumentalisierung von geflüchteten Menschen zum Erzwingen von bilateralen politischen und ökonomischen Maßnahmen behält heute noch ihre Wirkung.

Der Präzedenzfall, der sich aus der »Tamilen-Regulierung« ergab, war sowohl einer für die deutsch-deutsche Geschichte als auch für die Luftfahrtgeschichte. Um das »Problem« der tamilischen Geflüchteten zu lösen, sah sich die Kohl-Regierung gezwungen, mit der Honecker-Regierung in Verhandlung zu treten. Sie führte zu einer Art deutsch-deutscher Zusammenarbeit der beiden rivalisierenden Systeme, die einmalig war. Für die Einhaltung des Einreiseverbots für Tamil*innen ohne gültige Einreisepapiere wurde die Ostberliner Regierung mit einem lukrativen Kredit in Höhe von 250 Millionen *DM* belohnt. Dieser verlängerte faktisch das temporäre Weiterbestehen des längst bankrotten Staats. Den Preis für diesen innerdeutschen Kompromiss zahlten Tamil*innen aus Eelam. Sie wurden zur ersten ethnischen Gruppe, der seit der Entstehung der BRD post-Shoah das Recht auf Transit und Asyl von der BRD sowie der DDR gesondert verwehrt wurde. Die sogenannte »Tamilen-Regulierung« war der Beginn des langsamen Ausverkaufs des westdeutschen Grundrechts auf Asyl. Dieser kulminierte *1992*, zwei Jahre nach der Wiedervereinigung, schließlich im sogenannten »Asylkompromiss«.

Die »Tamilen-Regulierung« zwang darüber hinaus Fluggesellschaften, wie die staatliche Fluggesellschaft der DDR Interflug, dazu, die Einreisedokumente von Passagier*innen vor dem Boarding direkt zu prüfen. Bis dahin hatte man* einen Flug lediglich mit dem Vorweis eines gültigen Ticket antreten können. Die eigentlichen Passkontrollen selbst fanden erst bei der Einreisekontrolle am Ankunftsflughafen statt. Für schutzsuchende Menschen war dies ein maßgebliches Kriterium, welches ihnen den Zugang zum Luftverkehr ermöglichte. Es erlaubte Zehntausenden tamilischen Geflüchteten die Einreise, die von einer Insel flohen, die zwar nicht weit genug von Europa entfernt lag, um der europäischen Kolonialisierung zu entkommen, aber dennoch zu weit, um über den Fuß- oder Landweg nach Europa gelangen zu können. Fluggesellschaften, die mit dem Beginn der »Tamilen-Regulierung« im *Juli 1985* der Visumskontrolle nicht nachkamen, mussten als Sanktionsmaßname damit rechnen, die Kosten für die Rückführung von tamilischen Passagieren ohne gültige Einreisedokumente selbst zu tragen. Airlines wurden somit direkt in das staatliche Grenzregime mit eingegliedert und im Falle der Nichtkooperation abgestraft.

Die Grenze verschob sich hiermit von den polizeilichen Passkontrollen zu den Schaltern der Fluggesellschaften. Diese Regelung gilt auch heute noch und ist der wichtigste Grund, warum Asylbewerber*innen bis heute mehrheitlich nicht mehr mit Flugzeugen in den *Westen* kommen und sich stattdessen über gefährliche und noch teurere Land- und Seewege in die Ferne begeben müssen. Für Eelam-Tamil*innen, die wie meine Eltern noch Monate zuvor mit Aeroflot und Interflug-Maschinen die DDR erreichten, verschloss sich von nun an der Zugang zur Luftroute. Als Folge dieses Beschlusses fiel die Zahl der tamilischen Asylbewerber*innen, die bis dahin das größte Kontingent an Geflüchteten in der BRD ausmachten, innerhalb nur eines Jahres von 23,5 % auf nur noch 4 %. Diese rassistische Regulierung, die an Eelam-Tamil*innen erprobt wurde, wurde nur ein Jahr später auch auf andere asylsuchende Gruppen ausgeweitet. Der tamilische Exodus kam damit jedoch nicht zum Ende. Er verlagerte sich stattdessen.

Zeitungsartikel aus der *kanadischen* Toronto Star über die Schiffsflucht von Tamil*innen von Bremen nach *Nord*-Abya-Yala, *1986*

Die Konsequenzen dessen bedeuteten auch, dass die Menschen, die schon in den Asyllagern des Landes lebten, schlechte Chancen auf eine Anerkennung ihrer politischen Verfolgung hatten. Viele begannen damit, aus Deutschland weiter Richtung *Westen* zu fliehen, wie etwa 155 Tamil*innen, die aufgrund der feindlichen deutschen Asylpolitik im Sommer *1986* die Asyllager verließen und an Bord eines Schiffes von Bremerhaven aus in Richtung Kanada aufbrachen. Dort wurden sie Tage später von weißen Fischern vor dem Ertrinken gerettet. Ihre Flucht, die eine Doppelflucht war – eine Flucht vor einem Völkermord sowie eine Flucht vor der Nichtanerkennung dieser ethnischen Verfolgung –, ist zu einem elementaren Teil der tamilischen Exilgeschichte in den weißen

Siedler*innenkolonien im *Norden* Abya Yalas geworden. Jedes Jahr wird in Zeremonien an sie erinnert. Gleichzeitig wird das Gesetz, das nicht in *Sri Lanka* gegen Tamil*innen erlassen wurde, sondern in der Bundesrepublik Deutschland und die 155 Tamil*innen verzweifelt auf eine zweite Flucht schickte, aus dieser Erzählung ausgeklammert.

Auch meine Familie war von der »Tamilen-Regulierung« betroffen. Neun Tage nach ihrem Inkrafttreten kam ich in einem namenlosen Asyllager als staatenloses Kind auf die Welt. Amma wird später sagen, dass sie als அகதி அம்மா – als Geflüchtetenmutter – அகதி பிள்ளைகள் – Geflüchtetenkinder – zur Welt gebracht habe. Als Folge des deutschen politischen Richtungswechsels gegenüber Tamil*innen wurde der Asylbescheid meiner Familie in den nächsten Jahren dreimal abgelehnt. Nicht etwa weil die Verfolgung der Tamil*innen eine Realität war, die den deutschen Behörden unbekannt war, sondern weil zu viele Tamil*innen es gewagt hatten, die weite Reise bis nach Deutschland in Kauf und ihr Lebensrecht in Anspruch zu nehmen. Wir blieben geduldet. Faktisch hatten wir kein Anrecht auf ein Exil, dennoch gab es Bedenken, uns in einen Krieg, der gleichzeitig ein Völkermord war, zurückzuschicken. So kam es, dass in den nächsten sechs bis sieben Jahren meines jungen Lebens das Asyllager mein erstes Zuhause wurde.

Auch mein junges Leben wurde dort als Teil der Asylfotografie von der Panasonic-Kamera begleitet. Schon seit meiner Geburt war die Kamera ein ständiger Begleiter meines Lebens. Fotos von mir gibt es aus Zeiten, noch bevor ich denken konnte. Vom Ultraschallbild der Gebärmutter der verfolgten

Frau, die meine Mutter war, bis zu den ersten Bildern außerhalb dieses organischen Behälters, die mich auf einem Feld unweit des Asyllagers zeigen – viele Momente meiner ersten Lebensjahre wurden dokumentiert. Und zwar viel mehr, als es bei vielen anderen tamilischen Familien im Exil der Fall war. Genauer gesagt war nicht die Kamera mein Begleiter, sondern der Kameramann: Appa, der selten von meiner Seite wich und die meisten dieser Momente dokumentierte.

Kurz nach meiner Geburt fing er sogar damit an, für besondere Anlässe eine Videokamera der deutschen Firma Grundig für 10 *DM* pro Tag aus einem deutschen Elektroladen in der Nähe des Asyllagers zu leihen. Mit der schweren Videokamera versuchte er, bewegte Aufnahmen unseres Lebens im Asyl zu machen. Die Videoausschnitte zeigen uns, wie wir spielen, essen, schwimmen und durch die Straßen der Gegend laufen. Sie zeigen, wie wir manchmal Tagesausflüge in die Kreisstadt machten, die noch innerhalb der Parameter der strengen Residenzpflicht lag. Sie zeigen auch Amma, wie ihr Körper am Ort und im Video anwesend, aber ihr Geist verloren schien. Sie vermied Blickkontakt mit der Kameralinse, deren ganzer Apparat viel massiver war als bei der kleinen Panasonic-Kamera. Doch wenn ihre Augen sich ins Objektiv verirrten, dann wirkte ihr Blick leer, fast leblos. Ihr Körper wirkte schlaff, fast als wäre ihre Form eine physische Belastung für sie.

Es gab auch Videos, die uns innerhalb der Asyllager zeigten und unser Leben in diesen Räumen dokumentierten. In manchen Szenen sprechen wir direkt zur Videokamera. Wir sprachen sie mit Namen an, die wir nie auszusprechen gelernt hatten, und meinten Personen, die wir nie kennenlernen würden. Dennoch sollten wir ihnen unsere Zuneigung zeigen. Die Videos waren für Verwandte in der Heimat bestimmt, die in den Videos die Kinder sehen sollten, die sie nicht würden aufwachsen sehen, die ihnen fremd wurden. Die Videos verließen allerdings nie die Ortschaft, in der sie aufgenommen wurden. Sie blieben bei uns, da der *sri-lankische* Staat damit begonnen hatte, systematisch VHS-Kassetten abzufangen, die von Tamil*innen im Kriegsgebiet ins Exil und andersherum geschickt wurden. Ziel dieser Maßnahme war es, die erfolgreiche Propagandaarbeit der jungen Medienabteilung der tamilischen Unabhängigkeitsbewegung zu unterbinden. Denn auch sie waren von dem Gefühl und dem Drang getrieben, die Verbrechen an den Tamil*innen und die vielen Kämpfe dieses unterdrückten Volks zu dokumentieren, um damit das Leid in seiner oft geleugneten Wirklichkeit zu beweisen. Gleichzeitig sollten diese Dokumente die Geflohenen an die Wichtigkeit und kollektive Verantwortung für die Befreiung des tamilischen Volks erinnern.

Appa war getrieben von dem Wunsch, die Bildverluste, die seine Familie erlitten hatte und die sie in die Dokumentlosigkeit trieb, wieder wettzumachen. Er versuchte, die vielen Seiten zu füllen, die sie auf der Flucht verloren hatten, und dabei Erinnerungen von etwas zu schaffen, das von vielen Exilant*innen als weniger erinnerungswürdig als die Erinnerungen an die Heimat galt. Indem er die Kamera im Exil intensiver nutze als in der Heimat, lebte Appa vor, dass auch das Exil eine oder mehrere Geschichten hergibt, die es wert sind, dokumentiert zu werden. Er demonstrierte, dass weder die Existenz noch die Geschichte mit der Flucht aufhört, sondern weitergeschrieben wird. Die Panasonic-Kamera diente ihm als Werkzeug, um all denjenigen, die keinen Zugang zu Kameras hatten, eine Möglichkeit zu geben, Erinnerungen an eine Zeit zu sammeln, die von einem rechtlichen und emotionalen Ausnahmezustand geprägt war. Jahre später wird er diese Kamera mit nach München in einen Zoo nehmen, um dort das Bild zu schießen, dass mich nicht mehr loslässt.

***

Die Frage, warum Menschen in den Zoo gehen, beantwortet nicht die Frage, warum Menschen wie wir in diesen Zoo gegangen sind. Es sind zwei unterschiedliche Fragen, die unterschiedliche Arten von Menschen betreffen und unterschiedliche Geschichten aufdecken. Obwohl wir – zumindest theoretisch gesehen – zur Kategorie Mensch zählen, so kommen wir aus sehr unterschiedlichen Verständnissen, Kulturen und Beziehungen zum eigenen Körper, dem Menschsein an sich sowie dem Zusammenleben mit unserer Umwelt. Wir unterscheiden uns von europäischen Menschen darin, wie wir uns in diese Naturen eingliedern, und ob wir krampfhaft versuchen, uns aus diesen herauszunehmen, versuchen, uns darüberzustellen, nur um immer wieder kläglich daran erinnert zu werden, dass dies unmöglich ist, dass wir trotz technischer Fortschritte Teil der Natur sind.

Wieso seid ihr mit uns damals in den Zoo gefahren, fragte ich Amma eines Tages. Ich hatte eine Ahnung, wollte mich jedoch versichern, dass das, was mir im Kopf schwebte, nicht nur meiner eigenen Fantasie entsprungen war. Ich wollte, dass die Fragmente von Erinnerungen, die sich in mir vergraben hatten, durch ihre Erinnerungen vielleicht ergänzt werden, sodass das Bild des Moments weniger von der materiellen Erinnerung in Form dieses Fotos abhängig gemacht wurde. Gleichzeitig wollte ich verhindern, dass ich Erinnerungen miteinander verband, die nicht meine waren. Ich versuchte zu unterscheiden zwischen dem, was meine kindlichen Erinnerungen waren, und den Erinnerungen der Älteren, die vielleicht mit schärferen Augen, als es die meinen damals konnten, dieses Bild sahen.

Um euch eine Welt zu zeigen, antwortete sie nach etwas Überlegung. *Um euch etwas zu zeigen, was Teil meiner Welt war, aber nicht eurer sein wird.*

Ich schwieg über mehrere Sekunden und wog ihre Worte in meinem Kopf ab.

Erinnerst du dich an diesen Tag?, fragte sie zurück.

Ich erinnere mich daran, dass es mir schwerfiel, den Raum und die Elefant*innen hinter mir zu lassen, antwortete ich. *Ich erinnere mich, dass ich, obwohl ich nicht im Foto abgebildet war, neben dir stand, wir uns an den Händen hielten und über Minuten hinweg gegenüber von den Elefant*innen standen. Ich erinnere mich, dass alle anderen Besucher*innen, die mit uns dieses Gefängnis betraten, schon längst weitergezogen waren, als wir noch immer am Gehege stehen blieben.*

Amma nickte zustimmend.

Sie hat geweint, Amma, oder?, fragte ich sie etwas zögerlich. *Die Elefantin in der Mitte des Bildes hat geweint, als sie uns gesehen hat, Amma, oder?*

Sie hat sich erinnert, தங்கம், gab sie zärtlich zurück.

Woran, glaubst du, hat sie sich erinnert?

Wusstest du, dass Elefant*innen Ungerechtigkeiten nicht ertragen können?, war ihre Gegenfrage. *Dass sie vom seelischen Schmerz einer Gewalttat erdrückt werden können und nach dem Bezeugen* *von Ungerechtigkeiten an ihresgleichen den Willen zum Leben verlieren können?*

Ich schwieg.

Sie trauern wie wir, fuhr sie fort. *Sie begraben ihre Toten und erinnern sich an die Leerstellen, die diese in ihren Leben hinterlassen haben. Sie vergessen nicht, wer ihnen dieses Leid angetan hat.*

Sie sehnen sich nach Gerechtigkeit, sagte ich.

In vielen menschlichen Sprachen – ganz unabhängig von der geografischen Nähe zu den Orten, an denen Elefant*innen beheimatet sind – wird von Menschen behauptet, dass Elefant*innen nicht vergessen würden. In imperialen Sprachen wie dem Deutschen, Französischen oder Englischen sind über die *Jahrhunderte* und als Teil der kolonialen Erfahrung der Welt durch weiße Menschen Sprachbilder entstanden, die Tiere mit bestimmten Eigenschaften verbinden: *Ein Gedächtnis wie ein Elefant haben.*

Dabei handelt es sich, anders als häufig, um einen Vergleich, der eine positive Eigenschaft mit einer Tierart verbindet. Es war ein Lob. Dies unterscheidet sich von der Regel, in der geistige Fähigkeiten von Tieren als unter dem Menschen eingestuft werden. Letztere werden sprachlich zu Schimpfworten verformt, zu einer Beleidigung der Entmenschlichung, die den so bezeichneten Menschen das *Zivilisiertsein* absprechen sollen. Hinsichtlich des Erinnerungsvermögens von Menschen im Vergleich zu Elefant*innnen war das nicht der Fall.

Forscher*innen stellten die Erinnerungsfähigkeit der Elefant*innen unter anderem dadurch fest, dass ihr *Orientierungssinn* über große Distanzen und Zeitrahmen hinaus stark ausgeprägt schien. Sie sollen sich an Wege, Richtungen und Orte erinnern, die längst hinter ihnen lagen. Sie bewegen sich nach Karten, die sie nicht in ihren Händen halten, sondern in ihren Körpern tragen; die sie anders gestalten, verwenden und anders weiterreichen als die Menschen. Ihr Raumgefühl erwies sich tatsächlich als ausgeprägter, als Menschen es anderen Lebewesen zugetraut hätten. Ihre Gefühlswelt war ihnen offenbar so ähnlich, dass Menschen diese Tiere nicht mehr so einfach ignorieren konnten. Der Anblick dieser Lebewesen, vor allem im leidenden Zustand, konnte ihre moralischen und ethischen Wertvorstellungen ins Wanken bringen.

Auch ich habe geweint, als ich sie weinen sah, sagte Amma daraufhin. *Auch ich habe mich erinnert.*

Woran genau hast du dich erinnert?, fragte ich vorsichtig.

Als wir die Fenster des Camps aufmachten, sahen wir keine Menschen mehr, fuhr sie fort. *Vor uns war nichts außer Bäumen zu sehen. Die Dörfer und Städte, aus denen wir kamen, waren verschwunden. Sie waren durch Bäume ersetzt worden. Sie sahen anders aus als die* பனை மரம்*, die wir so sehr zu lieben gelernt hatten. Sie sahen wie eine undurchlässige Wand aus, die uns den Blick nehmen sollte. Die Landschaften sahen hier anders aus. Sie waren hügelig, wo sie nicht hügelig hätten sein sollen, und flach, wo sie nicht flach hätten sein sollen. Die Häuser waren anders. Der Himmel sah hier anders aus. Die Luft roch hier anders. Das Salz des Meeres war längst nicht mehr in der Luft zu schmecken. Selbst* *die Tiere und Menschen sahen hier anders aus. Mir wurde schlecht bei dem Anblick aus dem Fenster unseres Camps. Der Ausblick brachte uns alle zum Weinen. Je länger der Krieg sich zog, desto mehr verstanden wir, dass diese fremde Natur, gegen die sich unsere Körper wehrten, nun zur Natur eurer Kindheit werden würde. Wir nichts dagegen tun konnten, da, wie so oft, so vieles außerhalb unserer Macht lag.*

Du meintest früher immer, dass wir dir leidtäten, unterbrach ich sie. *Du sagtest, dass es dir leidtut, uns hier so aufwachsen zu sehen. Ich habe das nie verstanden, Amma.*

Wir waren nicht von hier, antwortete sie. *Die Farben des Bodens hier haben uns jeden Tag aufs Neue daran erinnert, dass wir nicht von hier sind, unsere Füße einen anderen Boden berührten. Und auch ihr solltet nicht vergessen, dass wir nicht von hier sind: dass dies nicht unser Boden und unsere Zukunft ist. Damals träumten wir noch von der Rückkehr nach den Problemen. Wir träumten von einem Ende des Kriegs.*

Der Unabhängigkeit unseres Volks, fügte ich hinzu.

Hast du uns deshalb mit in den Zoo nach München genommen?, fragte ich sie.

Ja, die Elefantin in der Mitte dieses Bildes hat geweint, antwortete sie stattdessen. *Wir sollen sie an etwas erinnert haben. Aber an was genau kann ich dir nicht sagen. Ich weiß nicht, was in ihrem Kopf vorgegangen ist. Wie auch? Vielleicht träumte auch sie von dieser Unabhängigkeit, nach der wir uns sehnten,* Amma schweifte in Gedanken ab.

Erinnerst du dich an die Zoowärterin, தங்கம்?

Ja, Amma. Sie hat es uns erklärt, oder?

Sie erzählte, dass die Elefantin an Depressionen litt und apathisch gewesen wäre, bis sie uns zu Gesicht bekam.

Ja, தங்கம். Plötzlich tat sich etwas in der Elefantin. Tränen fingen an, ihr aus den Augen zu fließen. Sie war nicht mehr apathisch, fügte ich hinzu.

Auch ich erinnerte mich damals an etwas, sagte Amma. *Ich erinnerte mich an meine eigene Amma, wie einsam ich hier war, wie einsam sie dort war, wie weit entfernt wir von uns selbst waren. Wie lange es her war, dass ich eine*n Elefant*in gesehen hatte.*

Wie lange war es her, dass du zuletzt eine*n Elefant*in gesehen hast, Amma?

Ich weiß es nicht mehr, தங்கம், entgegnete sie. *Ich erinnere mich nicht, தங்கம். Aber als ich vor den Elefant*innen stand, fühlte es sich sehr lange an. Zu lange. Auch ich wollte etwas sehen, was ich kannte, was mir nah war, was mir etwas bedeutete und mir ein Gefühl gab, real zu sein; etwas, das mich daran erinnerte, dass die Welt, aus der ich komme, nach der ich mich sehne, existiert.*

Und sie, die Elefantin wahrscheinlich auch, sagte ich. *Nur standen wir auf zwei verschiedenen Seiten des Zoos.*

Sie hätten nicht hier sein dürfen, antwortete Amma.

Und wir auch nicht, ergänzte ich.

Wusstest du, dass die Elefant*innen alle drei schon gestorben sind, Amma? Keine*r von ihnen lebt mehr.

Nein, பனை. *Woher weißt du das?*

Ich habe den Zoo in München kontaktiert, um zu erfahren, wer sie waren, woher sie waren und wohin sie sind, Amma.

Wo sind sie hin? Wo genau sind sie gestorben?, fragte sie nach etwas Überlegung. *Etwa hier?*

Ich glaube ja, Amma. Aber ich bin mir nicht sicher. Ihre Spuren verschwinden ab einem bestimmten Punkt, fast als hätten sie sich mit der Zeit in Luft aufgelöst, erklärte ich.

Wie glaubst du, wurden sie begraben, தங்கம்? *Wo begraben sie Elefant*innen in Deutschland?*

Ich weiß es nicht, Amma.

Bestimmt blieben sie auch nach dem Tode noch einsam, sagte Amma zu sich selbst.

epilog

Der Boden unter mir bewegt sich.

Ich stehe im vordersten Wagen der U6 und fahre in Richtung *Norden*.

»Naturkundemuseum. Übergang zur Straßenbahn mit Verbindung zum Hauptbahnhof. Change here for tram service to Hauptbahnhof.«

Buchstabe für Buchstabe schleichen diese Worte durch meine Ohren. Sie durchdringen mein Trommelfell und verbinden sich in meinem Kopf zu einer Wortordnung und Weltordnung. Mit einem summenden Klang öffnet sich die Tür vor mir. Das Geräusch eines herannahenden Zuges nähert sich mir. Meine Gedanken lösen sich.

Ich drehe mich weg vom *Norden*, zu dem sich mein Blick wenige Sekunden zuvor noch wandte, in Richtung des ohrenbetäubenden Geräuschs, das sich mir stetig nähert. Meine Augen folgen diesem lauten Ton, der den Himmel vergiftet, und treffen unterhalb dessen, auf dem Boden, den wir teilen, auf eine Raupe, die sich aus der Ferne langsam ihren Weg durch eine ebene Landschaft bahnt: Eine blaue Diesellokomotive kommt mir langsam entgegen.

Die *Yarl Devi*, die Königin von Yaazhpanam, steht plötzlich vor mir. Nach mehr als sechs Stunden Fahrt erreicht sie aus der Metropole im tiefen *Süden*, an ihrem siebenundzwanzigsten Stopp, diesen schmalen Landstrich im hohen *Norden*, auf dem ich stehe. Misstrauisch blicken wir uns an. Mit einem lauten Hupen rauscht der Kopf der Königin mitsamt ihres langen Unterleibs an mir vorbei, der aus unzähligen Waggons besteht, die die blaue Lokomotive über eine Strecke von fast 400 *Kilometern* bis an diesen Punkt mühsam hinter sich herzog. Es rauscht und rauscht und rauscht.

Das Rauschen dauert nun schon mehrere Jahre an.

Sechsmal. So oft am Tag überquert die Königin seit Ende des Krieges diese Landbrücke. Sie erscheint zu unterschiedlichen Zeiten und in unterschiedlichen Gestalten; fast als würde sie sich für jede Überfahrt neu kleiden. Wie in einer Endlosschleife durchdringt sie das Land hinter mir. Eine unwirkliche Fahrt, die mit jeder Überfahrt über diesen Landstrich, von Neuem begann und die Menschen, die auf beiden Seiten der Küsten leben, an die neue Ordnung dieses Inselreichs erinnern soll.

Die *Yarl Devi* entfernt sich, ohne mich weiter zu beachten. Mein Rücken schaut ihrem Einmarsch regungslos zu. Umzingelt von zwei Meeresbuchten, einem Bahngleis und einer Fernstraße stehe ich auf dem ஆனையிறவு und blicke weiter in Richtung *Süden*, der nun noch karger zu sein scheint als noch wenige Sekunden zuvor. Der Lärm der Lok entfernt sich und wird ersetzt durch das geschmeidige und monotone Rauschen der Lagunen, das Krähen von Vögeln sowie die sporadischen Motorengeräusche von vorbeifahrenden Kraftfahrzeugen.

Alles bewegt sich. Nur ich nicht.

Ich bleibe zurück auf dem ஆனையிறவு, der als Brücke zwischen zwei Inselreichen dient.

Und denke.

Ich denke nicht an die Königin von Yaazhpanam, die die Herrscher*innen aus dem *Süden* seit *1956* schicken, um den *Norden* über eine Landbrücke tagtäglich aufs Neue einzunehmen. Ich denke stattdessen an die vielen Seestraßen, die den Brücken vorangingen, die auf Karten verblassten und dennoch Küste mit Küste, Landmasse mit Landmasse sowie Lebewesen mit Lebewesen schwimmend verbanden. Ich denke an die *südliche* Küstenlinie von Yaazhpanam, die hinter mir liegt und je nach Blickwinkel entweder als gerade oder gebogene Linie erscheint.

Ich denke an das Salz und die Fische, die mit jeder Welle an die Küste getragen werden, die die Bäuche der Menschen, die in der Nähe ihrer Wassermassen leben, nähren. Ich denke an die vielen Toten, deren Asche in die entgegengesetzte Richtung getragen wurde, um sich mit dem Meer, das sie bis zu ihrem Lebensende umzäunte, zu vereinen. Ich denke an die vielen Menschen, die das Wasser nicht in Form von Staubpartikeln betraten, sondern atmend, um durch die Lagune und das Wasser hindurch, auf ein sichereres Ufer zu gelangen. Ich denke an ihre dunkelbraunen Füße und Oberkörper, die vom

Himmel, der Küste und dem Meer aus von ähnlich dunkelbraunen Händen wie den ihren beschossen wurden. Ich denke daran, wie sich ihre Lippen langsam aufblähten, ihre Münder sich füllten, ihre Worte zu ertrinken begannen. Ich denke daran, wie sich ihre Gebete immer weiter vom Himmel entfernten, sich am Meeresboden auflösten, zum Teil des tiefen Schwarzblaugrüns wurden.

Ich denke daran, dass sie ihre Körper selbst ins Wasser getragen haben.

Ich denke an die vielen Fische, von denen sich die Menschen ernährten und zu deren Nahrung sie später werden würden. Ich denke an die Friedhöfe, die sich unterhalb dieser Fische, unter der Meeresoberfläche befinden: die Kulturen, Städte und *Zivilisationen*, die vom Land verschwanden und vom Wasser verschluckt wurden. Ich denke an die vielen Geschichten, die im Meer weiterleben und vom Land geheim- und ferngehalten werden. Ich blicke nach unten, durch das Land hindurch, und sehe Ruinen, die im Meer liegen, dort weiterleben. Ich sehe Schiffe, die niemals ankamen, Geschichten, die niemals zu Ende erzählt wurden.

Ich denke daran, dass das Licht der Sonne und des Mondes auch durch die Meeresdecke hindurchleuchtet und unter Wasser auf einen Pfad hinaufdeutet.

Ich denke an die Sandstreifen, die sich je nach Gezeiten im Mondschein blicken lassen, um sich wieder im Dunkel der Nacht und des Wassers zu verstecken; die die Landstreifen nach Belieben verbanden und wieder trennten. Ich denke daran, wie sich die Distanzen zwischen Orten durch den wechselnden Meeresspiegel manchmal verkleinern oder vergrößern; sie sich nicht nach imperialen Zeit- und Distanzangaben wie *Minuten*, *Metern* oder *Meilen* richten, sondern ihrem eigenen Rhythmus und Zeitverständnis folgen, die sich nicht dem Klang der Maschine, des Menschen, Europas ergeben. Ich denke daran, wie diese *jahrhundertealte* ambivalente Beziehung zwischen Wasser und Land – und all den Lebewesen unterhalb und oberhalb des Meeresspiegels – durch Fremdeingriffe zerrüttet und durcheinandergebracht wurde.

Wenn ich an koloniale Gewalt denke, dann denke ich daran, dass auch die Unterdrückung der Menschen mit den Gezeiten und über das Meer angeschwemmt wurde; dass die fremden Menschen von den Küsten aus das Umland und Hinterland zur Geisel nahmen. Ich denke daran, dass die Wellen, die schlugen, höher und höher wurden, sich die Lebewesen auf Hügeln und Bergen sammelten, um von diesen Erhöhungen aus auf bessere Zeiten zu hoffen; um nicht von der Karte geschwemmt und vergessen zu werden; zum Blau zu werden – ähnlich wie Inseln auf vielen Weltkarten schnell vom Meer verschluckt werden.

Ich denke an die Felsen, die aus dem Blau hervorragen, sich in die Karten drängen und tagtäglich sowie nachtnächtlich gegen die Kraft des Meeres kämpfen. Ich denke an das Leben, das sie (er)tragen, halten und einschränken; die vielen Lebensarten und -formen, deren Unterwerfung sie erst ermöglichen. Denn wenn ich an Inseln denke, dann denke ich an die vielen Inseln, die zu Landbrücken, militärischen Stützpunkten und Kronkolonien ausgebaut wurden, bevor sie zu Erholungsorten umkonzipiert wurden. Ich denke an die Eroberungen von ganzen *Kontinenten* und *Zivilisationen*, denen sie vorangingen. Ich denke daran, dass Inseln für manche der Anfang, für andere das Ende waren.

Ich denke daran, dass sie von *Kontinenten* aus als in sich geschlossene und isolierte Orte verstanden werden, die außerhalb von dominanten Zeitordnungen und Lebensformen existieren; dass sie als weniger signifikant, als weniger real und letztlich als andersweltig betrachtet werden; dass das, was auf Inseln geschieht, weniger Wellen schlägt, weniger Menschen berührt. Dass das Blut, das auf Inseln fließt, anders fließt als das Blut, das auf dem *Kontinent* fließt. Dass die Schreie über dem Meer, der See und dem Ozean von der Tiefe des Wassers verschluckt oder vom *Kontinent* direkt verstoßen werden.

Ich denke daran, dass man* auf einer Insel anders als auf dem Land steht: man* in den Sprachen der Mächtigen davon spricht, *in* einem Land zu sein und gleichzeitig *auf* einer Insel zu sein. Ich denke daran, dass zwischen *in etwas zu sein* und *auf etwas zu sein* ein essenzieller Unterschied liegt: dass man* innerhalb von etwas schnell zum Teil von diesem Etwas wird, darin förmlich unterzugehen droht; dass man* beim Daraufstellen auf etwas dagegen von etwas absteht, in die Höhe ragt, den Himmel zu berühren scheint und das, was unter diesem Etwas steht, unterwirft und damit zu beherrschen beginnt. Ich denke daran, dass Landmasse nicht gleich Landmasse ist, groß nicht gleich groß ist; dass vom sogenannten *Festland* aus, das zum *Hauptland* erklärt wurde, nicht nur Abhängigkeiten geschaffen werden, sondern Geschichte geschrieben wird;

dass die Bevölkerungen auf dem *Festland* bestimmen, was als permanent über dem Blau des Meeres ragt und seinen Platz auf den Karten verdient. Ich denke daran, dass die Erweiterung der Küsten von heute einen verzweifelten Versuch darstellt, den Platz auf einer Karte zu verdienen; dass kein neues Land gewonnen werden kann, ohne altes Land zu zerstören; dass das Land irgendwo für das Land anderswo abgetragen wird und die Fläche sich irgendwo füllt, um sich anderswo zu leeren – bis der Boden unter unseren Füßen einzustürzen droht.

Ich denke an den Fall, der dem Aufbrechen des Bodens folgt. Die Beine, die plötzlich keinen Boden mehr berühren und spüren, nur noch Luft, die sich zu einem endlosen und immateriellen Loch formt, das uns zu verschlucken droht.

Ich denke daran, dass Inseln Löcher für das Meer darstellen, die den Lauf des Wassers und all seines Lebens unterbrechen. Ich denke daran, dass auch Gefängnisse und Strafanstalten Löcher sind, die die Menschen von den Karten schlucken um sie der staatlichen und gesellschaftlichen Ordnung zu entziehen. Ich denke daran, dass manche Inseln zu Orten der Gefangenschaft umgestaltet wurden; die Deportation vom Festland auf Inseln häufig als Form der Bestrafung und Ausgliederung verstanden wurde. Ich denke daran, dass die Distanz zum *Kontinent* Mauern haben obsolet werden lassen; dass so Land zu Exilen von anderem Land wurde, die außerhalb des *Kontinents* und damit außerhalb seiner Ordnungen lagen.

Ich denke daran, dass auf einer Karte markiert zu sein, entdeckt worden und sichtbar zu sein, auch eine Art Gefangenschaft bedeuten kann. Ich denke daran, dass Inseln als Vorboten für eine bevorstehende Neuordnung der Welt dienten, als erste Anlaufstellen, die oftmals in dieser Ordnung vom *Kontinent* zurückgelassen wurden, sie heute noch zahlenmäßig die meisten Orte darstellen, die kolonialisiert sind. Ich denke daran, was es heißt, vom Meer umgeben zu sein, vergessen zu sein, irrelevant auf die andere Seite *ihrer* Welt verbannt worden zu sein. Ich denke daran, wie manche in der kolonialen Gewalt zurückgelassen wurden. Ich denke daran, wie es ist, wenn man* in der *Gegenwart* die *Vergangenheit* von anderen verkörpert, *ihnen* im *Jetzt*, im *Moment* der Betrachtung, einen Blick in *ihr Gestern* liefert.

Wenn ich an Inseln denke, dann denke ich daran, dass vielleicht nicht nur Inseln zwangsverheiratet wurden und gegen ihren Willen in eine Union gestoßen wurden. Ich denke an Yogam Shanthalingam, die nach ihrer Zwangsheirat von einer vollen Insel auf eine halbe Insel ziehen musste. Ich denke an die vielen Inseln, die vom *Kontinent* betreten, gehalten und mit Ketten an ihn gebunden werden. Ich denke an die vielen Küsten, die mithilfe von Infrastrukturprojekten und unter dem Deckmantel der Mobilität sowie der ökonomischen Kooperation miteinander verbunden wurden. Ich blicke auf die Küste, die vor mir liegt, und die Küste, die hinter mir liegt, die beide durch die *Yarl Devi* verbunden werden.

Das Motorengeräusch der Lokomotive verschwand aus meinen Ohren.

Meine Augen wenden sich langsam vom vagen Fixpunkt auf der anderen Uferseite ab, von wo aus mir noch wenige Sekunden zuvor die blaue Raupe entgegenkroch. Sie senken sich. Einhändig entriegele ich das Smartphone, das zuvor noch in meiner Hosentasche lag, und klicke auf meine Navigationsapp.

Ich betrachte den Punkt, auf dem ich gemäß den Satelliteninformationen stehe. Der Satellit scheint in diesem Moment über diesem Ort und mir zu stehen. Nein. Der Satellit steht nicht. Er kann aus dem Winkel, aus dem er mir das Bild vor meinen Augen entgegenwirft, gar nicht stehen. Der blaue Punkt auf dem Satellitenbild schwebt direkt über mir.

Ich hebe meinen Kopf in Richtung des Himmels, von dem aus dieses Bild geschossen wurde. Ich blicke in Richtung eines Satelliten, der mir das Gefühl gibt, der *Gegenwart* entgegenzublicken. Ich versuche ihn ausfindig zu machen, genau wie auch er mich schon gefunden hatte. Ich blicke in den Himmel, in den auch schon Yogam Shanthalingam *Jahrzehnte* vor mir geblickt hatte, und sehe, ähnlich wie sie, nichts außer Blau: weder Vögel, Wolken noch Flugzeuge mit Passagier*innen, die das, was unter ihnen liegt, ignorieren, noch Flugzeuge mit fremden Armeen, die sich für das, was unter ihnen liegt, zu sehr interessierten. Ich sehe weder Sterne, die uns anleuchten, noch Satelliten, die uns fotografieren.

Ich blicke in eine unendliche Weite, die weder Anfang noch Ende kennt. Ich blicke in eine *Vergangenheit*, die mich von oben herab betrachtet; die mich sehen, erkennen und verorten kann, auf die ich aber gleichzeitig nicht im selben Moment, zur selben Zeit zurückblicken kann.

Mein Kopf senkt sich wieder. Ich blicke auf den trockenen Boden, auf dem ich, eingezwängt zwischen Fernstraße und Fernbahn, stehe. Schüchtern flüstere ich dem Boden ஆனையிறவு entgegen. Schweigen antwortet mir. Ich bücke mich in der Hoffnung, dass die verkürzte Distanz zwischen meinem Körper und dem umkämpften Boden helfen würde, den vermeintlichen Akzent in meinem vertriebenen Tamil zu überdecken. Ich wiederhole meine Worte: ஆனையிறவு. ஆனையிறவு. ஆனையிறவு. Ich will dem Boden diesen Namen so lange entgegenflüstern, bis er mir die Antwort liefert, von der ich glaube, dass er sie mir schuldig ist.

Plötzlich glaube ich eine Stimme zu vernehmen.

Ich drücke meinen Kopf seitlich zum Boden, sodass mein Ohr vom Sand gekitzelt wird. Langsam nehme ich die Worte wahr, die mir aus dem Boden entgegensprießen.

Ich erinnere mich.

Ich vergesse nicht.

Ich vergesse …

Stille.

Die Worte verstummen. Die Erinnerungen verblassen. Der Boden hört auf zu sprießen. Er verdorrt vor meinen Augen. Mein Kopf ist immer noch seitlich der Fahrbahnen entgegengeneigt. Ich betrachte die feine, gerade Horizontlinie, die der

Boden zieht; die den Beginn der Erde und das Ende des Himmels, das Ende der Erde und den Beginn des Himmels markiert. Ich puste in den Sand und betrachte, wie er sich vom Boden hebt und mit der Luft vermischt; wie sich der Boden im Himmel auflöst und in feinen fliegenden Partikeln weiterlebt. Ich denke an das Land, auf dem sich mein Körper befindet, und die Kraft, die es benötigte, dieses Stück Erde entgegen den Gezeiten zu befestigen. Ich denke an den trockenen Boden, der die ehemals unberechenbare Kraft des Wassers gewaltvoll in Schach hält und die Wassermassen sauber voneinander trennt. Ich denke an die Sandmassen, die halfen, das Wasser zu zähmen und das Land auf der anderen Seite des Ufers für Menschen begehbar zu machen. Ich denke an die Straße und das Bahngleis, die nun ganzjährig befahrbar sind; deren Distanz nun messbar und damit berechenbar ist.

Ich denke an die vielen Arbeiter*innen, die nötig waren, um dieses künstliche Stück Land inmitten des Blaus zu einer permanenten Erscheinung auf der Karte werden zu lassen; die gebraucht wurden, um es in der Natur als natürlich erscheinen zu lassen. Ich denke an die vielen Lebewesen, die nicht im europäischen Planungsbüro für dieses koloniale Großprojekt saßen und dennoch dafür zu schwitzen und bluten hatten. Ich denke daran, wie sie Pfade und Straßen ebneten, die sie später nur als versklavtes Leben begehen durften, die zum Verkauf verschleppt wurden. Ich denke an ihre Blicke auf den Boden, den sie ebneten und die Verbindungen, die sie ermöglichten. Ich denke daran, dass Verbindungen immer mit Trennungen verbunden sind; das Zusammenwachsen immer an das Auseinanderdriften gekoppelt ist; dass das Wohl der einen immer das Unwohl der anderen sein wird.

Ich denke an die Lagunen und Lebewesen, die sich auf den beiden Seiten der Wassermassen befanden und sich nun mit einer permanenten Mauer konfrontiert sehen; die sich nicht mehr sehen und begegnen können. Ich denke an die Lebewesen, die diesem künstlichen Stück Erde seinen Namen in wechselnden Sprachen gaben. Ich denke an die Namen, die sie davor nicht trugen, für die sie sich nie entschieden, bis sie ihnen von Menschen gegen ihren Willen aufgestülpt wurden. Ich denke an die Brücken, die mithilfe ihrer Arbeiten in die Höhe ragen, die nach Errichtung mit demselben fremden Namen getauft wurden, den sie heute noch tragen. Ich denke an ihre Fußspuren, die durch die seichten Lagunen führten, um danach zu verschwinden. Ich denke an die Stille, die ihnen folgte, und die Erinnerung, die es nicht mehr gibt.

Ich hebe meine Hände, meinen Kopf, meinen Oberkörper, meine Knie und stelle mich mit Sand übersät wieder auf den künstlichen Boden, der schon seit mehr als 300 Jahren das Blau teilt. Der Satellit, der über mir fliegt, erkennt mich wieder als Punkt. Erschlagen von der Hitze senke ich meinen Blick. Meine Augen richten sich auf den Horizont und blicken in Richtung der *östlichen* Lagune. Ich schaue ruckartig nach rechts, nach links, nach vorne, und drehe mich, um nach hinten zu blicken, das nun mein Vorne ist. Ich versuche den Spuren zu folgen, die weder auf der Karte meines Smartphones noch vor meinen Augen zu finden sind. Und dennoch waren sie hier. Ich blicke nach unten und suche meine Ahnen, die, wie die Elefant*innen, diesen Weg entlanggelaufen sein müssen.

Ich sehe nur meine eigenen Spuren.

nachwort

Im Schreiben dieses Buchs war ich mit der Frage konfrontiert, ob es möglich ist, sich innerhalb von imperialen Sprachen imperialen Logiken zu verweigern. Die Frage, die ich mir immer wieder stellen musste, war: ob Sprachen, die eine Gewalt, die von Menschen ausgeht, präservieren und zelebrieren, ein gerechtes Sprechen und Schreiben überhaupt ermöglichen. Können das imperiale Vokabular, die Syntax und die Grammatik so sehr gebogen, gebrochen und zerrieben werden, aus ihrer vorgegebenen Ordnung gehoben werden, dass die daraus entstehenden Wort- und Satzfolgen andere Weltengefühle zum Ausdruck bringen? Andere Perspektiven, Bilder und Vorstellungen hervorbringen? Und diese so fest tragen und halten, dass sie nicht mit einem einfachen Wimpernschlag zur Disposition gestellt werden? Dass sie nicht durch orthografische und grammatikalische Diktate ihrer Stabilität beraubt werden können? Ich fragte mich häufig, ob mit alten Worten tatsächlich neue Welten geschaffen werden können; ob nicht-europäische Logiken in europäische Grammatiken passen können. Und wenn dem so sei, wer darunter mehr leiden würde: die nicht-europäischen Logiken oder die europäischen Grammatiken. Ich fragte mich auch, was für Konsequenzen das für unsere materiellen Wirklichkeiten hat. Wie das Sprechen, Denken und Schreiben in machterfüllten Sprachen andere Konsequenzen hat als innerhalb marginalisierter Sprachen. Wie Sprachen nicht nur Welten zu spiegeln versuchen, aber tatsächlich neue Welten schaffen.

Unweigerlich stieß ich beim Schreiben dieses Buches schnell an die Grenzen der imperialen Sprache, in der ich dieses Buch schrieb. Ich sah mich immer wieder mit dem Dilemma konfrontiert, dass meine Gedanken und Gefühle keinen Platz in dieser Grammatik fanden, dass meine Lesart nicht in dieses Alphabet gepfercht werden kann – dass meine Sinnordnung nicht der Sinnordnung dieser Sprache entspricht. Die imperiale Grammatik schien mir wie ein Käfig, in den nicht nur ich gezwängt wurde, sondern auch meine Gedanken und Gefühle. Die Grammatik wies klare Grenzen auf, die meine Bewegungsfreiheit innerhalb dieses Sprachraums stark einschränkten. Sie sagte mir, wie ich mich bewegen soll, mit welcher Geschwindigkeit, in welche Richtung und unter welchen Umständen – und vor allem, für wen ich mich auf diese Art bewegen sollte. Diese Begrenzungen gelten nicht für mich, sondern auch für diejenigen, die das Monopol auf diese Sprachen besitzen und es in jeder Situation verteidigen. Die Grammatik funktioniert wie eine Waffe, die meine Daseinsberechtigung innerhalb dieser Sprache, der Sprechenden und ihres Sprachraums infrage stellen konnte, und es bei jeder erdenklichen Gelegenheit noch immer tut. Wenn ich ehrlich bin, dann glaube ich nicht daran, dass eine Sprache wie die deutsche den Welten gerecht werden kann, aus denen ich komme und für die ich schreibe. Ich denke nicht, dass die deutsche Sprache die Bilder wiedergeben kann, die in mir leben.

Im Lektoratsprozess dieses Buchs wurde häufig freundlich angemerkt, dass viele meiner Bilder schief seien. Ich fragte mich, was genau das bedeuten würde. Und ob es meine Bilder waren, die »schief« waren, oder die Sprache, in die ich diese Bilder versuchte hineinzuzwängen; ob die Bilder »schief« gerieten in dem Versuch, ihnen eine Gestalt und einen Sinn mit deutschen Worten und lateinischen Buchstaben zu verleihen. Ich fragte mich, warum ich dieses Buch unbedingt auf Deutsch schreibe, einer Sprache, die nicht die meines Zuhauses war und meinen Eltern im Schriftlichen unzugänglich bleibt. Was trieb mich, das Kind dieser Eltern, ins Deutsche? Etwa die Sprachlosigkeit und Obdachlosigkeit in anderen Geografien? Ich fragte mich, ob mein Kopf in dieser Sprache meinen Gefühlen frei folgen konnte oder unterbewusst – vielleicht auch bewusst – die Grammatik und das lateinische Alphabet befolgte, in der ich dieses Gefühl zum Ausdruck bringen musste, damit es in der Form eines auf Deutsch geschriebenes Buchs verlegt werden konnte; damit es von deutschsprechenden und -lesenden Menschen verstanden werden kann. Nicht aber von meinen Eltern. Es führte mich zwangsläufig zu der Frage, ob dieses Buch ein deutsches Buch oder ein tamilisches Buch sein würde. Ob die betreffende Sprache die Einordnung und Lesart vorbestimmt, über den Ton und Inhalt entscheidet und diese gleichzeitig beschneidet. Ob die demografische Mehrheit, die Zugang zu diesem Buch hat, darüber entscheidet, wo es liegen wird, wie es interpretiert wird, und wo es letztlich auch fehlen wird. Ist es die Sprache, in der ein Buch geschrieben wird, die über die Zugehörigkeit zu einer Geschichte, Geografie und einen Kanon entscheidet? Der Markt, auf dem es verkauft wird und die Marktlogik, die dem Vertrieb dieses Buchs unterliegt? Oder sind es der Inhalt und die Intention der schreibenden Person? Kann ein eelam tamilisches Buch außerhalb Eelams und außerhalb der tamilischen Sprache geschrieben werden? Kann ein nicht-deutsches Buch auf Deutsch geschrieben und in einem deutschen Markt vertrieben werden? Ich denke, ja. Ich sehe darin keinen Widerspruch, sondern nur eine Fortsetzung der vielen Loslösungen aus nationalstaatlichen Rahmenbedingungen, die wir als Angehörige eines staatenlosen Volks erfahren. Unsere Geschichten werden mittlerweile an unterschiedlichen Orten und in unterschiedlichen Sprachen geschrieben und erzählt. Sie klingen nicht immer gleich. Sie fühlen sich auch nicht immer gleich an. Sie wachsen innerhalb und außerhalb der alten und neuen Geografien an Form, Farbe, Bildern, Tönen, Klängen und Melodien. Und dennoch verlieren diese neuen Sinneseindrücke nicht ihre Bindung an die vielen Orte und Leben, die wir hinter uns lassen mussten und die durch uns hindurch weiteratmen.

Mit diesem Buch versuchte ich, Raum für andere Verständnisse und Möglichkeiten zu schaffen, diese Welt anders zu empfinden; Naturen, Umwelten und Leben anders zu verorten. Beim Schreiben probierte ich, in einer hegemonialen Sprache Platz für Perspektiven auf diese Welten zu schaffen, die darin nicht vorgesehen waren. Dabei versuchte ich bekannte, das heißt dominante, Chronologien, Lesarten, Blickrichtungen, Erzählungen und Ordnungs- und Bennenungsmuster umzuwerfen, sie aus ihrer Stabilitäten zu lösen und spürbar ins Wanken zu bringen. Sie sollten in ein anderes Verhältnis gesetzt, hinterfragt und angreifbar gemacht werden. Hierfür kippte ich imperiale Konzepte, mit denen wir heute die Welt in sogenannte universelle Vermessung- und Ordnungssysteme zwängen. Durch das Kippen versuchte ich, einen dringend notwendigen Sturz dieser Maßstäbe anzudeuten, der nur durch ein konsequentes und kollektives Umdenken, Umsprechen und Umschreiben vollzogen werden kann. Ein Akt, der das Handeln von mehr als nur einer einzelnen Person erfordert. Dies war mein Versuch, eine neue *Orient*ierung in den Sprachen, den Karten und den Zeitsträngen anzustreben, Strukturen, und Wissenssysteme zu korrigieren, die wir heute als gegeben, unhinterfragbar und normiert betrachten. Es war mein Versuch, eine hegemoniale Sprache an die Pluralitäten von Welten und Empfindungen anzupassen, statt die vielen Welten und Empfindungen an reduktive Sprache anzugleichen. Anders als der aus dem französischen stammende Begriff der *Orient*ierung es vermuten lässt, versuchte ich mich aus diesem singulären Fokus der europäischen Gier nach Land, Rohstoffen und Arbeitenden, der die Europäer*innen immerzu in Richtung der aufgehenden Sonne blicken ließ, in eine andere Richtung zu lenken; ich versuchte, meinen Augen zu erlauben, einen anderen Navigationssinn zu entwickeln und meinen Blick für das zu schärfen, was im Schatten des Lichts lag und noch immer liegt.

Ich bin mir nicht sicher, ob ich dem gerecht geworden bin. Ob ich meinen eigenen Erwartungen gerecht geworden bin. Doch mir ist bewusst, dass das Bestreben nach einem gerechten Denken, Sprechen und Schreiben in einer ungerechten Sprache immer ein schwieriges, wenn nicht unmögliches Unterfangen sein wird. Es bleibt ein Versuch, der nicht vollendet ist und sehr wahrscheinlich niemals ein Ende finden wird. Und darf.

dank

Für eure Erinnerungen, danke, Appa, Amma, Indra & Periappa. Für eure sanften Herzen, danke, Elefant*innen. Für die vielen Seelen, die mich hielten, fingen, stützten und liebten, danke.

Für dein Vertrauen und deine scharfen Augen, danke, Sita.

quellen

zur kamera

Azoulay, Ariella Aïsha: *Potential History: Unlearning Imperialism* (Verso Books 2019), 2–122.

Azoulay, Ariella Aïsha: *Civil Imagination: A Political Ontology of Photography* (Verso Books 2015), 77 – 78.

Sontag, Susan: *On Photography* (Penguin Books 2014), 3–4.

Vásquez, Rolando: *Vistas of Modernity: Decolonial Aesthetics and the End of the Contemporary* (Anagram Books 2020), 4–8.

Berger, John: *About Looking* (Bloomsbury Publishing 2009), 51.

Cole, Teju: »When the Camera Was a Weapon of Imperialism. (And When It Still Is.)«, *New York Times*, 6. September 2019, https://www.nytimes.com/2019/02/06/magazine/when-the-camera-was-a-weapon-of-imperialism-and-when-it-still-is.html.

Raheem, Ismeth: »Looking Back Through the ›Lens‹ of Time« *The Sunday Times*, 2. September 2018, https://www.sundaytimes.lk/180902/plus/looking-back-through-the-lens-of-time-309243.html.

Westhoff, Andrea: »Der Kartograph von »America«: Martin Waldseemüller«, *Deutschlandfunk*, 16. März 2020, https://www.deutschlandfunk.de/vor-500-jahren-gestorben-der-kartograph-von-america-martin-100.html.

»Mapping History: Territorial Expansion of the United States: 1783–1853«, *University of Oregon*, https://mappinghistory.uoregon.edu/english/US/US09-01.html.

Arunthavarajah, Kandiah: »Educational activities of American Missionaries in Jaffna (17961948) A Historical view«, *South Eastern University of Sri Lanka*, 2013, https://www.seu.ac.lk/researchandpublications/symposium/3rd/Social%20Sci/Educational%20activities%20of%20American.pdf.

Conroy-Krutz, Emily: *The Conversion of the World in the Early Republic: Race, Gender, and Imperialism in the Early American Foreign Mission Movement. Doctoral dissertation*, (Harvard University 2012), 35–38.

V. Sen: »The Education of Jaffna«, *Tamil Culure*, 16. Januar 2013, https://tamilculture.com/the-legacy-of-american-missionaries-in-jaffna.

Johnson, Samantha und Seton, Rosemary: »Fields of Vision: Photographs in the Missionary Collections at the School of Oriental and African Studies« (International Bulletin of Missionary Research 2002), 165–168.

Buthpitiya, Vindhya: »›Paradise‹ in Missing Pictures: A Brief and Incomplete History of Sri Lankan Photography«, *History Workshop*, 15. Juli 2019, https://www.historyworkshop.org.uk/paradise-in-missing-pictures-a-brief-and-incomplete-history-of-sri-lankan-photography/.

Wright, Arnold: *Twentieth Century Impressions of Ceylon: Its History, People, Commerce, Industries, and Resources* (Pranava Books 2020), 783–785.

Jafri, Maryam, *Independence Days* (Verlag der Buchhandlung Walther und Franz König 2021), 34–37.

D. H. Hepting: »A Picture's Worth«, http://www2.cs.uregina.ca/~hepting/projects/pictures-worth/#:~:text='%20This%20saying%20first%20appeared%20in,to%20%60a%20famous%20Japanese%20philosopher.

Weizman, Eyal und Weizman, Ines: *Before and After: Before and After: Documenting the Architecture of Disaster* (Strelka Press 2014), 42–44.

»Tamil Resistance & Resilience in the Face of Genocide«, Pearl Action, https://pearlaction.org/in-the-face-of-genocide/.

Addicott, David A. C.: »The Rise and Fall of the Zaibatsu: Japan's Industrial and Economic Modernization«, *Global Tides* (2017), 5–7.

»More about History«, Konica Minolta, https://www.konicaminolta.com/global-en/corporate/history-timeline.html.

»Remembering 1956 – Sri Lanka's First Anti-Tamil Pogrom«, *Tamil Guardian*, 11. Juni 2021, https://www.tamilguardian.com/content/remembering-1956-sri-lanka-s-first-anti-tamil-pogrom.

»Destruction of Jaffna Public Library – May/June 1981«, Tamil Nation, https://tamilnation.org/indictment/indict016.htm.

Berda, Yael: »Managing ›Dangerous Populations‹: How Colonial Emergency Laws Shape Citizenship«, *Security Dialogue* 51 Nr. 6 (Dezember 2020), 560-56.1

Lambert, Léopold, États d'urgence: Une histoire spatiale du continuum colonial français (Premiers Matins 2021), 38–39.

»Jaffna Protestant Digital Archive Project (EAP835)«, British Library, https://eap.bl.uk/project/EAP835.

Thiranagama, Sharika: »›A Railway to the Moon‹: The Post-Histories of a Sri Lankan Railway line«, *Modern Asian Studies* 46 Nr. 1, (2012), 231–232 https://www.jstor.org/stable/41330660.

Pavey, Eleanor: »The Massacres in Sri Lanka During The Black July Riots of 1983«, SciencesPo Mass Violence and Resistance – Research Network, (2008) https://www.sciencespo.fr/mass-violence-war-massacre-resistance/en/document/massacres-sri-lanka-during-black-july-riots-1983.html.

Dharakan: »Black July 1983: An epochal episode in the Tamil freedom struggle«, Ilankai Tamil Sangam: Association of Tamils of Sri Lanka in the USA, https://sangam.org/taraki/articles/2006/07-10_Black_July.php?print=sangam.

zum zoo

Benett, Tony: »The Exhibitionary Complex«, *New Formations* Nr. 4 (Frühling 1988), 76–80.

Marigold: »Why Museums Are Important: The Exhibitionary Complex«, *The Keystone Journal*, 15. April 2013, https://thekeystonejournal.wordpress.com/2013/04/15/why-museums-are-important/.

»Kurze Geschichte der zoologischen Gärten Vom Altertum bis zum Artenschutz der Moderne«, Verband der Zoologischen Gärten e. V., https://www.vdz-zoos.org/wissenswertes/historie-von-zoos.

Hancocks, David: *A Different Nature: The Paradoxical World of Zoos and Their Uncertain Future* (University of California Press 2001), 7–10.

Kepecs, Susan and Alexander, Rani T. (Hrsg), *The Postclassic to Spanish-era Transition in Mesoamerica: Archaeological Perspectives* (University of New Mexico Press 2005), 17.

Parker, Martin: »The Genealogy of the Zoo: Collection, Park and Carnival«, *Organization* 28 Nr. 4 (Juli 2011), 611.

Strehlow Harro und Salinger Susanne: »Die Menagerie auf der Pfaueninsel«, https://berlingeschichte.de/bms/bmstxt99/9904proe.htm.

Rosche, Mieke: »Zoopolis Eine politische Geschichte zoologischer Gärten«, *Aus Politik und Zeitgeschichte: Zeitschrift der Bundeszentrale für politische Bildung* Nr. 9 (2021), https://www.bpb.de/shop/zeitschriften/apuz/zoo-2021/327646/zoopolis/

Lich, Barbara: »Aufbruch in die Neue Welt«, *Geolino*, https://www.geo.de/geolino/mensch/7510-rtkl-aufbruch-die-neue-welt#:~:text=Schon%20im%2017.

Meuser, Natascha (Hrsg.): *Architektur und Zoologie: Quellentexte zur Zooarchitektur* (DOM Publishers 2017), 10, 12, 16, 68, 69.

Pauli, Marko: »Über Sinn, Unsinn und Zukunft von Zoos: Eine Arche hinter Gittern?«, *Deutschlandfunk Kultur*, 3. September 2019, https://

www.deutschlandfunkkultur.de/ueber-sinn-unsinn-und-zukunft-von-zoos-eine-arche-hinter-100.html.

»The Great Exhibition: Colonial Produce; the West Indies dated 1851«, Royal Collection Trust, https://www.rct.uk/collection/919946/the-great-exhibition-colonial-produce-the-west-indies.

»Crystal Palace: A History«, *BBC*, 27. Juli 2004, https://www.bbc.co.uk/london/content/articles/2004/07/27/history_feature.shtml.

Dobraszczyk Paul und Sealy Peter (Hrsg.): *Function and Fantasy: Iron Architecture in the Long Nineteenth Century* (Routledge 2016), 30, 39.

»The Complete Guide To Crystal Palaces«, The Crystal Palace Foundation, http://www.crystalpalacefoundation.org.uk/history/the-complete-guide-to-crystal-palaces.

»Historic Figures: Joseph Paxton (1803 – 1865)«, *BBC*, https://www.bbc.co.uk/history/historic_figures/paxton_joseph.shtml

Ravenscroft, Tom: »Crystal Palace Was »Birth of Modern Architecture« Says Norman Foster«, *Dezeen*, 28. November 2019, https://www.dezeen.com/2019/11/28/norman-foster-crystal-palace-modern-architecture/.

Gasc, Marcos: »A Brief History on Modular Architecture«, *GKV Architects*, https://www.gkvarchitects.com/news/a-brief-history-on-modular-architecture.

Felix Thürlemann: *Das Haremfenster* (Wilhelm Fink Verlag 2019), 120

May, Christina Katharina: *Die Szenografie der Wildnis: Immersive Techniken in zoologischen Gärten im 20. und 21. Jahrhundert* (Neofelis Verlag, 2022), 9.

Matusitz, Jonathan und Palermo, Lauren: »The Disneyfication of the World: A Grobalisation Perspective«, *Journal of Organisational Transformation & Social Change* (2014), 96–99.

de Vos, Ashley: »The Special Sri Lankan Elephant and the Import Export Trade«, Lankaweb, 24. Januar 2021, https://www.lankaweb.com/news/items/2021/01/24/the-special-sri-lankan-elephant-and-the-import-export-trade/#_edn4.

»Dehiwala Zoo: A Pocket Guide To Have A Funtastic Experience On Your Next Sri Lankan Vacay«, Travel Triangle, https://traveltriangle.com/blog/dehiwala-zoo/.

Soysa, Natalie, »Ceylon & The Colonial Freak Show«, *Blerd*, 15. Febuar 2017, https://see.this.onblerd.com/story/2017/02/sri-lanka-ceylon-colonial-freak-show/

zu elefant*innen

Menon, Nikhil: »Jumbo Exports India's history of elephant diplomacy«, The Caravan, 1. März 2019, https://caravanmagazine.in/lede/india-history-elephant-diplomacy.

Orwell, George: *Shooting an Elephant and other Essays* (Reclam 2021), 7–16.

»George Orwell«, The Open University, https://www.open.ac.uk/research-projects/makingbritain/content/george-orwell.

Larkin, Emma: »Exploring Burma Through George«, National Public Radio, 19. Juli 2005, https://www.npr.org/2005/07/19/4761169/exploring-burma-through-george-orwell.

Jones, Karen: *A Cultural History of Firearms in the Age of Empire* (Routledge 2016), 113–116, 117–119, 141.

Kolbert, Elizabeth: »The Lost World: The Mastodon's Molars«, *The New Yorker*, 8. Dezember 2013, https://www.newyorker.com/magazine/2013/12/16/the-lost-world-2.

Laskow, Sarahm: »How Elephant Teeth Taught Scientists Extinction Exists«, *The Atlantic*, 14. November 2014, https://www.theatlantic.com/technology/archive/2014/11/how-elephant-teeth-taught-scientists-extinction-existed/382684/.

Gillman, Len Norman und Wright, Shane Donald: »Restoring indigenous names in taxonomy«, *Communications Biology* 3 Nr. 1 (Oktober 2020), 2.

Evans, Kate: »Change Species Names to Honor Indigenous Peoples, Not Colonizers, Researchers Say«, *Scientific American*, 3. November 2020, https://www.scientificamerican.com/article/change-species-names-to-honor-indigenous-peoples-not-colonizers-researchers-say/.

»About«, Art Spring Board, 12. März 2022, https://www.artspringboard.com/about.

»12 Ways Animals Have Helped The War Effort«, Imperial War Museums, https://www.iwm.org.uk/history/12-ways-animals-have-helped-the-war-effort.

»Gasmasken Für Vierbeiner«, *Süddeutsche Zeitung*, 20. April 2014, https://www.sueddeutsche.de/politik/tiere-im-ersten-weltkrieg-wie-front-hund-stubby-zum-helden-wurde-1.1874694-2.

Saju, M T: »Tracing ›Invisible‹ War Elephants«, *The Times of India*, 31. Januar 2019 https://timesofindia.indiatimes.com/city/chennai/tracing-the-invisible-war-elephants/articleshow/67769304.cms.

Handley-Cousins, Sarah: »War Elephants from Ancient India to World

War II«, *Digpodcast*, 1. Mai 2022, https://digpodcast.org/2022/05/01/war-elephants/.

Pike, Travis: »War Elephants: The Original Heavy Armor Fought into the 1950s«, Sandboxx, 29. September 2021, https://www.sandboxx.us/blog/war-elephants-the-original-heavy-armor-fought-into-the-1950s/.

Cartwright, Mark: »Elephants in Greek & Roman Warfare«, World History Encylopedia (2016), https://www.worldhistory.org/article/876/elephants-in-greek–roman-warfare/.

»Animals in War Memorial«, The Royal Parks, https://www.royalparks.org.uk/parks/hyde-park/things-to-see-and-do/memorials,-fountains-and-statues/animals-in-war-memorial.

Tarver Nick: »World War One: The Circus Animals That Helped Britain«, *BBC News*, 11. November 2013), https://www.bbc.com/news/uk-england-24745705.

Bendikowski, Tillmann: »Bildergeschichten: Elefanten in der »Volksgemeinschaft«, *Deutsche Welle*, 21. Juli 2014, https://www.dw.com/de/bildergeschichten-elefanten-in-der-volksgemeinschaft/a-17797822.

Bewerunge, Martin: »Tiere im Krieg«, *RP Online*, 8. Juni 2022, https://rp-online.de/kultur/tiere-und-ihre-bedeutung-im-krieg_aid-70992073.

»ZSL London Zoo during World War Two«, The Zoological Society of London (2013), https://www.zsl.org/blogs/artefact-of-the-month/zsl-london-zoo-during-world-war-two

Trippeer, Jordan: »Can an Elephant's Tusks Be Pulled Out Without Killing the Animal?«, *Sciencing* (2019) https://sciencing.com/can-elephants-tusks-pulled-out-killing-animal-10058725.html.

»What is ivory and why does it belong on elephants?«, World Wild Life, https://www.worldwildlife.org/stories/what-is-ivory-and-why-does-it-belong-on-elephants.

Hormeku-Ajei, Tetteh und Goetz, Camden: »A History of Resource Plunder« Africa Is A Country (2021), https://africasacountry.com/2021/04/a-history-of-resource-plunder.

Scriber Brad: »100,000 Elephants Killed by Poachers in Just Three Years, Landmark Analysis Finds«, *National Geographic*, 18. August 2014, https://www.nationalgeographic.com/animals/article/140818-elephants-africa-poaching-cites-census.

»Elephants«, World Wild Life, https://wwf.panda.org/discover/knowledge_hub/endangered_species/elephants/.

»Elephant Pass«, Time Out, https://www.timeout.com/sri-lanka/attractions/elephant-pass#:~:text=Elephants%20caught%20in%20other%20parts,the%20fanciful%20name%20still%20remains.

»Dutch Fort of Elephant Pass – යාපනය අලිමංකඩ බලකොටුව«, Amazing Lanka, https://amazinglanka.com/wp/elephant-pass-fort/#:~:text=Dutch%20records%20indicate%20that%20elephants,became%20known%20as%20Elephant%20Pass.

de Silva, Chandra R.: *Portuguese Encounters with Sri Lanka and the Maldives: Translated Texts from the Age of the Discoveries* (Routledge 2017), 242–245.

Ratnawalli, Darshanie, »The Secret History of Jaffna and The Vanni«, *Colombo Telegraph*, 10. November 2013, https://www.colombotelegraph.com/index.php/the-secret-history-of-jaffna-and-the-vanni/.

Jeyaraj, D.B.S.: »The Taking of Elephant Pass«, *Frontline*, 13. Mai 2000, https://frontline.thehindu.com/cover-story/article30253904.ece.

zur landschaft

Grewe, Bernd-Stefan: »The Decline of Wood as an Economic Force with the Rise of the Industrial Revolution«, *Brewminate: A Bold Blend of News and Ideas*, 16. Februar 2018, https://brewminate.com/the-decline-of-wood-as-an-economic-force-with-the-rise-of-the-industrial-revolution/.

Radkau, Joachim: *Holz* (Oekom Verlag 2018), 21.

»Historische Entwicklung«, Forstwirtschaft in Deutschland, https://www.forstwirtschaft-in-deutschland.de/waelder-entdecken/historische-entwicklung/.

Unger, Richard W. (Hrsg.): *Shipping and Western European Economic Growth in the Late Renaissance: Potential Connections* (Brill 2011) 3–5, 405–409.

Polónia, Amélia und Oliveira, Liliana: »Shipbuilding in Portuguese overseas settlements, 1500–1700«, *International Journal of Maritime History* (2019), 541, 543–544.

Siebold Heinz: »Wie Schwarzwaldtannen nach Holland kamen«, Stuttgarter Zeitung, 27. Februar 2018, https://www.stuttgarter-nachrichten.de/inhalt.die-floesserei-im-schwarzwald-wie-schwarzwaldtannen-nach-holland-kamen.256745b4-bafe-4769-b869-90c04754a360.html.

»Why Did Western Europe Dominate the Globe?«, Caltech (2015), https://www.caltech.edu/about/news/why-did-western-europe-dominate-globe-47696.

Reinhardt, Anne (Hrsg.): *Navigating Semi-colonialism: Shipping, Sovereignty, and Nation Building in China, 1860–1937* (Brill 2018), 253–255.

»The Steamboat: First Instrument of Imperialism« Encylopedia, https://www.encyclopedia.com/science/encyclopedias-almanacs-transcripts-and-maps/steamboat-first-instrument-imperialism.

Huntea, Nadia, Roopsinda, Anand, Ansaria, Abdullah A. und Caughlinb, T., Trevor: »Colonial History Impacts Urban Tree Species Distribution in a Tropical City«, *Urban Forestry & Urban Greening* Nr. 41 (2019), 315–316.

»Brazilwood«, Brown University Library, https://library.brown.edu/create/fivecenturiesofchange/chapters/chapter-1/brazilwood/.

Presotto, Andréa: »The Representation of Caesalpinia Echinata (Brazilwood) in Sixteenth-and-Seventeenth-Century Maps«, *Anais da Academia Brasileira de Ciências* (2007), 751–753.

Bonneuil, Christophe: »Penetrating the Natives: Peanut Breeding, Peasants and the Colonial State in Senegal (1900-1950)«, *Science, Technology and Society* 4 Nr. 2 (September 1999), 275–279.

de Oliveira Martins, Luiza Prado, »Red«, *Futuress**, 27. November 2020, https://futuress.org/stories/a-colonial-history-of-the-color-red/.

Conrad, Sebastian, Eckert, Andreas und Freitag, Ulrike (Hrsg.): *Farben der Globalisierung: Die Entstehung moderner Märkte für Farbstoffe 1500–1900* (Campus Verlag 2009), 55.

Mooney, Chris, »Why Scientists Are so Worried About Drylands – Which Make Up 40 Percent of the Earth's Land«, *The Washington Post*, 14. November 2015, https://www.washingtonpost.com/news/energy-environment/wp/2015/09/14/in-this-sensitive-landscape-climate-change-does-as-much-damage-as-people-trampling-things/.

Davis, Diana K.: *The Arid Lands: History, Power, Knowledge* (MIT Press 2016), 4–7, 23–26.

Davis, Diana K und Robbins, Paul: »Ecologies of the colonial present: Pathological forestry from the taux de boisement to civilized plantations«, *Environment and Planning E: Nature and Space* Nr.1 (21. September 2018), 452, 461–462.

Gotessman, Rachel, Novick, Tamar, Ginat, Iddo, Hasson, Dan und Cohen Yonatan: *Land. Milk. Honey. Animal Stories in Imagined Landscapes* (Park Books 2021) 242–246, 247–255.

»World Directory of Minorities and Indigenous Peoples – Haiti«, UNHCR,

https://www.refworld.org/docid/4954ce1ac.html.

»Hispaniola«, Yale University Genocide Studies Program, https://gsp.yale.edu/case-studies/colonial-genocides-project/hispaniola.

Milman, Oliver: »European Colonization of Americas killed so many it cooled Earth's climate«, *The Guardian*, 31. Januar 2019, https://www.theguardian.com/environment/2019/jan/31/european-colonization-of-americas-helped-cause-climate-change#:~:text=The%20UCL%20researchers%20found%20that,as%20warfare%20and%20societal%20collapse.

Koch, Alexander, Brierley, Chris, Maslin, Mark and Lewis, Simon: »Earth system impacts of the European arrival and Great Dying in the Americas after 1492« (Quaternary Science Reviews, 2019), 17

Koch, Alexander, Brierley, Chris, Maslin, Mark and Lewis, Simon: »European Colonization of the Americas Killed 10 Percent of World Population and Caused Global Cooling«, *The World*, 31. Januar 2019, https://theworld.org/stories/2019-01-31/european-colonization-americas-killed-10-percent-world-population-and-caused.

Biello, David: »Mass Deaths in Americas Start New CO_2 Epoch«, *Scientific American*, 11. März 2015, https://www.scientificamerican.com/article/mass-deaths-in-americas-start-new-co2-epoch/.

Lewis, Simon L und Maslin, Mark A.: »Defining Anthropocene«, *Nature* (2015) 175–176.

Blasberg, Marian und Glüsing Jens: »Die Viren der Weißen«, *Der Spiegel*, 19. April 2020, https://www.spiegel.de/ausland/indigene-in-brasilien-die-viren-der-weissen-a-3a404b1d-d172-4f36-9c40-00289bda0a54.

Pontes, Nadia: »Indigenous Brazilians Accuse Jair Bolsonaro of Genocide at ICC«, *Deutsche Welle*, 9. August 2021, https://www.dw.com/en/indigenous-brazilians-accuse-jair-bolsonaro-of-genocide-at-icc/a-58810568.

Wenzel, Fernanda: »Bolsonaro Evades Genocide Blame Amid Indigenous Deaths by Invaders, COVID-19«, *Mongabay*, 25. Oktober 2021, https://news.mongabay.com/2021/10/bolsonaro-evades-genocide-blame-amid-indigenous-deaths-by-invaders-covid-19/.

Williams, Matt: »Bolsonaro Faces ›Crimes Against Humanity‹ Charge Over COVID-19 Mishandling: 5 Essential Reads«, *The Conversation*, 21. Oktober 2021, https://theconversation.com/bolsonaro-faces-crimes-against-humanity-charge-over-covid-19-mishandling-5-essential-reads-170332.

Russel, Robert: »What one should know about wine and colonialism«, Shrevereport Times, 23. Dezember 2020, https://eu.shreveporttimes.com/story/life/columnists/2020/12/23/robert-russell-what-you-should-know-wine-colonialism/4000072001/.

Meloni, Giulia und Swinnen, Johan F. M.: »Bugs, Tariffs and Colonies: The Political Economy of Wine Trade 1860 – 1970«, *Econstor* (2016), 5–6, 14.

»Phylloxera: Kleine Reblaus sorgt für Riesenkatastrophe«, Weinfreunde (2018), https://www.weinfreunde.de/magazin/weinwissen/phylloxera-kleine-reblaus-sorgt-fuer-riesenkatastrophe/.

Venturini, Maïa: »Vineyards of Colonial Algeria: A History of French or Algerian Wine?«, *Jadaliyya*, 7. Oktober 2013, https://www.jadaliyya.com/Details/29602.

Matanzima, Joshua Matanzima, Helliker, Kirk und Chadambuka, Patience (Hrsg.): *Livelihoods of Ethnic Minorities in Rural Zimbabwe* (Springer 2022), 125–127.

Jongerden, Joost, de Vos, Hugo und van Etten, Jacob: »Forest Burning as Counterinsurgency in Turkish-Kurdistan: An analysis from space«, *International Journal for Kurdish Studies* Nr. 12 (2007), 11–13.

Sungusia, Eliezeri, Lund, Jens Friis & Ngaga, Yonika: »Décolonisation de la foresterie: dépasser la violence symbolique de l'enseignement de la foresterie en Tanzani«, *Critical African Studies* 12 Nr. 3 (2020), 365–368.

Domínguez, Lara und Luoma, Colin: »Decolonising Conservation Policy: How Colonial Land and Conservation Ideologies Persist and Perpetuate Indigenous Injustices at the Expense of the Environment«, *Land* 9 Nr. 3 (2020), 5–6.

Smith Dominic: »Kenya burns largest ever ivory stockpile to highlight elephants' fate«, *The Guardian*, 30. April 2016) https://www.theguardian.com/environment/2016/apr/30/kenya-to-burn-largest-ever-ivory-stockpile-to-highlight-elephants-fate.

Watson, James, Allan, James, Jones, Kendall, Negret, Pablo, Fuller, Richard und Maxwell, Sean: »One-third of the world's nature reserves are under threat from humans«, *The Conversation*, 17. Mai 2018, https://theconversation.com/one-third-of-the-worlds-nature-reserves-are-under-threat-from-humans-96721#:~:text=In%20the%20146%20years%20since,than%20200%2C000%20terrestrial%20nature%20reserves.

Marris, Emma: »Modern Zoos Are Not Worth the Moral Cost«, The New York Times, 11. Juni 2021, https://www.nytimes.com/2021/06/11/opinion/zoos-animal-cruelty.html.

zur luft

Peralta, Eyder: »100 Years Ago, World's First Aerial Bomb Dropped Over Libya« National Public Radio, 21. März 2011), https://www.npr.org/sections/thetwo-way/2011/03/21/134735395/100-years-ago-the-first-aerial-bomb-fell-over-libya.

Minawi, Mostafa: *The Ottoman Scramble For Africa* (Stanford University Press 2016), 3–5, 27.

Lindqvist, Sven: *A History of Bombing* (Granta Books 2012), 11, 23–27, 54, 76.

Ahmida, Ali Abdullatif und Mundy, Jacob, Genocide: »Historical Amnesia and Italian Settler Colonialism in Libya – An Interview with Ali Abdullatif Ahmida«, Middle East Research and Information Project (2022), https://merip.org/2022/05/genocide-historical-amnesia-and-italian-settler-colonialism-in-libya-an-interview-with-ali-abdullatif-ahmida/?fbclid=IwAR1ascwmEvUBJPUqpMXaY2TbbGCC_EgNRn_Ucs2EUmvBtHZQPAMqMrgwKC4.

»Aus der Geschichte des Menschenfluges«, Mosafilm, https://www.mosafilm.de/CF/heftbesprechung/www/035/menschenflug/flugtag13.html.

Rolfe, R. A.: »Macrozanonia Macrocarpa«, Bulletin of Miscellaneous Information (Royal Botanic Gardens, Kew) Nr. 6 (1920), (Springer), 197–198.

American Friends of Tel Aviv University: »First evidence of farming in Mideast 23,000 years ago«, Science Daily, 22. Juli 2015, https://www.sciencedaily.com/releases/2015/07/150722144709.htm.

»The Italo-Turkish War of 1911–1912«, Aero Club Torino, https://www.aeroclubtorino.it/en/history/chapter-5/608-la-guerra-italo-turca-del-1911-1913.html.

»Remembering the Battle of Adwa«, South African History Online, https://www.sahistory.org.za/article/remembering-battle-adwa.

Gamedze, Asher und Ayalew, Semeneh: »Contingencies, Contradictions and Struggles for Black Freedom and Emancipation: Adwa and Decolonisation Today« (Ethiopian Journal of the Social Sciences and Humanities, 2022), 104–108

Mishra: Pankaj: »The Guns of Tsushima, and the Birth of Modern Asia«, *National Post*, 20. März 2013, https://nationalpost.com/opinion/pankaj-mishra-the-guns-of-tsushima-and-the-birth-of-modern-asia.

Tibeso, Ayantu und Abdurahman, J. Khadijah: »Tigray, Oromia and the Ethiopian Empire«, *Funambulist Magazine*, 31. August 2021, https://

thefunambulist.net/magazine/against-genocide/tigray-oromia-and-the-ethiopian-empire.

Ungari, Andrea: »Why did the Italians go to Libya?«, *The First World War from Tripoli to Addis Ababa (1911–1924)* (2018), https://books.openedition.org/cfee/1511?lang=en#bibliography.

»How Carlo Piazza's Flight Changed Warfare Forever«, History Hit (23. Oktober 2016). https://www.historyhit.com/day-first-use-aircraft-war/.

Amin, Heba Y.: *The General's Stork* (Sternberg Press 2021), 79–82.

»History of Aerial Photography«, Professional Aerial Photography Association, https://papa.clubexpress.com/content.aspx?page_id=22&club_id=808138&module_id=158950#:~:text=Aerial%20Photography%20from%20Airplanes,field%20at%20Centocelli%2C%20near%20Rome.

»DC-10 – Aerial Photography: History and Georeferencing«, University Consortium for Geographic Information Science, https://gistbok.ucgis.org/bok-topics/aerial-photography-history-and-georeferencing.

Jennings, Ken: »Transcontinental Air Mail Route Maphead«, Condé Nast Traveler, 17. Juni 2013, https://www.cntraveler.com/stories/2013-06-17/transcontinental-air-mail-route-maphead-ken-jennings.

Kent, Alexander James, Vervust, Soetkin, Demhardt, Imre Josef und Millea, Nick (Hrsg.): »Mapping Empires: Colonial Cartographies of Land and Sea: 7th International Symposium of the ICA Commission on the History of Cartography, 2018« (Springer 2019), 27–30.

Pruszewicz, Marek, »The 1920s British air bombing campaign in Iraq«, BBC News, 7. Oktober 2014, https://www.bbc.com/news/magazine-29441383.

»Aerial Bombardment of Civilian Populations«, CQ Researcher Archives (1938), https://library.cqpress.com/cqresearcher/document.php?id=cqresrre1938081100.

Haines, Elizabeth: »›Pledging the future‹: Investment, risks and rewards in the topographic mapping of Northern Rhodesia, 1928–1955«, *Environment And Planning* (August 2015), 8–10.

Barney, Timothy: »Colonial Vestiges on the Map: A Rhetorical History of Development Cartography at the United Nations during Post-War Decolonization«, *Journal for the History of Rhetoric* 23 Nr. 2 (2020) 177–179.

Jama, Jama Musse: »Geographical and Political Maps of Somaliland: history and application«, Exhibition at The Gallery Hargeysa Cultural Centre (2016), 8–10.

Parshina-Kottas, Yuliya, Singhvi, Anjali, Burch, Audra D.S., Griggs, Troy,

Gröndahl, Mika, Huang, Lingdong, Wallace, Tim, White, Jeremy und Williams, Josh: »What the Tulsa Race Massacre Destroyed«, *The New York Times*, 24. Mai 2021, https://www.nytimes.com/interactive/2021/05/24/us/tulsa-race-massacre.html.

»… Bombing of Guernica«, PBS, https://www.pbs.org/treasuresofthe world/guernica/glevel_1/1_bombing.html

»Italy's Fliers Fire Haar; City of 40,000 is in Ruins; Churches, Hospitals Hit«, The New York Times, 1936, https://timesmachine.nytimes.com/timesmachine/1936/03/30/87927312.pdf?pdf_redirect=true&ip=0.

Ben Ghiat, Ruth und Fuller, Mia: *Italian Colonialism* (Palgrave Macmillian 2016), 38–40.

Ametzaga, Xabier Irujo: »Special Feature: The Nature and Rationale of the Gernika Bombing«, *The Volunteer*, 19. Dezember 2013, https://albavolunteer.org/2013/12/the-nature-and-military-rationale-of-the-bombing-of-gernika.

V, Andrey, »The Tragic Story Behind Pablo Picasso's Guernica, One of World's Most Famous Paintings«, *Widewalls*, 24. März 2018, https://www.widewalls.ch/magazine/pablo-picasso-guernica.

»Guernica«, Musée Picasso Pablo (2018), https://www.museepicassoparis.fr/en/guernica.

»Why did Japan Choose War«, American Historical Association, https://www.historians.org/about-aha-and-membership/aha-history-and-archives/gi-roundtable-series/pamphlets/em-15-what-shall-be-done-about-japan-after-victory-(1945)/why-did-japan-choose-war.

»Der Antikominternpakt«, Lebendiges Museum Online, https://www.dhm.de/lemo/kapitel/ns-regime/aussenpolitik/antikominternpakt-1936.html.

Oi, Mariko: »What Japanese history lessons leave out«, *BBC News*, 14. März 2013, https://www.bbc.com/news/magazine-21226068.

Wolf, Frank: »Mauern wieder denkbar machen«, *Verfassungsblog*, 28. November 2021 https://verfassungsblog.de/mauern-wieder-denkbar-machen/.

Geißler, Rainer, »Multikulturalismus in Kanada – Modell für Deutschland?«, *Aus Politik und Zeitgeschichte: Zeitschrift der Bundeszentrale für politische Bildung* Nr. 26 (2003), 25.

Reck, Christian Mathias: *Die Asyldebatte in der Bundesrepublik Deutschland von 1987 bis 1993 Dissertation* (Universität von Tübingen 2022), 109–110.

»Odyssee auf dem Atlantik«, *Die Zeit*, 1986, https://www.zeit.de/1986/35/tamilen-odyssee-auf-dem-atlantik.

abbildungen

S. 102
Appa und Amma in Neerkolumbu, 1981.

S. 105
Katorisi (2000): Sri Lankan train, Northern Line, Sri Lanka.

S. 107
Ceylon Government Railway (CGR): »Belles«, Werbeillustration.

S. 118
Shanthynee Varatharajah, Warten in Nelliyadi, 1984.

S. 138
Measom, George (1851): »View of one 24-feet bay of roof partly completed«, in: Berlyn, Peter; Fowler, Charles (Hrsg.): *The Crystal Palace. Its Architectural History and Constructive Marvels*. London: J. Gilbert, S. 36.

Measom, George (1851): »View of the Interior of the Transept«, in: Berlyn, Peter; Fowler, Charles (Hrsg.): *The Crystal Palace. Its Architectural History and Constructive Marvels*. London: J. Gilbert, S. 39.

S. 209
Fourdrinier, Pierre; Oglethrope, James (1734): A view of Savanah as it stood the 29th of March 1734, Toronto Public Library, Radierung.

S. 214
Thevet, André (1515): How the People cut and Bring the Bresil to the Ships, Library of Congress, Rare Book and Special Collections Division, Radierung.

S. 232
Henri Dormoy (1930): L'Algérie 1830–1930, Pays de grande production agricole, Werbeposter.

S. 253
Rumpler-Taube (»A.54.«) nach dem Start auf dem Flughafen Köln-Longerich der Fliegertruppe, 1913/14, Sammlung von Repro-Negativen, Deutsches Bundesarchiv.

S. 258
Ward, Nathaniel (1852): On the Growth of Plants in Closely Glazed Cases, London: J. Van Voorst.

S. 261
»The evolution oft he Etrich Taube«, in: *Flight*, 12.02.1915, S. 106–107, Illustration.

S. 292
»Japanese Ocean Raid on British Ceylon«, TV-Dokumentation, NHK, 1942, Videostill.

»Japanese Ocean Raid on British Ceylon«, TV-Dokumentation, NHK, 1942, Videostill.

S. 293
»Japanese Ocean Raid on British Ceylon«, TV-Dokumentation, NHK, 1942, Videostill.

S. 300
»Ship at centre of refugee storm«, in: *Toronto Star*, 16.08.1986, Zeitungsausschnitt.

S. 325
Sinnadurai, Varatharajah: Im Elefantenhaus im Tierpark Hellabrunn, München, frühe 1990er-Jahre, Fotografie.

சிந்துஜன் வரதராஜா (Sinthujan Varatharajah) lebt als freie*r Wissenschaftler*in und Essayist*in in Berlin. Sie*er studierte Politische Geographie und arbeitet zu den Themen Staatenlosigkeit, Mobilitäten und (Ohn-)Machtsgeographien mit einem besonderen Fokus auf Infrastrukturen und Architekturen. Varatharajah widmet sich dem eelam tamilischen Befreiungskampf und war über mehrere Jahre hinweg für verschiedene Menschenrechtsorganisationen in London und Berlin tätig.

Umschlag: © Dokho Shin